Edmund Wolf:
»Ich spreche hier nicht von mir«

Ursula Seeber, Barbara Weidle (Hg.)

Edmund Wolf:
»Ich spreche hier nicht von mir«

Mit Beiträgen von Eugen Banauch, Gernot Friedel,
Susanne Gföller, Renate Harpprecht, Stefan Maurer,
Brigitte Mayr, Isabel Mühlfenzl, Michael Omasta,
Oliver Rathkolb, Ursula Seeber, Barbara Weidle,
Daniel Wolf, Martin Wolf und Texten von
Edmund Wolf sowie Dokumenten und Briefen

Weidle Verlag in Kooperation
mit der Österreichischen Exilbibliothek

Vorwort der Herausgeberinnen
Seite 6

Martin Wolf
**Vor allem lehrte er mich,
wie wichtig Ideen sind.**
Mein Vater Edmund Wolf
Seite 9

Daniel Wolf
»Make it real.«
Erinnerungen an meinen Vater Edmund Wolf
Seite 15

Susanne Gföller
**»Ich bin von Geburt an
ein Stückeschreiber gewesen.«**
Edmund Wolf und das Theater
Seite 33

Brigitte Mayr
**Die Martindales –
eine ganz normal verrückte Familie.**
Edmund Wolf und Hollywood
Seite 49

Eugen Banauch
Kanada hinter dem Stacheldraht.
Edmund Wolfs Internierungsjahre 1940 bis 1942
Seite 59

Renate Harpprecht / Barbara Weidle
**»Man hat nicht so vor sich hingequatscht.
Er war halt der Mundi Wolf.«**
Gespräch über die Zusammenarbeit
mit Edmund Wolf bei der BBC
Seite 67

Barbara Weidle
»Was machen wir als nächstes?«
Edmund Wolf als BBC-Rundfunkautor
und Journalist großer deutscher Zeitungen
Seite 76

Michael Omasta
In gestrecktem Galopp.
Notizen zu Filmen von Edmund Wolf
Seite 90

Isabel Mühlfenzl
Unser Freund Mundi.
Erinnerung an einen großen Kollegen
Seite 104

Stefan Maurer
»Nicht dramatisch genug?«
Von *Hitler und die Generale* zur
Geheimen Reichssache
Seite 106

Oliver Rathkolb
Zeitlose Brisanz – zeitgebundene Couleur.
Anmerkungen zur Rezeption des Fernsehfilms
Geheime Reichssache
Seite 115

Gernot Friedel
Dialoge wie Musik.
Zur Entstehung des Fernsehfilms
Am dreizehnten Tag
Seite 118

Briefe und Texte von Edmund Wolf

**»Daran müssen Sie denken,
wenn Sie mir Fragen stellen.«**
Erinnerungen an Alfred Andersch
in Briefen an Stephan Reinhardt (1988/89)
Seite 122

Zum Lachen oder Weinen?
DIE ZEIT, 31. August 1962 (Hollywood)
Seite 126
DIE ZEIT, 23. November 1962 (Fernsehen)
Seite 128
DIE ZEIT, 31. Januar 1964 (Marilyn Monroe)
Seite 129

Aus den Hauptstädten der Welt
Die Grenze geht mitten durch Jerusalem.
DIE ZEIT, 11. Juli 1958
Seite 131

Was kostet eine Königin?
Monarchie zwischen Mysterium
und Massenrummel
DIE ZEIT, 3. Mai 1963
Seite 134

Die ersten und die letzten Arbeiter.
Notizen aus Blackburn, Lancashire
Süddeutsche Zeitung, 15./16. Januar 1972
Seite 140

Ein Acker um ein Lot Silber.
Bilder aus Hebron: Fragen ohne Antwort
Süddeutsche Zeitung, 10./11. Februar 1979
Seite 147

Das Licht hinter den Worten anzünden.
Erinnerungen an Max Reinhardt,
einen vergessenen Unvergeßlichen
Süddeutsche Zeitung, 7./8. September 1985
Seite 155

Die Präsidentin von Amerika.
Genossin Vanessa Redgrave,
Schauspielerin und Tochter aus guter Familie,
predigt die Revolution
Deutsche Zeitung, 22. März 1974
Seite 160

Anhang

Ursula Seeber
Biographie
Seite 166

Filmographie
Seite 172

Autoren
Seite 174

Quellen
Seite 177

Personenregister
Seite 179

Dank / Förderer / Impressum
Seite 184

Vorwort

Als ein Münchner Fernsehdirektor eine Kollegin von Edmund Wolf fragte, warum er, Wolf, keine Autobiographie schreibe, so wie es Hilde Spiel, eine andere Wiener Schriftstellerin, schon mit großem Erfolg getan habe, antwortete sie: »Weil er sich nicht für wichtig genug hält.«

Edmund Wolf hat die Anekdote in einer Rede zu seinem 80. Geburtstag ohne Koketterie erzählt. Dabei wäre der Eindruck eigener Größe wohl berechtigt gewesen, lag zu dieser Zeit doch ein Werk vor, das mehr als ein Dutzend Theaterstücke, Hunderte von Reportagen, Glossen, Hörspielen, Features und über 80 Dokumentarfilme umfaßte, und sein letzter Film war damals noch gar nicht gedreht.

Wer, bitte, ist Edmund Wolf? Die Frage war immer wieder zu hören, wenn wir über unseren Plan sprachen, dem österreichischen Theaterautor, dem Emigranten und Rundfunkmacher in England, dem TV- und Printjournalisten Edmund Wolf (1910–1997), der in den sechziger, siebziger und achtziger Jahren eine wichtige Stimme in der deutschen TV- und Zeitungslandschaft war, ein Buch und eine Ausstellung zu widmen. Dreizehn Jahre nach seinem Tod ist dieser bemerkenswerte Autor fast völlig vergessen. Und so kommt sein 100. Geburtstag am 23. April 2010 gerade recht.

Daß Edmund Wolf, dessen kulturelle Welt das Wien der zwanziger und dreißiger Jahre mit Burgtheater, Musikverein und Café Central war, daß Wolf heute ausgerechnet über Youtube gefunden werden kann, ist eine reizende Marginalie in dieser an Hindernissen und Katastrophen reichen Wirkungsgeschichte. Der Eintrag verdankt sich seiner Dokumentation *Die jungen Nachtwandler* von 1967, in der Wolf das *London unter 21*, so der Untertitel, in Augenschein nahm und in einem angesagten Club der Stadt einen Auftritt der jungen Pink Floyd filmte.

Wer Edmund Wolf war bzw. was er in seinem langen Berufsleben getan hat, diese Frage kann sich nun jeder, mit etwas Zeit und Lust, selbst beantworten. Das vorliegende Buch, die erste Darstellung zu Leben und Werk, lädt dazu ein.

Das Buch heißt »Ich spreche hier nicht von mir«, Zitat aus seinem Beitrag über Max Reinhardt für die Süddeutsche Zeitung. Es schien uns passend, weil Edmund Wolf die eigene Person stets hinter die Geschichten und Texte zurücktreten läßt – bemerkenswert uneitel. Und wenn er über sich schreibt, so ist es meistens ironisch oder pures Understatement: »I, like most of the rest of the world, was busy with other things«, schreibt er über die Jahre 1940 bis 1950, in denen er immerhin Krieg, Deportation und Internierung durchgemacht hat.

Es beginnt mit sehr persönlichen Erinnerungen seiner Söhne Daniel Wolf und Martin Wolf, die beide, auf ihre Art, in die Fußstapfen ihres Vaters traten. Daniel ist Dokumentarfilmer, Martin Journalist. Beide hat er mit seiner außergewöhnlichen Persönlichkeit, seiner Begabung und seiner Intelligenz geprägt, wie sie schreiben. Das Gespräch mit seiner alten Freundin und Kollegin aus Londoner BBC-Tagen, Renate Harpprecht, wirft ein Licht auf dieses große Talent, das mit schier unerschöpflicher Energie und Leidenschaft so viele Texte in so vielen Medien produziert hat. Isabel Mühlfenzl, auch eine persönliche Freundin, erinnert sich in ihrem Beitrag an die intensiven Zusammenkünfte Edmund Wolfs mit ihr und ihrem Mann zu seiner Zeit als Dokumentarfilmer und Fernsehspiel-Autor für den Bayerischen Rundfunk.

Edmund Wolf kannte viele wichtige Autoren, Publizisten und Künstler seiner Zeit, mit einigen war er befreundet, mit dem Komponisten, Pianisten und Musikologen Peter Stadlen, dem Regisseur Heinrich Schnitzler, dem Schauspieler Martin Miller, dem Verleger Victor Ross; Stefan Zweig unterstützte ihn bei der Emigration, mit Elias Canetti verband ihn die Nachbarschaft in Hampstead, mit Alfred Andersch diskutierte er über Literatur. Seine hier abgedruckten Briefe an den Andersch-Biographen Stephan Reinhardt zeigen den Autor Wolf in seiner klaren und unsentimentalen Art. Ihm ging es immer zuerst um das Schreiben.

Aus der Fülle des Materials, das sich im Nachlaß erhalten hat, wird eine Auswahl seiner journalistischen Arbeit im Dokumentationsteil des Buches abgedruckt, Beiträge vor allem für DIE ZEIT und die Süddeutsche Zeitung, die seine Kompetenz auf so vielen Gebieten belegen: zur Lage der englischen Arbeiterschaft in den siebziger Jahren, zum geteilten Jerusalem; Überlegungen zur britischen Monarchie »zwischen Mysterium und Massenrummel«; die Porträts von Marilyn Monroe oder Vanessa Redgrave sind brillant, voll Hingabe die Erinnerungen an seinen Lehrer Max Reinhardt.

Die Kompetenz, mit der Wolf seinen Job machte, und sein Talent zur gepflegten Ironie blieben nicht unbemerkt. »Lese mit Vergnügen Ihre Glossen in der ZEIT. Ihre Sottise gegen den widerwärtigen Wernher von Braun war geschliffen!« schrieb Alfred Andersch am 17. Mai 1959 an Wolf. »Sie bereiteten mir eine ganz große Freude. Ihre Ruhe, Ihre schöne Sprache, Ihre vornehme Sachlichkeit taten wohl. (...) Von Ihrem Fragen, Ergänzen, Vertiefen war man mitgenommen und richtig befriedigt. Ein nüchterner Ernst lag über allem.«[1]

Die Auswahl aus einer qualitätvollen Fülle fiel nicht leicht. Wolfs zahlreiche TV-Dokumentationen und Fernsehfilme liegen in den Archiven, vor allem denen des Bayerischen Rundfunks. In der Ausstellung können wir einen kleinen Ausschnitt seines Werks präsentieren.

Wie es zu dem vorliegenden Buch gekommen ist, das hat mit einem ganz anderen Projekt zu tun: der Ausstellung und dem Buch *Die Zeit gibt die Bilder*[2] im Literaturhaus Wien 1992. In Vorbereitung der Ausstellung besuchte die Photographin Alisa Douer Edmund Wolf in London und porträtierte ihn.

In diesem Zusammenhang schrieb Edmund Wolf dann im Februar 1992, als Antwort auf eine Anfrage von Ursula Seeber, einen langen Brief, in dem er die wichtigsten Informationen zu seinem beruflichen Leben zusammenfaßte.

Die mitgeteilten Fakten waren so interessant, daß eine Studentin der Theaterwissenschaften in Wien, Susanne Gföller, sich entschied, eine Diplomarbeit über Edmund Wolf zu schreiben.[3] Für den vorliegenden Band hat sie einen Beitrag über die Theaterarbeiten Edmund Wolfs verfaßt.

Im Jahr 2000, drei Jahre nach seinem Tod, traten die Söhne Wolfs zum ersten Mal in Kontakt mit der Österreichischen Exilbibliothek im Literaturhaus in Wien, da sie einen geeigneten Ort in Österreich suchten, der das Archiv ihres Vaters bewahren sollte. 2006 dann entschlossen sie sich, den Nachlaß der Österreichischen Exilbibliothek zu schenken. Die sehr umfangreiche und originalhaltige Sammlung mit ihren fast 90 Boxen wurde dann von Stefan Maurer

---

[1] Leserbrief von Ernst Röder, Mannweiler, der sich auf Wolfs 1971 im SDR gesendetes Porträt von Olof Palme bezieht. Eine andere Leserbriefschreiberin bedankt sich für seine »stets menschlich so richtig liegenden Betrachtungen«. Einem Leser gefiel der Beitrag über »die beiden Fixer in der SZ in seiner Offenheit und Kompromißlosigkeit«. [»Unheimlich spontan. Ein Paar von der ›Szene‹«, SZ 24./25. Januar 1981] Die Zuschriften befinden sich im Nachlaß Edmund Wolfs an der Österreichischen Exilbibliothek im Literaturhaus Wien (N1.EB-36).

[2] Ursula Seeber, Evelyne Polt-Heinzl (Hg.): *Die Zeit gibt die Bilder. Schriftsteller, die Österreich zur Heimat hatten.* Photographiert von Alisa Douer. Wien 1992.

[3] Susanne Gföller: »Edmund Wolf. Auswirkungen des Exils auf das Lebenswerk eines Kulturschaffenden.« Diplomarbeit Universität Wien 1996.

so aufgearbeitet und geordnet, daß sie nun für die Forschung benutzbar ist. Zusammen mit Veronika Zwerger wurde – als Vorstufe zu einer Datenbank – ein detailliertes Verzeichnis der Dokumente, Fotos, Briefe, Manuskripte, Materialsammlungen und Zeitungsartikel angelegt, das einen sehr guten Überblick ermöglicht und den schnellen Zugriff auf alles gewährleistet.

Für diese Arbeit, ohne die die Autoren nicht in der Lage gewesen wären, ihre Beiträge in der gebotenen Zeit zu verfassen, danken wir beiden sehr herzlich. Wir danken auch allen Beiträgerinnen und Beiträgern für ihre vielseitigen Artikel zum Werk Edmund Wolfs und die beherzte Mithilfe bei der Recherche. Renate Harpprecht danken wir für die Zeit und Gastfreundschaft, die sie uns gewidmet hat.

Ein großer Dank gilt den Kolleginnen der Dokumentationsstelle für neuere österreichische Literatur im Literaturhaus, im besonderen Evelyne Polt-Heinzl, Anne Zauner, Veronika Zwerger, Barbara Zwiefelhofer sowie Dietmar Schönauer.

Für finanzielle und ideelle Unterstützung von Buch und Ausstellung sind wir dem Bundesministerium für Unterricht, Kunst und Kultur, dem Bayerischen Rundfunk (BR), dem Österreichischen Rundfunk (ORF) und der Gesellschaft der Freunde der Österreichischen Exilbibliothek verpflichtet.

Daniel und Martin Wolf haben uns nicht nur den Nachlaß von Edmund Wolf übergeben, sondern dieses *work in progress* auch vertrauensvoll begleitet. Daß das ambitionierte Werk dieses wunderbaren Autors und Filmemachers ein Stück weit der Verlorengegangenheit entrissen werden kann, ist vor allem ihnen zu danken.

Ursula Seeber, Barbara Weidle
Wien/Bonn im März 2010

Martin Wolf
**Vor allem lehrte er mich,
wie wichtig Ideen sind.**
Mein Vater Edmund Wolf

»Ich bin mein Vater.« Ich kann mich noch genau an den Moment erinnern, als mich dieser Gedanke ergriff. Ich war zehn Jahre alt. Zutreffend war er nie. Ich bin ganz anders als mein Vater. Aber daß ich ihn für zutreffend hielt, zeigt die Stärke seiner Persönlichkeit und die Liebe, die er in mir entfachte. Er hat mich geprägt. Seine Überzeugungen, seine Einstellungen, seine Leidenschaften liegen in mir. Seinetwegen tue ich, was ich tue genau so, wie ich es tue.

Das herausragende Merkmal meines Vaters war seine Mischung aus Intuition, Intelligenz, Mut und Integrität.

Wie es sich für einen Schriftsteller gehört, stand die Intuition an erster Stelle und entsprang immer seiner Reaktion auf andere Menschen. Für ihn bildete immer der Mensch den Ausgangspunkt. Das gab ihm ein Einfühlungsvermögen, das fast allen professionellen Analytikern fehlt.

Ich will einige Beispiele nennen.

Kurz vor der iranischen Revolution drehte er einen Film über den Iran des Schah. Bei seiner Rückkehr sagte er uns, das Regime sei völlig korrupt und verdorben. Der Ehrgeiz des Schah, sein Land zu einer Großmacht zu entwickeln – den damals viele ernst nahmen –, sei absurd. Sein Regime sei ein Potemkinsches Dorf. Mein Vater lag richtig. Die Außenpolitik der USA, die sich auf die entgegengesetzte Überzeugung stützte, lag völlig falsch.

Später, im Jahr 1976, machte er einen Film über das damalige Südrhodesien. Zu dieser Zeit war Abel Muzorewa nach einer internen Einigung Premierminister. Aber nach dem Willen der britischen Regierung sollte der Konflikt durch ein Abkommen beendet werden, an dem auch die Rebellen Robert Mugabe und Joshua Nkomo beteiligt waren. Dazu kam es im Lanca-

Martin, Edmund, Daniel und Rebecca Wolf, 1953

ster-House-Abkommen. In der nachfolgenden Wahl wurde Mugabe nach umfassenden Einschüchterungsmaßnahmen zum Präsidenten gewählt. Mein Vater sah in Muzorewa einen beeindruckenden Menschen und in Mugabe einen angehenden Tyrannen. Wieder erwies sich seine intuitive Reaktion auf seine Wahrnehmungen als völlig richtig.

Am tiefsten verwurzelt war seine Unterstützung der Demokratie nicht nur gegen Faschisten, sondern auch gegen linke Utopisten. Der Kern seines Einsatzes für persönliche Freiheit und Demokratie lag in seinen entschiedenen Ansichten über die Einzigartigkeit jedes Menschen. Einen neuen Einheitsmenschen schaffen zu wollen war für ihn ein im Grundsatz unmenschliches – geradezu menschenfeindliches – Vorhaben. Außerdem dürfe man angesichts unserer angeborenen Unvollkommenheit niemandem uneingeschränkte Macht anvertrauen, und wer sie anstrebe, habe am allerwenigsten Vertrauen verdient.

Im Unterschied zu vielen Altersgenossen brachte er dem Marxismus nie auch nur die geringste Sympathie entgegen, da er seine Wurzeln nicht darin hat, wie der Mensch ist, sondern wie Intellektuelle ihn sich wünschen. Aus denselben Gründen verehrte er Autoren, die für sein Empfinden profunde menschliche Wahrheiten zum Ausdruck brachten. Wen er für einen reinen Stilisten hielt, den verachtete er.

Doch er verurteilte auch Gefühle, die nicht im Denken verankert sind. Wenn er seine Auffassungen darlegte, bildeten seine intuitiven Ansichten über den Menschen den Ausgangspunkt, aber nie den Endpunkt. Er arbeitete sich immer mit größter Sorgfalt bis zu seiner Schlußfolgerung vor. Sein Ziel war der unwiderlegbare Beweis – unwiderlegbar nicht nur aufgrund des Inhalts, sondern auch aufgrund des Nachdrucks,

BBC 1952: *Da ist man sprachlos,* Radiospiel mit Hans Rosenhauer, Barbara McFadyean und Edmund Wolf (v. l.)

mit dem er ihn führte. Mein Vater machte aus Gesprächen wahre Theatervorstellungen. Sich mit ihm auseinanderzusetzen erforderte Mut. Er suchte seine Autorität zu behaupten. Meist schaffte er es.

Mein Vater war unerschrocken – intellektuell wie physisch. Er sagte immer, was er dachte, welche Konsequenzen es auch haben mochte. Anders konnte er es sich nicht vorstellen. Körperlich war er nicht weniger unerschrocken, bot Maulhelden die Stirn und hatte Freude an sportlichen Herausforderungen. Er war auffallend robust. Er litt nie unter Seekrankheit und erzählte uns, daß er einer von wenigen war, die sich während der Überfahrten nach Kanada und zurück aufrecht hielten, als er während des Zweiten Weltkriegs als »feindlicher Ausländer« interniert war.

Zuletzt möchte ich noch seine geistige und moralische Integrität unterstreichen. Er war ausnahmslos ehrlich und geradeheraus. Weniger talentierte Vorgesetzte fanden ihn beängstigend. Aber seine Untergebenen liebten ihn. Ich kann mich noch gut an ein Mittagessen in der Kantine des Bush House erinnern, wohin ich als Kind oft kam, als er bei der BBC arbeitete. Eine Angestellte zeigte auf ihn und sagte: »Wenn man bei der BBC einem Menschen trauen kann, dann diesem Mann.« Da war ich sehr stolz. Das war ich oft.

Der Einfluß meines Vaters auf mich war umfassend. Vor allem lehrte er mich, wie wichtig Ideen sind. Er erklärte, wie die wahnsinnigen Ideen der Nazis und die fast ebenso wahnsinnigen Ideen der Kommunisten das zivilisierte Leben in großen Teilen der Welt zerstört hatten oder es noch taten.

Als ich mir der Welt bewußt wurde, war mir bereits klar, daß Ideen sehr wichtig sind. So verstand ich zum Beispiel, daß meine Eltern beide auf der Flucht vor einer bewaffneten Idee waren. Ich erfuhr, daß zwar die unmittelbaren Familien beider meiner Eltern überlebt hatten, indem sie aus Europa flohen, daß aber die große Mehrheit ihrer Verwandten in dem heute so bezeichneten Holocaust umgekommen waren, der in meinen Gedanken aber seinen hebräischen Namen trägt – Shoah, oder Zerstörung. Von meinem Vater erfuhr ich auch, daß kommunistische Diktaturen Europa geteilt hatten und noch immer Frieden und Freiheit in dem Land bedrohten, in dem ich aufwuchs.

Ich liebte und bewunderte ihn. Er war ein großartiger Vater, der mich immer wie einen Erwachsenen behandelte. Vielleicht beschreibt das auch am besten sein Verhalten gegenüber Kindern und jungen Leuten. Da machte er überhaupt keine Kompromisse. Alberne Gedanken ließ er niemandem durchgehen, obwohl er ein großer Freund alberner Erlebnisse war.

Als Teenager war es eine der größten Freuden meines Lebens, mit ihm ausgedehnte Spaziergänge in Hampstead Heath zu unternehmen. Dort führten wir lange Gespräche über Politik, Kunst, das Leben – was immer uns interessierte. Diese Gespräche haben mich stärker geprägt als jeder andere Gedankenaustausch seither. Seine Argumentationsweise war erbarmungslos, aber bei ihm habe ich auch weit mehr gelernt als sonst irgendwo.

Intuition, Intelligenz, Mut und Integrität waren die Grundfesten, auf denen das Leben meines Vaters ruhte. Aber mit ihnen verbunden waren Beredsamkeit, Phantasie, Tatkraft, Zielstrebigkeit, Ernsthaftigkeit und Humor. Er liebte das Leben.

Insgesamt war es eine eindrucksvolle Kombination – eine, die ihm die glanzvolle Karriere als Bühnenschriftsteller ermöglicht hätte, von der er geträumt hatte – und die zu verwirklichen er sich bereits anschickte, als er im Alter von 27 Jahren aus Wien wegging. Aber es sollte nicht dazu kommen. Von Hitler eines Publikums beraubt, mit dem er die Sprache teilte, erarbeitete er sich ein neues Leben als Programmdirektor im Deutschen Dienst der BBC, als London-Kor-

Edmund Wolf mit Martin, um 1950

ungeschönte Meinung zu hören. Er muß schrecklich unbequem gewesen sein. Vielleicht hätte die Tragödie seines letzten Projekts, der Serie von Fernsehfilmen über Hitler und die Generalität, die ihm seine Siebziger vergällten, ein anderes Ende genommen, wenn er imstande gewesen wäre, zu intrigieren, zu schmeicheln und zu manipulieren, anstatt frontal zum Angriff zu schreiten. Wen er als seinen Gegner sah, den bekämpfte er. Er konnte es nicht anders.

Die Eigenschaften, die sein Arbeitsleben bestimmten, prägten auch die Beziehung zu seinen Freunden und seiner Familie. Als scharfsinniger, kultivierter, charmanter, faszinierender und streitbarer Mann besaß er ein beachtliches Talent zur Freundschaft. Ein Freund war Victor Ross, der spätere Geschäftsführer von Reader's Digest Europa, den er im Internierungslager in Kanada kennengelernt hatte und für den er eine väterliche Zuneigung empfand. Doch an vorderster Stelle stand der Pianist, Musikkritiker und Musikwissenschaftler Peter Stadlen, den er kennenlernte, als sie gemeinsam das Akademische Gymnasium besuchten, und der bis zu Peters Tod mehr als 70 Jahre später sein Freund bleiben sollte. Mein Vater und er waren wie David und Jonathan. Als ich meinen Vater zum letzten Mal vor seinem Tod sah, in seiner wachsenden Verwirrung, fragte er, warum Peter ihn nicht mehr besuchen komme.

Eher bescheidenes Interesse hatte mein Vater dagegen an Peters geliebter Musik. Als guter Wiener achtete er Mozart und Beethoven. Aber ehrlich gesagt, spielte die Musik in seinem Leben keine wichtige Rolle. Seine Leidenschaft galt Künsten, die sich mit dem Menschen beschäftigen. Aus diesem Grund liebte er auch nur Mozarts große Opern wirklich – allen voran *Die Hochzeit des Figaro*. Sein größter Held auf dem Gebiet der Literatur war Shakespeare, gefolgt von Tolstoi. In der bildenden Kunst bewunderte er Michelangelos heldenhaften Humanismus.

Nicht die Musik, sondern Peter selbst liebte

respondent und Kolumnist für DIE ZEIT und die Süddeutsche Zeitung, als Produzent von Dokumentationen für das deutsche Fernsehen sowie als außerordentlich erfolgreicher Drehbuchautor für deutsche Fernsehspiele. Doch es war sein Schicksal, die Sprache zu verwenden, die er liebte, aber für ein Volk zu arbeiten, das ihn hatte vernichten wollen. Er führte das zweigeteilte Leben eines Exilschriftstellers. Immer war ihm bewußt, wie weit er hinter dem zurückgeblieben war, was er sich als schillernder und erfolgreicher junger Mann erhofft hatte.

Auf seinem neuen Weg wurde mein Vater durch einen Mangel an all jenen Eigenschaften gebremst, die einen Karrieremenschen ausmachen, außer an Talent. Unfähig zur Arglist, konnte er diesen Zug auch in anderen nicht erkennen. Wer ihm hinderlich war, bekam seine

Mit Peter Stadlen, 90er Jahre

mein Vater. Das verhinderte nicht auch leidenschaftliche und heftige Meinungsverschiedenheiten. Peter stand politisch viel weiter links als er. Aber da mein Vater sich selbst gegenüber aufrichtig war, achtete er Aufrichtigkeit auch in anderen. Peter und seine Frau Hedi, die als Hedwig Simon ebenfalls aus Wien geflohen war – und später, nach Peters Tod, Hedi allein –, unterstützten ihn tapfer während der Krankheit meiner Mutter und der Einsamkeit der nachfolgenden Jahre.

Wenn Peter der Prinz unter seinen Freunden war, war meine Mutter sein Lebensmittelpunkt. Meine Eltern waren grundverschieden in bezug auf Herkunft, Haltung und Persönlichkeit. Diese Verschiedenheit sorgte für Spannungen. Aber sie machte aus den beiden auch ein Paar, das sich auf bemerkenswerte Weise ergänzte.

Mein Vater war viel mit sich selbst beschäftigt, oft depressiv und launisch. Aber da er kein Bohemien war, wollte er unbedingt das solide und wohlorganisierte häusliche Leben, das meine sehr holländische Mutter ihm so wunderbar bot. Außerdem war er bis zum Ende liebevoll und treu. Zweifellos war es nicht einfach, mit einem solchen Mann zu leben. Aber meine Mutter liebte und bewunderte ihn.

Die Eltern meines Vaters waren, soviel ich weiß, ziemlich erstaunt, daß er eine Jüdin heiratete. Seine vielen Freundinnen – er war ein attraktiver Mann, der sich in Künstlerkreisen bewegte und erst mit 33 Jahren heiratete – waren zumeist nichtjüdisch gewesen. Aber Freundinnen waren etwas ganz anderes als eine Ehefrau. Unter ersteren hatte es viele Künstlerinnen gegeben – Tänzerinnen und Schauspielerinnen. Meine Mutter war eine praktisch orientierte Frau, die sich um ihn, seinen Haushalt und seine Kinder voller Liebe, Hingabe und äußerster Tüchtigkeit kümmerte.

Jüdisch zu sein war für ihn sehr wichtig. Es war Teil seiner Identität. Ich erinnere mich, wie wir über Israel redeten, dessen Politik er oft kritisierte, und wie er ganz einfach sagte: »Mea res agitur« – »Es geht um meine Sache«.

Doch er dachte nie ernsthaft daran, nach Israel auszuwandern. Am ehesten wäre es Mitte der 1950er Jahre dazu gekommen, als das Angebot kam, die Leitung des israelischen Senders Kol Israel zu übernehmen. Sein älterer Bruder, dem es gelungen war, 1939 mit Frau und Kind sowie den Eltern und einer Tante seiner Frau nach Palästina zu gelangen, und der inzwischen ein erfolgreicher Anwalt in Israel war, riet ihm davon ab. Aber es ist ohnehin undenkbar, daß meine Mutter nach Israel gegangen wäre. Sie hatte ihr Land der Verheißung bereits in London gefunden, kulturell so weit entfernt von dem provinziellen Holland, wo sie aufgewachsen war, wie sie es sich nur wünschen konnte.

Vor allem lehrte er mich, wie wichtig Ideen sind.

Martin Wolf, Brüssel, 80er Jahre

Meine Tante Mina, die drei Jahre älter war als mein Vater, der verwöhnte Jüngste der Familie, fragte mich einmal voller Mißbilligung, wie mein Vater nach allem, was geschehen war, für Deutsche arbeiten konnte. Ich wußte nicht, was ich entgegnen sollte.

Jetzt erkenne ich, daß es eine rein praktische Entscheidung war. Er war Schriftsteller. Er wollte Karriere machen. Die Engländer hatten deutlich gemacht, daß ihm ihre Welt nicht offenstand. Das Deutsche war seine Sprache. Also machte er das Beste aus der Situation. Deutschland und die Deutschen nahm er so, wie sie waren, eben wie er es mit allen Menschen hielt. Manche mochte und respektierte er. Viele verachtete er. Die Vergangenheit war weder vergeben noch vergessen. Aber man konnte nur in der Gegenwart leben.

Mein Vater war völlig ungläubig, fast vollständig säkular und doch zutiefst jüdisch. Der Gott, an den er nicht glaubte, war ihm nicht gleichgültig; er kämpfte mit aller Macht gegen ihn an. Man könnte darin ein typisch jüdisches Verhältnis zum Allmächtigen sehen.

Die Arbeit und meine Mutter waren seine beiden Lebensmittelpunkte. Er überlebte sie beide. Alles andere war zweitrangig, sogar seine Kinder und Enkel. Als sein letztes Fernsehspiel, über die Ermordung Jan Masaryks, produziert wurde, war er bereits 80 Jahre alt. Aber genau zu diesem Zeitpunkt erkrankte meine Mutter an Alzheimer. Mein Vater trat dieser Herausforderung entgegen wie allen anderen, indem er sich Gott und der Sterblichkeit widersetzte und sich weigerte, das Los anzuerkennen, das die Frau, die er liebte, zum Tode verurteilt hatte. Sein Widerstand gegen die schmerzliche Wirklichkeit konnte einen zur Verzweiflung treiben. Und natürlich konnte er den Kampf gegen die Sterblichkeit nicht gewinnen. Als meine Mutter 1992 ins Krankenhaus kam, endete gewissermaßen sein Leben. Als er starb, war sein wahres Ich bereits tot.

Er hat eine schmerzliche Lücke in meinem Leben hinterlassen. Sie wird nie gefüllt werden können. Ich stelle mir oft vor, wie ich mich mit ihm über die Ereignisse seit seinem Tod unterhalten hätte – zum Beispiel über das Aufkommen des islamischen Fundamentalismus. Wie Shakespeares berühmtester Sohn über seinen Vater sagte: Er war ein Mann, nehmt alles nur in allem; ich werde nimmer seinesgleichen sehn.

Daniel Wolf
»Make it real.«
Erinnerungen an meinen Vater Edmund Wolf

Ich erinnere mich an das Klappern der Schreibmaschine wie an Donnergrollen in einer Sommernacht. Ich war noch klein, vielleicht drei oder vier, und lag nach dem Zubettgehen oft noch eine Zeitlang wach in dem verdunkelten Zimmer, das ich mit meinem Bruder teilte. Das Arbeitszimmer meines Vaters befand sich im Stockwerk unter uns, nicht direkt unter unserem Kinderzimmer, aber die Vibrationen drangen bis zu uns. Der Rhythmus seiner Anschläge – er schrieb mit vier Fingern – repräsentierte seinen Charakter, der erfüllt war von einer energischen Selbstgewißheit, welche jedoch durchaus nachdenkliche Pausen und plötzliche Ausbrüche kannte. Es gab lange Minuten völliger Stille, aus der dann ein Hagel von Anschlägen auf das Papier prasselte, eine entschiedene Feststellung; darauf folgte häufig eine kürzere Pause und danach ein noch längeres Getrommel, ein Crescendo von Worten. Seine Schreibmaschine war eine alte Remington, eine schwere Reiseschreibmaschine. Robust, kantig, zuverlässig, genau die Art von Gerät, die mein Vater mochte, einfach und leicht zu bedienen.

Sein Verhältnis zu Maschinen war niemals ungetrübt oder gar freundschaftlich. Er mißtraute ihnen, und wenn sie sich seiner dogmatischen Zuwendung entzogen, rang er mit ihnen. Am Steuer bekam er oft Streit mit seinem Auto, ließ den Motor aufheulen und legte krachend die Gänge ein, in der Überzeugung, daß alles gut wäre, wenn die Maschine tat, was man ihr sagte. Und doch hatte er in über vierzig Jahren keinen einzigen Unfall: Sein erster und letzter war eine geringfügige Kollision, nach der er mit über Achtzig das Autofahren einstellte. Im Straßenverkehr, wie auch sonst, wurde seine aufbrausende Natur durch einen scharfen Verstand, eine wache Vorstellungskraft und ein Gefühl für Anstand ausgeglichen. Er war zwar unbeherrscht, aber auch vernünftig: Er kannte die Grenzen und respektierte sie. Am Steuer geriet er manchmal mit anderen Autofahrern in Streit, und einmal – meine Mutter war dabei – stieg er sogar aus, um jemanden zu beschimpfen und ihm Prügel anzudrohen. Zum Glück passierte nichts. Selbst in diesem Fall überschritt er die Grenze nicht, nicht weil er feige gewesen wäre, sondern weil seine Kampflust durch ein ausgeprägtes Selbstbewußtsein und diesen Hang zur Vernunft als höchster Tugend in Schach gehalten wurde. Meine Mutter hielt sein Benehmen für absurd und dumm, was sie ihm auch deutlich sagte, da sie ihn aber liebte und bewunderte, verzieh sie ihm seine Fehler. Er grollte und schimpfte noch ein paar Tage, dann geriet der Vorfall allmählich in Vergessenheit.

Er kam nie auf die Idee, er hätte bei dieser oder einer anderen Auseinandersetzung im Unrecht sein können. Ich habe nie eine Entschuldigung von ihm gehört oder das Eingeständnis, er habe sich geirrt. Diese Gewißheit, immer in allem recht zu haben, wäre bei jedem anderen ein unerträglicher Charakterfehler, doch in seinem Fall akzeptierten es wohl die meisten seiner Freunde und Bekannten. Vielleicht schüttelten manche den Kopf, sobald er aus dem Zimmer war, doch die meisten gingen auf seine ungewöhnlichen Qualitäten ein, auf seine ansteckende Begeisterung, seine Konzentration auf die Person vor ihm, seine Leidenschaft, verbunden mit Intelligenz, Bildung, Offenheit und Humor. Trotz der Heftigkeit seines Glaubens an sich selbst und der Intensität seines Verhaltens war seine Weltsicht durchdacht und nuanciert, den Erfahrungen eines Aufwachsens in den Ruinen großer Reiche abgerungen, fast ertrunken in den Wellen von Haß und Illusionen, die in den ersten Jahrzehnten des 20. Jahrhunderts über Europa hinwegbrandeten.

In den 50er Jahren, also zu der Zeit, als ich seinem nächtlichen Tippen lauschte, schrieb er

Edmund Wolf, 1978

seine Artikel, Dramen und Hörspiele, nachdem er von der Arbeit heimgekommen war; er verfaßte regelmäßig Texte für Publikationen wie die Schweizer Illustrierte und arbeitete an Stükken. Tagsüber war er »Programme Organiser« für den deutschsprachigen Dienst der BBC – tatsächlich war er dessen Chefredakteur. Formell aber wurde der Dienst von Richard O'Rorke geleitet, einem Mann, den mein Vater nicht mochte. Im imperialen System der BBC damals waren die Chefs der fremdsprachigen Dienste fast immer Briten, selbst wenn sie oftmals die jeweilige Sprache ihres Programms nicht beherrschten. Für meinen Vater war diese Regelung »unerträglich« – eines seiner Lieblingswörter. Welche Qualitäten O'Rorke auch sonst gehabt haben mag, mein Vater war jedenfalls denkbar ungeeignet, für einen Mann zu arbeiten, der das Material, für das er verantwortlich zeichnete, nicht beurteilen konnte. Ohnehin mangelte meinem Vater die Begabung zur Unterordnung, und in diesem Fall rebellierte alles in ihm gegen etwas, was er für eine beleidigende Absurdität hielt.

Im Laufe der 50er Jahre wurde ihm die BBC immer mehr zum Verdruß. Er war dem Dienst 1943 beigetreten, nach seiner Rückkehr aus Kanada, wo er als »enemy alien«, feindlicher Ausländer, interniert gewesen war. Während des Krieges spielte der German Service eine wichtige Rolle bei den Kriegsanstrengungen. Den Deutschen war es zwar bei Todesstrafe verboten, den Sender zu hören, doch wenn sie das immense Risiko eingingen, bekamen sie ziemlich verläßliche Nachrichten über den Krieg, dazu Kommentare, Satiresendungen und Äußerungen einiger der berühmtesten deutschen Exilautoren wie Thomas Mann und Bertolt Brecht. Das Personal des Senders bestand aus talentierten Schriftstellern und Intellektuellen aus Deutschland und Österreich – die meisten von ihnen Juden – und ein paar Deutsch sprechenden Briten. An der Spitze stand Hugh Carleton Greene, der vor dem Krieg Korrespondent des Daily Telegraph in Deutschland und Mitteleuropa gewesen war. Er sprach Deutsch und war ein sehr bemerkenswerter Mann mit einem scharfen Intellekt, festen Überzeugungen und einer ruhigen, unaufgeregten Art. Mein Vater respektierte ihn – »the best kind of Englishman«, sagte er über Männer wie ihn. Nach dem Krieg hatte er mehr und mehr das Gefühl, daß solche Männer aus dem Leben Englands verschwanden.

BBC, 1953

In den frühen 50er Jahren erschien meinem Vater der deutschsprachige Dienst ziemlich entbehrlich. Deutschland war geteilt und die DDR eine Diktatur: Im Osten wurde der Sender systematisch gestört, und die Westdeutschen schienen die BBC nicht zu brauchen. Viele lokale neue Sender wurden mit Billigung der Alliierten gegründet, und das Ansehen der BBC verlor sich zusehends. Zudem gab es keine verläßlichen Zuhörerzahlen und kaum Reaktionen. Für meinen Vater minderte die Unsicherheit über sein Publikum – inwieweit es überhaupt existierte und was es von dem Programm hielt – den Wert seiner Arbeit. Für ihn war der direkte Kontakt zum Publikum das Wichtigste an jeder kreativen Arbeit. Natürlich arbeitete er mit seiner gewohnten Intensität weiter, schrieb Manuskripte und Kommentare zu historischen Ereignissen und literarischen Figuren und widmete sich der britischen wie der westdeutschen Politik. Doch das Leben beim Rundfunk mit seiner Routine, den Regeln und Regularien, dem Kantinenessen und den internen Intrigen schien ihm schal und langweilig. Er sah sich in einem Routinejob gefangen und sehnte sich nach der Art von Arbeitszusammenhang, wie er ihn schon einmal erlebt hatte, als Dramaturg am Wiener Volkstheater – da befand er sich in der »Theatergemeinschaft«, schrieb, arbeitete mit Schauspielern und Regisseuren, sah seine Worte auf der Bühne lebendig werden und registrierte die Reaktionen des Publikums.

Ein solches Leben war ihm seit seiner Kindheit höchstes Ziel gewesen, und er hatte es ungewöhnlich früh erreicht. Sein erstes Theaterstück schrieb er bereits mit sechzehn Jahren – ein episches Drama, das im alten Rom spielte. Schon als Teenager erlebte er eine professionelle Inszenierung eines seiner Stücke. Als er kurz darauf die Schule abschloß, erklärte er seinem Vater, er wolle das Reinhardt-Seminar besuchen. Das führte zu einer Auseinandersetzung und schließlich zu einem Kompromiß: Sein Vater stimmte zwar zu, bestand aber auf einem Jura-Studium an der Universität Wien. Die Bedenken seines Vaters leuchteten ihm ein, und im Rückblick hielt er später die juristische Ausbildung für sehr wichtig bei seiner intellektuellen Entwicklung. Die Zeit am Reinhardt-Seminar aber machte ihn zum Künstler.

Fast 60 Jahre später, 1986, schrieb er einen Beitrag für einen Sammelband über Max Reinhardt. Er würdigt darin nicht nur den großen Bühnenregisseur, sondern gibt auch Einblick in seine eigene Auffassung vom Theater. Er beschreibt Reinhardt bei den Proben zu *Was ihr wollt:* »Er wiederholt den Satz leise, markierend, nur um eine Spur anders, als es das Mädchen [in der Rolle der Viola] oben versuchte.« Die »junge Darstellerin« war Vilma Degischer, die später eine berühmte Schauspielerin und gute Freundin meines Vaters wurde. Über den Regisseur bei der Arbeit schreibt er weiter: »... und auf einmal, während ich zugleich lächelnd und mit nassen Augen dasitze, durchfährt's mich: ›Das ist ja die Vilma selbst! Die Vilma selbst, ihr eigener Ton, den er ihr wiedergibt, nur so, als ob aus ihrem tiefsten Wesen bereits das Beste kristallisiert wäre!‹ Reinhardt absorbierte das Wesen seiner Schauspieler und konnte ihnen jene Änderungen von Ton und Ausdruck andeuten, die ihren eigenen Naturen geheimnisvoll entsprachen ... Diese Gabe konnte nur er haben, weil Liebe zum Schauspieler, zur Einzigartigkeit und Unverwechselbarkeit eines jeden Talents in ihm so stark war.«

Was er hier hervorhebt und was er immer wieder betonte, wenn wir über Aufführungen sprachen, die er gesehen und bewundert hatte, das ist die Suche nach Wahrheit im Drama. Keine philosophische oder politische Wahrheit – und ganz gewiß nicht eine aufgesetzte Theorie wie Brechts »Verfremdungseffekt«, den er als Betrug am Theater verachtete –, doch die wirkliche Wirklichkeit des Lebens, der Geste, die die Welt bedeutet. Diese Frage nach der Wahrheit lag seiner Kritik an Inszenierungen und Texten stets zugrunde. Zu Reinhardt schrieb er: »Nie stößt er auf der Bühne einen Schauspieler beiseite, um es ihm richtig ›vorzumachen‹.« Für meinen Vater war das Theater kein Tempel des Ego, sondern ein Ort, an dem ernsthafte Profis sich gemeinsam auf eine phantasievolle Reise machen; Respekt vor dem Text (wenn er den verdiente), vor der Begabung der Schauspieler (so sie denn begabt waren) und vor allem vor dem Publikum konnten zu einer magischen Verwandlung führen. Dann wurde die Bühne zu einem Ort der Offenbarung der entscheidenden Dinge des Lebens, von allem, was für gewöhnlich übersehen, mißachtet oder mißverstanden wird. Er sagte mir einmal, die Aufgabe des Dramatikers (und des Romanciers) sei im Grunde einfach: »Make it real.« Doch fügte er hinzu: »Es ist nur für den einfach, der es kann.«

Wenn ich mich an meine Kindheit erinnere, dann spüre ich noch die Energie, die ihn umgab.

Ich sehe seine blasse Haut, die sich in der Sonne rasch rötete, seine Sommersprossen oder, wenn er sich ärgerte, seinen breitbeinigen Stand, seine entschiedene Gestik. Ich erinnere mich an die langen nachdenklichen Gesprächspausen und den Wortschwall, wenn er erregt war. Die Bilder fallen durcheinander: Ich sehe ihn beim Schwimmen in Italien, ungeschickt, linkisch, besonders wenn er vom gewohnten Bruststil zum selbsterlernten Kraulen wechselte; ich sehe ihn am Strand in seinem blauen Bademantel sein schütteres graues Haar abtrocknen, dabei lächelte er entspannt, obwohl er nicht unbedingt ein Freund des Meeres war, ihn zog es mehr in die Berge seiner Kindheit. Meine Mutter, eine Sonnenanbeterin, aber bestand auf Italien, und mein Vater erfüllte ihr diesen Wunsch. Ferien waren für ihn ohnehin unwichtig, er arbeitete jeden Tag, wo auch immer.

Noch frühere Erinnerungen habe ich an den Wolfgangsee, wo er im kühlen Wasser schwamm. Er sprang immer direkt hinein, bei jeder Wassertemperatur. Ich sehe ihn mit unerschöpflicher Ausdauer wandern, in Schottland, Österreich, Italien, Spanien wie durch Heide und Wälder nahe unserem Haus in London. Nie sah ich ihn erschöpft oder müde, ein solches Gefühl ließ er einfach nicht zu, bis jenseits der Achtzig. Seinen letzten Dokumentarfilm drehte er mit Mitte Siebzig, und bis er Achtzig wurde, arbeitete er ungebremst weiter. Ich erinnere mich noch an die lustigen Gutenachtgeschichten, die er mir als Kind erzählte. Trotz seines Ernstes hatte er durchaus Humor. Seine ersten Stücke waren Komödien, und seine Kolumne für DIE ZEIT trug den Titel »Zum Lachen oder Weinen?«. Er scherzte zwar selten im Gespräch, doch es lag oft ein Lächeln um seine Mundwinkel. Als er älter wurde, schwand sein Humor mehr und mehr, und der Ernst trat hervor.

Schon während meiner frühen Kindheit scheiterte sein Versuch, am Theater seinen Lebensunterhalt zu verdienen. Nach dem Sieg der Alli-

Rebecca Wolf, um 1950

ierten bekam er einige Angebote von deutschen und österreichischen Theatern, doch nach allem, was geschehen war, sah er sich außerstande zurückzukehren. Er war Großbritannien dankbar, er lebte in London und war verheiratet. Zudem war meine Mutter Holländerin. Obwohl sie fließend Deutsch sprach, wollte sie nicht in Ruinen leben, unter Menschen, die bis vor kurzem noch ihre Feinde gewesen waren, ihr Land erobert und ihre Familie ausgelöscht hatten. Eine Rückkehr kam gar nicht in Betracht. So arbeitete mein Vater unter der Woche bei der BBC und schrieb seine Stücke an den Abenden und den Wochenenden. In dieser Zeit schrieb er sein erfolgreichstes Stück, *Räubergeschichte,* das von vielen deutschen und österreichischen Bühnen aufgeführt wurde. Nach und nach aber wurde die Belastung, in einem Land zu leben und in der Sprache eines anderen zu schreiben, zu groß. Ohne den täglichen Umgang mit der deutschen Sprache, ohne deren subtile Veränderungen zu registrieren, ohne eine Theatertruppe um ihn herum, ohne Mitarbeiter, die seinen Enthusiasmus teilten und auf seine Ideen reagierten, bekam er allmählich das Gefühl, seine Zeit zu verschwenden. Mit seinem Talent und seiner Energie hätte er weiter schreiben können, doch kam es ihm zunehmend wie eine theoretische Übung vor, und der Ausdruck seiner Gedanken und Ideen war für ihn nie etwas Theoretisches, sondern eine dringliche Notwendigkeit. War es das nicht, hatte es keinen Sinn.

Zu Hause sprachen wir aus guten Gründen Englisch. Zunächst weil meine Mutter keine

Deutsche war und keinen Grund sah, eine weitere Fremdsprache zu sprechen, wenn sie in England lebte. Außerdem hätte es doch etwas bizarr gewirkt, im zerbombten London darauf zu bestehen, Deutsch zu sprechen. Meine Eltern wollten in einem neuen Land ein neues Leben beginnen und nicht an der Vergangenheit kleben. Als mein Bruder und ich geboren waren, wurde dieser Wunsch noch stärker (sie sprachen nur Deutsch, wenn wir sie nicht verstehen sollten). Mein Vater glaubte, daß zweisprachig aufwachsende Kinder keiner der Sprachen perfekt sprechen, daß da immer ein leichtes sprachliches Defizit bleiben würde. Er sah sich darin bestätigt, als der Sohn eines Freundes, der zu Hause Deutsch gelernt hatte, in der Schule wegen seines deutschen Akzents im Englischen gehänselt wurde. Viel später habe ich ihm gegenüber bedauert, daß ich als Kind nicht Deutsch gelernt habe. Er erwiderte in seiner typischen Art: »Was hätte es genützt, wenn du Deutsch gelernt hättest? Du hättest die Sprache sowieso nicht fehlerfrei gesprochen!« Für ihn wäre es eine bloße Erziehungsmaßnahme gewesen, mit meinem Bruder und mir Deutsch zu sprechen. Jeder Hintergedanke aber, jedes verborgene Motiv war ihm unangenehm, wie ehrenwert auch immer. Er wollte seiner inneren Stimme folgen. Diese Haltung maskierte er in der Öffentlichkeit durch eine zeremonielle, leicht antiquierte Höflichkeit, hielt aber stets an ihr fest, ob sein Gesprächspartner nun ein sechsjähriges Kind, ein sensibler junger Mann oder ein intellektueller Gegner war.

Auf einer tieferen Ebene spiegelte seine Bemerkung über das Deutschlernen ein weiterreichendes Denkmuster, nämlich daß man das tun soll, was man wirklich kann, und sich nicht um die Dinge kümmern, die man nicht kann oder nicht soll. Dieser Standpunkt war sinnvoll für jemanden, der ganz damit beschäftigt war, seine Ziele in der Welt zu erreichen, implizierte aber auch ein Mißtrauen gegenüber dem Forschen und Streben des Menschen. Er verabscheute jede Anmaßung, mißtraute den Träumen, verzieh kein Versagen. Und was Versagen war und was Erfolg, das definierte er in seiner Vorstellungswelt ohne Umschweife, und zwar immer *ad hominem* (ausschließlich *ad hominem*, nicht *ad feminam*: Für einen Mann seiner Epoche bildeten Frauen eine andere Kategorie und wurden weit mehr nach ihren körperlichen und sozialen Qualitäten beurteilt als nach Leistungen in der Öffentlichkeit oder intellektuellen Fähigkeiten). Der Gedanke, daß das Risiko des Versagens ein notwendiger Aspekt des Strebens nach Erfolg ist, war ihm fremd, ebenso, daß es verschiedene Kriterien gibt, Erfolg zu messen, daß Menschen ihre Ziele auf so vielen, oft verschlungenen Wegen erreichen oder aber sie auch gar nicht erreichen und doch allein bei dem Versuch besondere Qualitäten offenbaren. Wir sind wohl alle Opfer unserer Tugenden: Für meinen Vater, der in einer harten Zeit aufgewachsen war, galt als einziger Maßstab zur Beurteilung einer Handlung ihr glaubwürdiges, sichtbares Resultat. Das entsprach dem Standpunkt eines Theatermanns, für den klar ist: Wenn keine Karten verkauft werden, ist die Produktion gescheitert. Da kann man sich nicht darauf berufen, daß jedem Versuch ein Wert, eine verborgene Qualität innewohnt, und gewiß auch nicht auf die bei der Arbeit an der Inszenierung gewonnene Erfahrung. Der Produzent ist pleite, die Schauspieler sind arbeitslos, der Autor bekommt vermutlich keine zweite Chance. Was gibt es da noch zu reden?

Er zitierte gern und oft Dr. Johnsons Ausspruch: »Nur ein Idiot schreibt aus einem anderen Grund, als um Geld zu verdienen.« Das ist eines jener Bonmots, die nur so lange überzeugend klingen, bis man darüber nachdenkt (tatsächlich haben viele der wichtigsten europäischen Dichter, Romanciers und Philosophen aus anderen Gründen geschrieben). In seinen Augen aber galt das uneingeschränkt. Er sah sich in erster Linie als professionellen Schriftsteller.

Er schrieb nur, wenn er einen Auftrag hatte, kalkulierte genau die Zeit, die er dafür brauchen würde, und gab immer rechtzeitig ab. Er verachtete jeglichen Dilettantismus, war mißtrauisch gegenüber Innerlichkeit. Was die Literatur anlangte, dachte er in strengen Hierarchien: Da gab es die Auserwählten, die Großen der Literatur – Shakespeare, Goethe, Tolstoi –, denen er die angemessene Achtung erwies; er hatte großen Respekt vor anderen, dem deutschen Pantheon (Schiller, Lessing, Kleist, Büchner, Heine usw.; bei den Zeitgenossen vor allem vor Thomas Mann), und schließlich schätzte er die »echten« Schriftsteller und verachtete die Schaumschläger.

Eine Auflistung seiner literarischen Vorlieben und Abneigungen, sein Kanon, ist aufschlußreich, doch mehr noch, wie er zu seinem Urteil gelangte: Er bewunderte den frühen Hemingway – *The Sun Also Rises* und *A Farewell to Arms* (aber gewiß nicht *For Whom the Bell Tolls* oder irgend etwas aus dem späteren Werk, das er als »völlig erkünstelt« abtat). Mit F. Scott Fitzgerald konnte er nichts anfangen, der Stil eines Schriftstellers interessierte ihn überhaupt nicht – er mißtraute einem hohen oder eleganten Ton zutiefst, sah darin einen Trick oder ein Ausweichen vor der Verantwortung des Schriftstellers. John Updikes erfolgreicher Roman *Couples* war in seinen Augen »pornographisch, eine Bankrotterklärung«, während Nabokovs Werk insgesamt »clever« war, »viel zu clever sogar, völlig uninteressant für mich«. Er begeisterte sich für Saul Bellows *Henderson the Rain King* und *Herzog*, doch *Humboldt's Gift* war »langatmig – er weiß nicht, wann man aufhören muß«. Das kleinste Zeichen von Selbstgefälligkeit oder gar Selbstmitleid war ihm verhaßt. Arthur Millers *After the Fall* war »unmöglich, eine Schande«: Er hatte in Marilyn Monroe ein besonderes, berührendes Talent erkannt (sie war der einzige Filmstar, den er bewunderte), und seine Wut über das, was er als feige posthume Enthauptung ansah, war die Quelle von immer wiederkehrenden Tiraden gegen diesen schwermütigen amerikanischen Dramatiker.

Die englische Literatur kannte er sehr gut und erinnerte sich an jedes Buch, das er je gelesen hatte. Jane Austen hielt er zunächst für eine zweitklassige Autorin (»nur Engländer konnten sie ernst nehmen«), Charles Dickens bewundere sein eigenes Talent viel zu sehr, um eine wichtige literarische Persönlichkeit zu werden, Henry James hielt er für einen selbstverliebten Langweiler: »Talentiert, ja, aber was nutzt das? Clever, oh, so clever!« Er schätzte Anthony Trollope und las ihn gründlich: Er bewunderte sein Fachwissen, seine Kenntnis der Welt und sein fundiertes Urteil; über seine Selbstgefälligkeit und seine seichten Vorurteile sah er hinweg. D. H. Lawrence war für ihn ein halb wahnsinniger Provinzautor, »der den Sex viel zu spät im Leben entdeckt hat und wahrscheinlich nicht mal gut darin war«. Thomas Hardy aber war ein »echter Schriftsteller«, wenn auch für seinen Geschmack ein wenig zu regional begrenzt. Diese kurze Zusammenfassung seiner literarischen Vorlieben und Abneigungen läßt vielleicht den Eindruck entstehen, er sei zu intolerant gewesen, um ein guter Kritiker zu sein. Doch er war ein hervorragender Kritiker! Sein Urteil entsprang stets einer spontanen Reaktion, war aber dennoch fundiert und meist überzeugend. Was immer er sagte, so überraschend und polarisierend es auch sein mochte, konnte er im Gespräch detailliert erläutern, und nie endete eine Literatur-Diskussion mit ihm, ohne daß mir ein tieferes Verständnis dessen blieb, worauf es beim Schreiben ankommt.

Die Radikalität seines Urteils war eine der Kardinaltugenden seines eigenen Schreibens, bedeutete jedoch zugleich seine Begrenzung. Sein Abscheu gegenüber allen Tricks und Hochstapeleien spiegelte seine Überzeugung, daß ein Schriftsteller seine Ziele geradlinig verfolgen sollte. War es eine Komödie, dann sollte die auch lustig sein; war es ein Spielfilm, sollte der spannend sein (wer seinen großartigen Film *LH 615* über eine Flugzeugentführung gesehen hat, kann bestätigen, wie erfolgreich er diesem Prinzip gefolgt ist). War es ein historischer Stoff, dann mußten die Fakten stimmen, die Einschätzungen einleuchtend sein. Die populäre Kultur existierte für ihn nicht. Es gab nur einen Standard, und das war der höchste. Er unterteilte Kultur nicht in verschiedene Gebiete oder Niveaus, trennte nicht das, was wir ernsthaft studieren und bewundern, von dem, was wir genießen, wenn uns die Energie fehlt, uns auf etwas Anstrengenderes einzulassen. Dementsprechend selten ging er ins Kino. Doch er sah sich *Schindler's List* von Spielberg an, und ich erinnere mich deutlich an seine Reaktion: »Die ganze Zeit habe ich gespürt, wie er kalkulierte – ja, das ist okay, aber nicht zuviel, sonst bekomme ich keine Freigabe ab 16 ... Am Ende, obwohl alles wahr ist, ist doch alles Lüge.«

Er glaubte an handwerklich gut gemachte Stücke, und Samuel Beckett und Harold Pinter waren für ihn fast Scharlatane, weil sie nur Impressionen und Ideen boten statt eines Dramas, dessen grundlegende Prinzipien – Charaktere, Handlung, Logik, Lösung – sie mißachteten. Obwohl er sich seiner Fähigkeiten bewußt war, hatte er keine überzogenen Vorstellungen vom Wert seiner Arbeit. Es war Teil seiner inneren Verfassung, des Vertrags mit sich selbst, daß er seinen Platz in der Literatur-Hierarchie kannte. Dieses Gefühl für die eigene Stellung gründete im Respekt vor den Leistungen derer, zu denen er aufsah. Er liebte und bewunderte zum Beispiel Tschechows Dramen und genoß dessen Originalität, mit der er die Theaterprobleme löste, die jeden Dramatiker beschäftigen. Er hätte aber ebensowenig versucht, auf Tschechows Art zu schreiben, wie er je daran gedacht hätte, er sei wert, den Saum von Shakespeares Mantel zu küssen.

1956 hörte er auf, Stücke zu schreiben, und im Jahr darauf begann er, Dokumentarfilme zur Ausstrahlung in Deutschland zu drehen, erst für die BBC External Services und kurze Zeit später für den Bayerischen Rundfunk. Er unterschrieb einen zunächst befristeten Vertrag mit dem BR, nach dem er vier lange Dokumentarfilme pro Jahr abliefern mußte. Anfangs war er unsicher, ob er die Sicherheit der BBC aufgeben und soviel Zeit von seiner Familie getrennt sein sollte. Doch meine Mutter ermutigte ihn, das Angebot anzunehmen. Bis auf die eine große Ausnahme – sein Entschluß im Jahr 1937, Wien zu verlassen – war er generell eher vorsichtig, was derartige existentielle Entscheidungen anlangte, besonders solche, bei denen es um Geld ging. Aufgewachsen in Wien im und nach dem Ersten Weltkrieg, in einer Zeit wiederkehrender Wirtschaftskrisen (in der Weltwirtschaftskrise verlor sein Vater fast sein gesamtes Vermögen), litt er sein Leben lang unter der Angst, plötzlich zu verarmen. Darüber hinaus hatte er keinerlei kaufmännisches Talent, was er vermutlich sogar wußte. Meine kluge und energische Mutter übernahm alle finanziellen und praktischen Entscheidungen in der Familie, auch wenn sie manchmal unter seinem Unverständnis und seinen Vorwürfen zu leiden hatte. Da mein Vater sich bei der BBC nicht ausgefüllt fühlte, sah sie den Vertrag des BR als ein Geschenk des Himmels. Sie wußte, wenn er in seinem Beruf unzufrieden war, würde das ihr Zusammenleben belasten, und da sie ihn genau kannte, war ihr klar, daß er beim BR großen Erfolg haben würde, was auch eintraf. In solchen Dingen irrte meine Mutter sich fast nie.

In den folgenden 20 Jahren verbrachte mein Vater mehr als die Hälfte seiner Zeit fern von London, entweder filmte er oder schnitt in München. Er produzierte über 80 Dokumentarfilme. Mit Deutschen und für Deutsche zu arbeiten wäre für manchen mit seiner Geschichte sicher schwierig gewesen, nicht aber für meinen Vater. In erster Linie war er ein Intellektueller, dessen Muttersprache Deutsch war und dessen erste Ideale aus der deutschen Kultur stammten. Er war viel zu ernsthaft und nachdenklich, um zu glauben, daß eine große Kultur durch eine einzige historische Periode entwertet werden könnte – und sei diese auch noch so grausam und schrecklich. Als Junge hatte er das Akademische Gymnasium in Wien besucht und dort eine hervorragende humanistische Ausbildung genossen, Latein und Griechisch gelernt, aber auch solide Grundkenntnisse der deutschen Literatur und Geschichte erhalten. Wenn er an Deutschland und die Deutschen dachte, bewahrte er sich trotz der entsetzlichen Ereignisse seine Gefühle für dieses Land und seine Menschen.

Generell hatte er sehr geringe Erwartungen, was die menschliche Natur anlangt. Daß die Nazis eine so große Mehrheit der Deutschen und Österreicher hatten begeistern können, überraschte ihn nicht. Die künstliche Unterscheidung zwischen Regime und Volk, die einige Apologeten propagierten, wies er von der Hand – er wußte nur zu genau, daß die überwältigende Mehrheit der Deutschen Hitler unterstützt hatte, wenn nicht schon 1933, dann auf jeden Fall zu Kriegsbeginn –, aber er sah den Menschen ohnehin als fehlgeleitet, kurzsichtig, voreingenommen, feige und, wo er konnte, bösartig an. In Maßen waren diese Eigenschaften sogar verzeihlich, gar natürlich (»Ja, die Leute sind selbstverständlich voreingenommen, erwartest du etwas anderes?«). Da die Menschen nun mal hauptsächlich an ihrem eigenen Wohl interessiert sind, so sagte er, werden sie in einer Situation, in der alle schlecht handeln und es eine Heldentat wäre, das Gegenteil zu tun, sich auf die Seite der Übeltäter stellen. Genau deshalb war ihm der Respekt vor den Institutionen und Traditionen der Gesellschaft so wichtig, ebenso eine gemäßigte politische Einstellung. Er glaubte an den Wert demokratischer Freiheit, die nur in einem Rechtsstaat aufrecht erhalten werden kann. Ohne ein solches System regiere entweder ein Diktator oder der Mob (gewöhnlich erst der Mob und dann der Diktator als Inkarnation der schlimmsten Gelüste des Mobs).

Er versuchte seinem Gegenüber vorurteilsfrei zu begegnen und lehnte die Kategorisierung von Menschen ab; den Gedanken, an Deutschland sei etwas »faul«, fand er dumm und vulgär. Auch wenn er Deutschland und Österreich keinen Augenblick lang verzieh, was geschehen war, sah er die Hauptverantwortung dafür bei Hitler. Ohne Hitler, so dachte er, wäre diese Entwicklung nie eingetreten. Einmal beschrieb er mir die Wirkung von Hitlers Rundfunkreden: »Es war eine elektrisierende, totale Überzeugung, das Gefühl, jedes seiner Worte komme aus der Tiefe seiner Seele, da war nicht der Hauch eines Zweifels in ihm. Zu einer bestimmten Zeit und an einem bestimmten Ort kann eine solche Person alles erreichen, oftmals Schlimmes.«

In München hatte er viele Freunde. Schließlich war er ein außergewöhnlicher Mann, und in München 15 Jahre nach dem Krieg sah man in ihm wohl eine Art Botschafter der anderen Welt: Sicher gab es damals nicht viele wie ihn in dieser Stadt. Einer seiner besten Freunde war ein Redakteur des Bayerischen Rundfunks, Manfred Schwarz, der an der russischen Front gekämpft und viele Jahre in russischer Kriegsgefangenschaft verbracht hatte. Mein Vater mochte ihn, trotz seiner bedauerlichen Vorliebe für jenes nebulös-mystische deutsche Denken, das in der Vergangenheit so viel Unheil angerichtet hatte. Schwarz hingegen bewunderte wohl den wachen Geist und die Intelligenz meines Vaters. Was auch immer der Grund für ihre Freundschaft war, sie hatte lange Bestand: Sie waren ein seltsames Paar, von dem jeder im anderen eine Inspirationsquelle fand, zwei Männer, die vieles gemeinsam hatten, die aber noch mehr trennte.

Wichtig war auch der Kameramann meines Vaters, Anders Lembcke, der im Krieg Luftwaffenpilot gewesen war. Als sie einmal im nordenglischen York drehten, sagte Lembcke plötzlich

Mit Anders Lembcke

zu meinem Vater: »Als ich das letzte Mal hier war, bombardierte ich diese Stadt.« Mein Vater mochte Lembcke auf eine ziemlich verschrobene Art, und sie drehten Dutzende Filme zusammen. Natürlich gab es noch viel mehr Menschen, denen sich mein Vater verbunden fühlte, doch als die Zeit fortschritt, gab es einen ziemlichen Schwund, was hauptsächlich an den Eigenheiten meines Vaters lag.

Einige dieser Freundschaften wurden leider durch ein Projekt beschädigt, das meinen Vater während der letzten Phase seines Arbeitslebens beschäftigte. Es hieß »Hitler und die Generale«, eine Darstellung der Beziehungen Hitlers zu seinem Generalstab. Es war ein Projekt, für das er geradezu geschaffen schien, nicht nur wegen seiner sprachlichen Kompetenz, seiner geschichtlichen Erfahrung, seiner kulturellen Kenntnisse und seiner Fähigkeit als Autor, diesen Geschichten gerecht zu werden, sondern auch, weil er als Jude die Freiheit hatte, die Dinge genau so zu beschreiben, wie er sie sah. Er war nicht durch die Probleme einer »Vergangenheitsbewältigung« belastet. Die Vergangenheit, die die Deutschen zu bewältigen suchten, war schließlich ihre und nicht seine. Wenn es seine Absicht war, etwas zu produzieren, das der gängigen Auffassung zuwiderlief, eben eine unvoreingenommene Darstellung der Generale und ihrer Beziehungen zu Hitler, dann war die Tatsache, daß er Jude war, dafür von essentieller Bedeutung. Andere Autoren aus Deutschland oder Österreich hätten vielleicht gezögert, etwas zu schreiben, das eher günstig für die Generalität war: Für meinen Vater kam es bei dem Projekt genau auf diesen Punkt an.

Er hatte stets einfache Schlußfolgerungen und Klischees abgelehnt und verabscheute daher das Verdrängen ebenso wie das formelhafte Denken ohne Nuancen, das Deutschlands Haltung zu seiner Nazi-Vergangenheit prägte. In Deutschland wie im restlichen Europa sah man es als gesichert an, daß Preußen ein hochgerüsteter Sklavenstaat gewesen war mit einer militärischen Aristokratie von rassistischen Aggressoren ohne einen Funken von Menschlichkeit, gewillt, alles für den Staat zu opfern, notfalls auch das eigene Leben. Für meinen Vater jedoch waren Kultur und Philosophie der preußischen Militärs nicht per se verwerflich. Es war dies ein Kriegskodex, der aus einer langen Geschichte von Heroismus und Opferbereitschaft stammte und sich den Gehorsam bis zum Tod im Dienste fürs Vaterland auf die Fahnen geschrieben hatte. In Hitler begegnete den preußischen Offizieren eine Kreatur, die sie mit ihrer im allgemeinen eher mangelhaften Bildung in keiner Weise verstehen konnten. Selbst wenn sie an ihm zweifelten, und manche taten das, fehlten ihnen die Fähigkeiten, um ihm etwas entgegenzusetzen oder ihn auch nur zu übergehen.

Wie immer, so hatte mein Vater auch bei diesem Projekt ein doppeltes Motiv: zum einen richtigzustellen, was er für falsch hielt, und zum anderen das ungeheure dramatische Potential des Stoffs. Da gab es Geschichten mit shakespearehaften Dimensionen, in denen gewöhnliche Menschen – und einige ungewöhnliche – in die extremsten Situationen gerieten, das Schicksal der ganzen Welt von ihren Worten und Taten abhing. Er wollte einer verschwundenen Nation, Preußen, Gerechtigkeit widerfahren lassen – einem Kosmos von Idealen, der, mal besser, mal schlechter, jahrhundertelang Bestand gehabt hatte, und einem Ehrgefühl, dem der Krieg und das Sterben nichts anhaben konnten. Natürlich wollte er die Verantwortung der Offiziere für die Untaten nicht relativieren. Er wußte sehr genau, daß eine große Zahl von ihnen begeisterte Nazis waren und die meisten der anderen doch wenigstens ultranationalistisch dachten. Fast alle waren Antisemiten. Er war sich bewußt, daß kaum ein General gegen den »Kommissarbefehl« protestiert hatte, aber, so sagte er, was sollte man auch erwarten? Das sagte er keineswegs zynisch, nur wenige Menschen waren weniger zynisch als er. Er meinte damit, daß es immer einen Unterschied gibt zwischen denen, die persönlich integer sind, aber der allgemeinen Meinung folgen, und denen, die aktiv Greueltaten begehen. Man dürfe nie vergessen, daß dabei selbst geringe Unterschiede schließlich etwas ausmachen.

Mein Vater hatte zunächst den Auftrag für zwölf einstündige Filme, wie es seinem Konzept entsprach. Er recherchierte und schrieb die Drehbücher mit beeindruckender Geschwindigkeit (er war schon über Siebzig): Er brauchte dafür kaum ein Jahr. Der erste Film erzählt die Geschichte von Werner von Blomberg, Hitlers erstem Kriegsminister. Es folgen zwei Filme über Werner von Fritsch, Oberbefehlshaber des Heeres von 1935 bis 1938. Die nächsten sechs Filme behandeln den Widerstand gegen Hitler, es geht u. a. um Rommel, Henning v. Tresckow und Stauffenberg. Die letzten drei widmeten sich dem »Nationalkomitee Freies Deutschland«, das von den Sowjets in den Kriegsgefangenenlagern mit deutschen Offizieren gegründet worden war und den Kern einer späteren Widerstandsbewegung gegen Hitler bilden sollte.

Was mein Vater geschrieben hat, ist nie in der Form produziert worden, wie es vorgesehen war und wie es, möchte ich hinzufügen, hätte produziert werden sollen. Als der Bayerische Rundfunk die bestellten Drehbücher erhalten hatte, überlegte man es sich anders. Das überraschte meinen Vater und machte ihn wütend. Über viele Jahre machten sich beide Parteien gegenseitig Vorwürfe, es gab Verzögerungen und Mißverständnisse, Nachkarten und Ausweichmanöver; nachzulesen in mehreren Aktenordnern mit der Korrespondenz zwischen meinem Vater und verschiedenen Mitarbeitern des BR. Für meinen Vater stellte es sich so dar, daß dem BR schlicht der Mut fehlte, ein so teures Projekt, das Kontroversen auslösen konnte, zu realisieren. Mehrmals wurde er aufgefordert, Drehbücher umzuschreiben (die wichtigste Änderung war, das Ganze auf vier Zweistundenfilme zu reduzieren). Er weigerte sich, die grundlegende Perspektive zu ändern, doch als der Profi, der er war, veränderte er die Form. Doch war er empört über das Verhalten der BR-Chefs und hielt sie insgesamt für Feiglinge, die Angst hatten, dafür verurteilt zu werden, daß Hitlers Generale nicht als Monster dargestellt wurden, sondern einige von ihnen als aufrechte, wenn auch engstirnige Männer, und dafür, daß nicht nur der Heroismus der Männer des 20. Juli anerkannt werden sollte, sondern auch die menschlichen Qualitäten und moralischen Skrupel anderer Soldaten, deutscher Patrioten, die versuchten, den ihnen anerzogenen Moralkodex und die ethischen Prinzipien auch in gefährlichen Zeiten zu bewahren.

Es schmerzt, sich daran zu erinnern, daß das letzte kreative Lebensjahrzehnt meines Vaters von diesem deprimierenden Disput überschattet war. Schließlich wurden die ersten drei Drehbücher realisiert, als zwei Neunzig-Minuten-Filme unter dem Titel *Geheime Reichssache*. Für meinen Vater war das zu wenig und kam zu spät. Von den Auseinandersetzungen und der Enttäuschung hat er sich nie mehr erholt. Es war der ironische Schlußstrich unter seine lebenslange Verbindung zu Deutschland, daß er, selbst wenn er deutsche Traditionen und Werte pries, die Generationen von Nachkriegsdeutschen nicht mehr kannten, und Einblicke eröffnete, die den Zeitgenossen wertvoll sein konnten – daß er selbst dann nicht akzeptiert wurde. Deutschland, so schien es ihm, wollte seine Vergangenheit lieber begraben, als daraus klug zu werden.

»Das war es nicht wert.«
Gegen Ende seines Arbeitslebens, nach Jahren der Diskussionen, Manuskriptänderungen und nachdem die endlose, erschöpfende Ungewißheit allmählich wich, wandte mein Vater sich anderen Projekten zu. In den späten 80er Jahren war er von dem Gedanken erfüllt, die Geschichte von Flavius Josephus zu dramatisieren. Flavius Josephus war Historiker und lebte im 1. Jahrhundert n. Chr. Er schrieb *Die Geschichte des jüdischen Krieges*. Ursprünglich in Galiläa beheimatet, desertierte er während der Konflikte, die zur Zerstörung des Tempels im Jahre 70 führten, zu den Römern. Mein Vater stand damals in seinen Siebzigern, doch die Lektüre von Flavius Josephus veränderte seine Einstellung zur jüdischen Identität und Geschichte.

Mein Vater neigte nie zum »jüdischen Selbsthaß«. Wenn man von Kindheit an von den Errungenschaften der europäischen Kultur umgeben ist, wird man kaum die jüdische Lehre und Weisheit für das letzte Wort des menschlichen Geistes halten. Außerdem läßt sich kaum ein Mensch mit weniger Veranlagung zum »Selbsthaß« vorstellen als mein Vater, er kannte kaum innere Zweifel, er war sich seiner selbst und seiner Fähigkeit, sich zu verwirklichen, ganz sicher. Da er sich wenig mit Theorie beschäftigte, kümmerten ihn die Widersprüche in seiner Identität nicht. »Das ganze Leben ist voller Widersprüche«, pflegte er zu sagen, was zwar keine befriedigende Antwort ist, aber die Wahrheit. Wesentlich für ihn war, seinem Instinkt zu folgen. Er wurde weder allein durch die Gesellschaft definiert und deshalb gezwungen, sich als Jude zu sehen, noch hätte er es feige und unaufrichtig gefunden vorzugeben, etwas anderes zu sein: Das alles war so, aber der springende Punkt für ihn war, daß er Jude *war*. Nur wollte er die Definition dieses Etiketts selbst bestimmen. Es mißfiel ihm, in einer Geschichte gefangen zu sein, die er in mancher Hinsicht als unangenehm empfand. Juden waren nicht die einzigen, die so mit ihrer Identität umgingen: Definition des eigenen Selbst in einer Zeit wettstreitender Ideologien ist der Kern der Moderne. Er begrüßte das und fühlte sich nie bemüßigt, Zuflucht zu einer dieser Ideologien zu nehmen, all diese Ismen waren für ihn nicht überzeugend, ihnen fehlte das, was er am höchsten hielt: »Ein Gefühl für das Leben«. Sein Leben lang war er stolz auf seine Vorfahren und ihre Traditionen. Daß er seine Identität stets beibehielt, bedeutet nicht, daß er auf ihrem einzigartigen Wert bestand; für ihn war das eine Frage von Integrität, Loyalität und Widerstandskraft.

Er wurde nicht in Wien geboren, sondern in Rzeszów bei Krakau. 1914 kämpften die russischen und österreichischen Armeen in Galizien, und die Österreicher wurden vernichtend geschlagen, es gab 130.000 Tote. Kurz zuvor war die Familie nach Wien geflüchtet, um den Kämpfen zu entgehen. Mein Vater war damals vier Jahre alt. In seinem späteren Leben war Wien die Stadt im deutschsprachigen Raum, in die er so selten wie möglich reiste und über die er nie mit Wärme sprach. Wien war die Stätte seiner Jugendromanzen und seiner ersten Erfolge, gleichzeitig aber auch der Ort seiner Demütigung und seines Ausgestoßenwerdens. Hier erhielt er seine politische Ausbildung und erlebte

Streckenkarte, Wien 1931

Edmund Wolfs Vater Ignatz Wolf, 30er Jahre

die Entfaltung des »kurzen 20. Jahrhunderts«. Die 23 Jahre, die mein Vater in Wien verbrachte, hinterließen eine unterschwellige Antipathie bei ihm. Da er den Dialekt perfekt sprach, kannte er jenen Ton des sich Beschwerens, der für ihn die Stadt prägte.

Nach der Ankunft in Wien fand mein Großvater eine Stellung als Agent für den Import von Rohstoffen – Getreide und Öl – aus dem Osten. Die Wolfs zogen in eine Wohnung in einer guten Gegend nahe der Karlskirche, weit entfernt vom zweiten Bezirk, wo die ärmeren Juden lebten. Der Antisemitismus war die Luft, die mein Vater atmete, das Wasser, das er trank. Als er elf war und Schüler am Akademischen Gymnasium, lernte er Peter Stadlen kennen, mit dem ihn eine lebenslange Freundschaft verband. Stadlen wurde später ein bekannter Pianist und arbeitete nach dem Ende seiner Karriere als Musikkritiker für den Daily Telegraph. Peters Eltern hatten sich taufen lassen, daher bestellte sie der Klassenlehrer in die Schule und warnte sie, ihr Sohn freunde sich gerade mit einem polnischen Juden an. Mein Vater kommentierte das sehr milde: »Ich kann nichts dagegen sagen. Das waren die Regeln der Zeit, und ansonsten war er ein wunderbarer Lehrer und Mensch.«

Mein Großvater starb wenige Wochen nach meiner Geburt in Israel. Im Vorkriegswien war er offenbar ein zurückgezogener, fleißiger Mann, dessen größte Freude darin bestand, abends mit seinen Freunden im Kaffeehaus Schach zu spielen. Mein Vater klagte oft, daß er zu wenig mit seiner Familie unternommen habe (ein Vorwurf, den man meinem Vater nicht machen konnte). Die Familie war keineswegs streng orthodox, jedoch zionistisch eingestellt. Mein Vater ging zu den Festen in die Synagoge und lernte Hebräisch. Natürlich hatte er seine Bar Mitzwa. Obwohl die Familie zionistisch dachte, hing mein Vater dieser Ideologie wohl nie an. Er glaubte nicht, daß sich alle Juden in Israel vereinigen sollten, und hatte nie die Absicht, selbst dort zu leben. Nach dem Krieg reiste er ziemlich oft nach Israel, entweder zu Dreharbeiten oder um seine Mutter und seine Geschwister zu besuchen. Ihm war es dort zu eng, aber es war einer *seiner* Orte, er fühlte sich dort zu Hause. Stets setzte er sich kompromißlos für den Staat Israel ein. Doch er sah mehr und mehr, daß die Haltung der meisten Israelis den Arabern gegenüber grob und aggressiv war und zu einer moralischen, wenn nicht gar physischen Katastrophe führen konnte. Doch emotional konnte er sich darauf nicht einlassen. Nicht nur weil seine Familie in Israel lebte, sein ganzes Leben war im Spiel. Israel bildete einen Felsen in der wilden Landschaft seiner Jugend, der Geschichte, die er durchlebt und durchlitten hatte, der Tragödie, die über ihn und seine Familie hereingebrochen war.

Persönlich hatte mein Vater Glück, er konnte Österreich 1937 verlassen. Obwohl er sich mit wichtigen Lebensentscheidungen immer schwertat, war er Realist und willensstark. Er sah, was geschehen würde, und handelte sofort. Seine Reputation als Autor ermöglichte es einem Agenten, einen Vertrag für ihn mit 20th Century Fox in Los Angeles auszuhandeln. Er schaffte es jedoch nie bis in die USA, denn sein Visum kam erst nach Kriegsausbruch. So blieb er in London. So war er immerhin nicht in Wien, als die Deutschen einmarschierten. Doch ein Freund von ihm war noch dort, Martin Miller, ein jüdischer Schauspieler (später emigrierte auch er nach England). Am Abend des »Anschlusses« gingen alle Mitwirkenden des Stücks, in dem er auftrat, gemeinsam essen. Alle waren sehr begeistert. Einer seiner Kollegen sagte zu ihm: »Ist es nicht phantastisch, ganz wunderbar, daß der Führer jetzt in Wien ist?« Miller antwortete leise: »Weißt du, ich bin nicht so froh darüber, denn ich bin, nun ja, ich bin Jude.« Der Kollege sah ihn an: »Jude? Bist du wahnsinnig?«

Der bemerkenswerte Aspekt der Reaktion meines Vaters auf die Welt, in die er hineingeboren wurde, ist, daß er so menschenfreundlich blieb. Die Art, wie er seinen Standpunkt vertrat, war manchmal so energisch, daß man sich überrollt fühlte, doch stets lag ein langer Denkprozeß zugrunde, und nichts charakterisierte seine Argumentation besser als die ausgedehnten Gesprächspausen, in denen er überdachte, was er sagen wollte. Für einen so leidenschaftlichen Menschen war er oft überraschend ruhig, wenn er auf die Geschehnisse seiner Kindheit und Jugend zurückblickte. Ich erinnere mich an seine genaue Unterscheidung zwischen dem deutschen und dem osteuropäischen Antisemitismus: »Der deutsche Antisemitismus war eine Idee, eine Theorie und deshalb so viel mächtiger und gefährlicher; in Osteuropa war er ganz anders, dort war er eine Art Familienfehde, alltäglich, uralt, widerlich, gefährlich sogar. Es war Haß, aber er war nicht tödlich.« Das war eine für ihn typische Beobachtung, aus Erfahrung und Nachdenken gewonnen: Er konnte hinter Türen blicken, die die meisten von uns streng geschlossen halten wollen.

Nach dem »Anschluß« versteckte sich die Familie meines Vaters – seine Eltern, Bruder und Schwester – drei Monate lang in ihrer Wohnung, bevor es ihnen gelang, nach Italien und von dort nach Palästina zu fliehen. Fast alle anderen Verwandten meines Vaters wurden im Holocaust ermordet, darunter vier Onkel und Tanten mit ihren Familien. In England wurde mein Vater als

»enemy alien« klassifiziert. Als Frankreich 1940 fiel, kam in England die Angst vor einer »Fünften Kolonne« auf, und die »enemy aliens« wurden festgenommen und in Lager gesperrt. Mein Vater wurde schon bald in ein Lager nach Kanada verlegt und mußte den Atlantik überqueren zu einer Zeit, da dies wegen der deutschen U-Boote äußerst gefährlich war. Die Internierten wurden unter Deck untergebracht, und man schloß alle Luken: Wenn ein Torpedo einschlug, würden sie alle ertrinken. Als man die britischen Seeleute darauf ansprach, erklärten sie gelassen, es gäbe ohnehin keine Plätze für sie in den Rettungsbooten, und die Offiziere wollten eine Panik vermeiden.

Mein Vater sprach später mit trockenem Humor über die Schiffsreise und die 18 Monate in einem Gefangenenlager in St. Lawrence, nahe Quebec City. Es war Krieg, sagte er, was selbst im besten Fall eine unangenehme Sache ist. Die Juden unter den Internierten, und das war die überwältigende Mehrheit, wußten genau, daß ihnen in Deutschland ein wesentlich schlimmeres Schicksal zuteil geworden wäre. Die Szenerie in diesem Camp hätte einem Roman von Joseph Heller entnommen sein können: Der Kommandeur hatte das Land dafür gekauft und an die kanadische Regierung verpachtet. Die Wächter waren kanadische Bauernsöhne, die keine Ahnung hatten, weshalb sie diese Ausländer bewachen sollten, sie wollten zurück auf ihre Höfe. Was die Internierten anlangt, so waren diese meinem Vater zufolge so begierig, die alliierten Kriegsanstrengungen zu unterstützen, daß sie die Wächter überzeugten, es sei ihre patriotische Pflicht, zu bleiben und ihren Dienst zu versehen (auch wenn es mehr denn Ironie des Schicksal war, daß hier erbitterte jüdische Nazigegner bewacht werden sollten, für den Fall, daß diese sich je als Nazis entpuppten). 1943 war der Spuk vorüber, hauptsächlich dank der Interventionen einer Abgeordneten der Labour-Partei, Eleanor Rathbone. Mein Vater kehrte nach London zurück (diesmal nicht unter verschlossenen Luken). Er lernte meine Mutter bei seiner Willkommensfeier kennen, heiratete sie und begann für den deutschen Dienst der BBC zu arbeiten.

In den 50er und 60er Jahren diskutierten wir zu Hause viel über Literatur und Politik, sprachen aber wenig darüber, was den Familien meiner Eltern während des Krieges geschehen war. Wir kannten die Fakten – es gab da keine Geheimnisse –, aber man gab sich nie dem Schmerz hin. Erst als Erwachsener habe ich das Schicksal der Verwandten meiner Eltern ganz verstanden, und auch nur, weil ich direkt danach fragte. In seiner Kindheit hatte mein Vater nur wenig Kontakt zu seinen Tanten und Onkeln; sie waren in Polen geblieben, als er mit seinen Eltern nach Wien ging. Er wußte, daß sein Onkel Benno auf offener Straße zu Tode geprügelt worden war, aber was mit den anderen während des Holocaust passiert war, hatte er zum größten Teil nicht ermitteln können. Vermutlich waren sie in den Konzentrationslagern ermordet worden, vielleicht auch bei der Zwangsarbeit an Auszehrung gestorben oder auf einem der Todesmärsche erschossen worden. Unter so vielen Millionen war es schwer, Einzelschicksale herauszufinden, und mein Vater war immer auf die Gegenwart und die Zukunft fixiert, auf sein Fortkommen in einem neuen Land, auf den nächsten Film, Artikel oder was sonst vor ihm lag. Er wußte auch sehr wenig über die Geschichte seiner Familie in Rzeszów vor dem Ersten Weltkrieg. Über seine Großeltern hat er nie gesprochen und schien sich auch nicht sonderlich für sie zu interessieren. Er erwähnte gelegentlich, daß einer seiner Vorfahren ein bekannter Rabbi gewesen war, und das erfüllte ihn mit einem gewissen Stolz.

Die Geschichte der Familie meiner Mutter war ebenso tragisch. Ihr Vater, an den ich mich aus meiner Kindheit gut erinnern kann, war im Amsterdamer Ghetto geboren worden, als viertes von neun Kindern. Die Familie war arm –

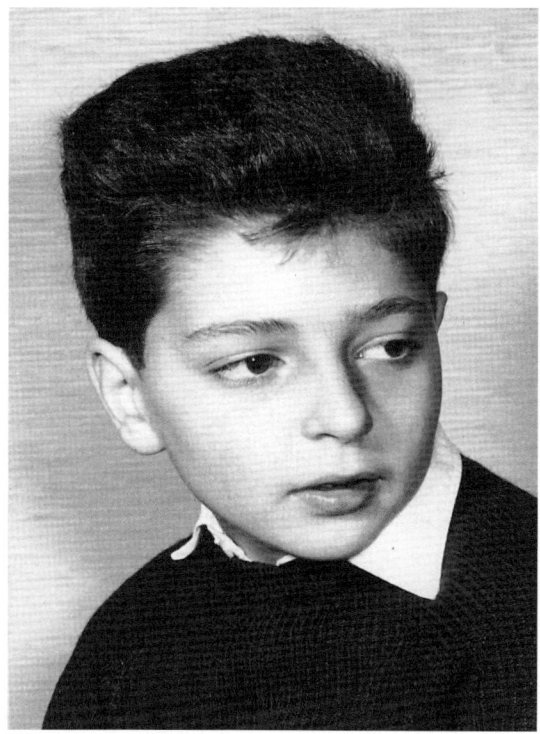

Daniel Wolf, Mitte der 50er Jahre

sein Vater verkaufte im Ghetto Fisch aus einem Faß –, aber mein Großvater war ein ungewöhnlicher Mensch. Von Kindheit an zeigte er eine Begabung für Geschäfte. Schon vor seinem 20. Lebensjahr ernährte er die gesamte Familie (eine seiner ersten Unternehmungen war der Import von Bananen nach Holland). Schon in jungen Jahren etablierte er sich als Fischimporteur für die holländischen Konservenfabriken und zog nach Ijmuiden aan Zee. Als die Deutschen 1940 nach Holland einmarschierten, trieb mein Großvater einen Fischkutter auf, der die Familie nach England bringen sollte. Meine Großmutter machte vor der Flucht noch einen Großputz, schließlich wollte sie nicht, daß die nächsten Bewohner dachten, die Wijnschenks seien keine »ordentlichen Leute« gewesen.

Sofort schickte mein Großvater Botschaften an seine acht Brüder und Schwestern, sie sollten sich unverzüglich mit ihren Familien im Fischereihafen von Ijmuiden einfinden. Den ganzen langen Tag warteten meine Großeltern, meine Mutter und ihre zwei Schwestern und zwei Brüder mit ihrem Kindermädchen Clara (die Deutsche war, aber schon lange zur Familie gehörte). Die anderen Familien kamen nicht. Am Abend verkündete der Kapitän, sie müßten nun ablegen, wenn sie es nach England schaffen wollten. Sie erreichten Hull, wo der Zollbeamte die bemerkenswerte Frage stellte: »Bitte, Mr. Wijnschenk, was ist der Grund Ihres Besuchs?« Meine Mutter und ihre Familie überlebten den Krieg in England, der Rest ihrer Angehörigen, ihre Onkel, Tanten, Cousinen und Cousins – über dreißig Männer, Frauen und Kinder – blieben verschwunden, sie waren mit den anderen holländischen Juden in die Vernichtungslager deportiert worden. Ich wurde 1948 geboren, nur wenige Jahre nach diesen Ereignissen. Soweit ich mich erinnere, sprach meine Mutter während meiner Kindheit nie darüber. Als ich älter wurde, bemerkte ich mehr und mehr den Zug von Traurigkeit, der sie umschattete. Erst nach ihrem Tod wurde mir bewußt, welch wichtige Rolle diese Ereignisse in ihrem Leben gespielt haben mußten, wie jung sie damals gewesen war und welchen Schmerz sie ihr Leben lang zu tragen gehabt hatte. Ich kann mir meinen Mangel an Empathie heute kaum verzeihen.

Doch ich kannte auch nicht alle Fakten. Einige moderne Verfechter einer »jüdischen Identität« führen an, die Kriegsgeneration habe in den ersten Nachkriegsjahren das Wissen über den Holocaust unterdrückt. Das ist ein unzutreffender Vorwurf, da will man die Geschichte zur Ideologie machen. Es gab keine »Verschwörung des Schweigens«, zumindest nicht bei uns zu Hause. Wir haben vielleicht nicht über alle Details der schrecklichen Geschehnisse in den Familien unserer Eltern diskutiert, aber gewiß kannten wir die historischen Tatsachen. Bei meinem Vater konnte man das Thema Geschichte und ihre

Bedeutung gar nicht umgehen, ob es um die jüngere oder länger zurückliegende ging. Die Tatsachen waren allgemein bekannt – so hatten etwa die Nürnberger Prozesse den Massenmord an den Juden deutlich bewiesen –, aber für diejenigen, die das alles durchlebt hatten, ging es in erster Linie darum, ihre Existenz zu finden. Das war keineswegs Selbstzensur, sondern eine unvermeidliche Reaktion auf die praktischen Anforderungen des Lebens, das Bedürfnis, vorwärts zu schauen. Ich bin auch sicher, daß meine Eltern instinktiv den Wunsch verspürten, uns zu schützen, uns nicht mit diesen schrecklichen Dingen zu belasten, die wir als Kinder weder richtig begreifen noch verarbeiten konnten.

Das Thema Judentum begleitete unser Leben. Wir verfolgten besorgt die Entwicklungen in Israel, gingen an den Hohen Feiertagen in die Synagoge, fasteten an Yom Kippur, aber wir waren nicht orthodox. Weder mein Vater noch meine Mutter hatte das geringste Interesse an den Gesetzen der *Kaschrut*, und sie gehörten keiner jüdischen Gemeinde an. Trotz seiner späteren Apostasie spielte sein Judentum eine wesentliche Rolle bei der Selbstwahrnehmung meines Vaters. Und er wollte auch uns nicht von diesen Wurzeln abschneiden, da er darin eine wichtige Energiequelle für unser Leben sah, die wir als Erklärung unserer Herkunft zu unserer Welterfahrung brauchten. So hatten auch wir unsere Bar Mitzwa. Als er dazu den Rabbi in der Synagoge, in die wir ab und zu gingen, aufsuchte, erhob dieser Einspruch: Wir hatten die dortige Religionsschule nicht besucht, und er wollte einen Beweis dafür, daß meine Mutter Jüdin war! Mein Vater bekam natürlich einen Wutausbruch. Der Rabbi fügte sich – die Wutausbrüche meines Vaters konnten sehr einschüchternd sein –, während mein Vater darin nur eine weitere Bestätigung seiner Ansicht sah, das Rabbinat sei intellektuell wie menschlich komplett mangelhaft: Es bestand aus *Nebbichs,* um ein Lieblingswort meiner Mutter zu gebrauchen. Statt die Religionsschule der Synagoge zu besuchen, wurden mein Bruder und ich jeweils das Jahr vor unserer Bar Mitzwa zu einem Hebräischlehrer, Mr. Pletsky, geschickt. Er bereitete uns auf die Lesung der Passage aus der *Tora* in der Synagoge vor.

Wenn ich auf diese Zeit zurückblicke, dann herrschte innerhalb unserer Familie ganz entschieden das Gefühl, daß wir anders waren als die englischen Familien um uns herum, das Bewußtsein, aus einer Tragödie hervorgegangen zu sein. Mein Vater artikulierte dieses tragische Bewußtsein seiner Existenz sehr häufig. Sein Weltbild war geprägt von dem enormen Potential an Grausamkeit und Leiden, das uns umgibt, und von der Gefahr verführerischer Ideologien, die das Schlimmste in denen hervorbringen, die ihnen anheimfallen, und es einigen Schurken gestatten, die Dinge unter ihre Kontrolle zu bringen, angeblich um einen unmöglichen Traum zu verwirklichen.

Mein Vater verdammte alle politischen Theorien, die einer kleinen Gruppe alle Macht zugestehen, damit sie eine ideale Welt hervorbringt. Der Marxismus-Leninismus war für ihn ein Betrug – ein Freibrief für Grausamkeit, ein Machtspiel, das nur ins Elend führen konnte. Diejenigen im Westen, die argumentierten, man müsse den Sowjets Verständnis entgegenbringen, die Konfrontation aufgeben, hielt er für Schufte und Feiglinge. Als die Linke in den 60er Jahren antiamerikanistische Züge anzunehmen begann und von einer »neuen linken Revolution« redete, gab er seine sozialdemokratische Haltung auf und bezog einen neo-konservativen Standpunkt. Einer seiner Dokumentarfilme der späten 60er Jahre handelte von dieser »neuen linken Revolution«. Als er von seinem Interview mit Daniel Cohn-Bendit zurückkam, sprach er über dessen maßlose Eitelkeit. Mein Vater hielt ihn und seine Mitstreiter bei dieser »faux révolution« für ungebildete, irregeleitete Kinder, die nicht wußten, was sie da sagten.

Im Grunde seines Herzens hielt er sich an

ein paar einfache Grundsätze: daß Gerechtigkeit nicht nur wenigen, sondern allen zuteil werden sollte; daß Freiheit, politisch definiert und verteidigt, kein Luxus, sondern eine Notwendigkeit ist; daß Theorie zu oft nur eine Form von Eitelkeit ist. Er hatte eine sehr feine Nase für den Fäulnisgeruch modischer Illusionen und fand manchmal sehr drastische Worte dafür.

1976 reiste er nach Südafrika, um einen Film über die Apartheid zu drehen. Mein Vater war bestimmt nicht leicht zu schockieren, aber das, was er dort sah, entsetzte ihn. Natürlich hatte er gewußt, was ihn erwartete, aber er reagierte immer stark auf persönliche Erfahrungen. Er drehte ein Interview mit dem legendären Steve Biko und war sehr von ihm beeindruckt (Biko wurde kurze Zeit später von der südafrikanischen Polizei ermordet). Nach seiner Rückkehr sprach ich mit ihm über die Ungerechtigkeit der Apartheid. Dabei betonte er den Unterschied zwischen der Situation in Südafrika und der in der Sowjetunion. Unter Lenin und Stalin seien Millionen Menschen umgebracht worden. Apartheid war furchtbar, aber es gab da doch einen Unterschied, den er dem Einfluß des britischen Rechtssystems in Südafrika zuschrieb. Ich erinnere mich sehr genau an einen Satz von ihm: »Der stets lebendige Wert anständiger Prinzipien, wie verzerrt sie in der Praxis auch sein mögen ...« Ich glaube noch immer, daß diese Worte eine tiefe Einsicht in die politische Praxis enthalten, in die Beziehungen zwischen Ideal und Wirklichkeit und in die Größenordnungen des Bösen.

Gegenwärtig lebe ich in China. Eine der Schwächen meines Vaters war, daß er nahezu vollständig eurozentrisch dachte und sich nicht leicht vorstellen konnte, daß auch andere Kulturen über Qualitäten und Tugenden verfügten, die mit ihren eigenen Maßstäben beurteilt werden sollten und nicht mit europäischen allein. Doch sein unbestechlicher Blick auf die Wirklichkeit ließ ihn manchmal die Wahrheit auch an einem Ort sehen, an dem er nie war und über den er fast nichts wußte. Ich erinnere mich an seine Bemerkung über die Kulturrevolution, als sie 1966 zum ersten Mal über unsere Fernsehschirme flimmerte: »Wenn du eine Million Menschen auf einem Platz siehst, wo sie einem einzigen Mann huldigen und so tun, als ginge der nicht aufs Klo, um zu scheißen, dann weißt du, daß dort furchtbare Dinge geschehen.« Ich erinnere mich nicht nur seiner vulgären Ausdrucksweise wegen daran, sondern weil mir damals wie heute schien, er deckte damit eine riesige Lüge auf. Zu der Zeit wußte man nicht viel davon, was in China geschah, aber Millionen westliche Intellektuelle waren von der Kulturrevolution fasziniert, und nicht wenige bewunderten sie. Noch heute hat sich das China, das ich kenne, nicht von den schrecklichen Dingen erholt, die mein Vater damals geahnt hatte, als Hunderttausende, vielleicht Millionen Menschen umgebracht wurden und das Leben zahlloser anderer zerstört wurde, um den Egoismus des Diktators zu befriedigen.

Victoria Falls, 60er Jahre

Susanne Gföller
»Ich bin von Geburt an ein Stückeschreiber gewesen.«
Edmund Wolf und das Theater

Edmund Wolf wuchs in einer bürgerlichen Familie auf, für die häufige Theaterbesuche zum Leben gehörten: »Ich besuchte das Burgtheater, weil meine Eltern ins Burgtheater gingen, aber besser war die Josefstadt unter Reinhardt.«[1] Schon während seiner Schulzeit am Akademischen Gymnasium stand für ihn fest, daß er Bühnenschriftsteller werden wollte. Auf Wunsch des Vaters absolvierte er zunächst ein Jurastudium, das ihn zu seinem ersten Theaterstück über den römischen Rechtsgelehrten Papinian inspirierte.

Max Reinhardt, der seit 1923 das Theater in der Josefstadt gepachtet hatte, wollte seinem Theater eine Schauspielschule anschließen, wie es sie in Berlin schon seit 1905 gab. Zunächst wurde ihm jedoch seitens der Akademie nur ein Hochschulkurs angeboten, und er begann 1925 seine Unterrichtstätigkeit in Wien. Er setzte sich weiterhin für eine eigene Schule ein, so daß man ihm schließlich zur Verwirklichung seiner Pläne das Schönbrunner Schloßtheater zur Verfügung stellte, wo im April 1929 der Unterrichtsbetrieb des »Schauspiel- und Regieseminars Schönbrunn«, wie der offizielle Titel damals lautete, aufgenommen wurde.

Edmund Wolf zählte zu den Schülern des ersten Jahrgangs, und das Seminar wurde zu seinem Lebensmittelpunkt: »Wir waren nicht viele in den ersten zwei Jahrgängen, aber wir erlebten Max Reinhardt selbst.«[2] Seine Jahrgangskollegen

---

1 Brief an Ursula Seeber, 22. Februar 1992. Nachlaß Edmund Wolf an der Österreichischen Exilbibliothek im Literaturhaus in Wien, Signatur N1.EB-36. Wo nicht anders angegeben, stammen die zitierten Dokumente daraus.

2 Ebenda. Die Matrikel von Edmund Wolf im Archiv der Universität für Musik und darstellende Kunst ist verschollen. Zur Gründungsgeschichte des Seminars sowie den Lebenswegen von Lehrern und Schülern vgl. Peter Roessler: »Zur Geschichte des Reinhardt-Seminars von 1928 bis 1938.« In: Peter Roessler, Günter Einbrodt, Susanne Gföller (Hrsg.): *Die vergessenen Jahre. Zum 75. Jahrestag der Eröffnung des Max Reinhardt Seminars*. Wien 2004.

Reinhardt-Seminar 1930. Edmund Wolf in der mittleren Reihe, 2. v. l.

Emil Geyer

waren u. a. Willy Bahner, der später als Bühnenbildner tätig war, Stefan Wendt, der als Schriftsteller in Paris lebte, Johannes Reich, der in den USA eine Theaterschule führte. Marianne Walla spielte von 1930 bis 1937 in der Reinhardt-Inszenierung von Hofmannsthals *Jedermann* bei den Salzburger Festspielen die Guten Werke. Sie emigrierte wie Wolf nach London. Robert Horky wurde an das Theater in der Josefstadt engagiert und zählte dort als Parteimitglied seit 1933 zu den Wegbereitern der nationalsozialistischen Machtübernahme.³ Nach dem Krieg wurde er Rundfunksprecher und gehörte zum Ensemble der beliebten satirischen Radiosendung *Der Watschenmann*. Hedwig Pistorius wurde 1940 ans Burgtheater engagiert. Da sie dem NS-Regime verbunden war – sie spielte u. a. anläßlich der Grillparzer-Feier der Nationalsozialisten 1941 die Libussa –, hatte sie von 1945 bis 1950 Berufsverbot. Jurist war Hans Niederführ, der schon während seiner Ausbildung am Seminar zu administrativen Diensten herangezogen und 1937 stellvertretender Leiter wurde. Nach der Annexion Österreichs übernahm Niederführ als NSDAP-Mitglied die Leitung und zwang alle jüdischen Lehrer und Studenten zum Austritt, der als freiwillig deklariert wurde. Als Reinhardts Witwe Helene Thimig auf Betreiben der Studenten, darunter Otto Tausig, 1948 die Seminarleitung übernahm, holte sie Niederführ wieder als administrativen Leiter, und nach ihrem Rücktritt 1954 übernahm er erneut die Leitung. Zum zweiten Jahrgang gehörten neben dem späteren Burgschauspieler Richard Eybner und dem Juristen und Shakespeare-Übersetzer Richard Flatter die von Reinhardt sehr geförderte Vilma Degischer. Sie wurde langjähriges Ensemblemitglied des Theaters in der Josefstadt und blieb Edmund Wolf bis zu ihrem Tod in Freundschaft verbunden.

Von seinen Lehrern war Edmund Wolf am meisten von Emil Geyer beeindruckt: »Geyer war ein kluger, stiller Mann, der nichts von dem stürmischen Temperament besaß wie etwa Kalbeck, Regisseur an der Josefstadt, oder wie der Russe Iwan Schmith, der uns etwas von der Methodik beibringen wollte, die in Moskau der legendäre Stanislawski vertrat. Seine ebenso treffenden wie bizarren Aussprüche waren Legion. Als irgendeiner von uns Jungen einen bärtigen Greis zu spielen hatte und sich beklagte, daß dies sehr schwierig sei ohne Bart, sagte Schmith mit saurem Kopfschütteln: ›Nu, Sie missen haben einen solchen Bart von innen.‹ Emil Geyer – das muß ich an dieser Stelle festhalten – wurde später in einem KZ umgebracht.«⁴

---

3 Oliver Rathkolb: *Führertreu und gottbegnadet. Künstlereliten im Dritten Reich.* Wien 1991, S. 56.

4 Brief Edmund Wolf an Ursula Seeber (Anm. 1). Zu Emil Geyers Tätigkeit im Seminar vgl. Roessler (siehe Anm. 2). Leben und Werk wurden von Hilde Haider-Pregler dokumentiert in: *Überlebenstheater. Der Schauspieler Reuss.* Wien 1998.

1930: *Was ihr wollt,* Richard Eybner (l.); *Scapins Schelmenstreiche,* Vilma Degischer (l.), R. Eybner, Nora Hahn (r.)

Das Ausbildungskonzept von Reinhardt sah vor, daß die Regiestudenten auch als Schauspieler Erfahrung sammeln sollten. Daher wirkte Wolf – damals noch unter seinem ursprünglichen Vornamen Menasse – schon in der ersten öffentlichen Aufführung des Seminars, August Strindbergs *Schwanenweiß* in der Regie von Paul Kalbeck,[5] am 17. Mai 1930 im Schönbrunner Schloßtheater mit. Der Kritiker des Neuen Wiener Journals urteilte über diesen Auftritt: »Etwas allzublaß die Gestalt des Prinzen von Herrn Wolf.«[6] Ebenfalls im Mai 1930 spielte Wolf unter der Regie von Emil Geyer in der Komödie *Fannys erstes Stück* von George Bernard Shaw, einem Autor, den er sich später zum Vorbild nahm. In der ersten Inszenierung, die Max Reinhardt selbst an seiner Schule leitete, in Shakespeares *Was ihr wollt,* wurde Wolf wieder besetzt: »(...) jetzt erleben wir ihn selbst Tag um Tag, wie er auf irgendeinen Ton von der Bühne her reagiert und der Motor anspringt. Die gespannte Stille dann, das dunkle Vibrato seiner Stimme fast immer verhalten – außer wenn er lacht. (...) Reinhardt absorbierte das Wesen seiner Schauspieler und konnte ihnen jene Änderungen von Ton und Ausdruck andeuten, die ihren eigenen Naturen geheimnisvoll-genau entsprachen. Oft genug wirkte es so verblüffend, als wären in diesen Arbeitsstunden Jahre des Reifens zusammengedrängt worden. Diese Gabe konnte nur er haben, weil Liebe zum Schauspieler, zur Einzigartigkeit und Unverwechselbarkeit eines jeden Talents in ihm so stark war.« Diese Erinnerun-

---

5 Paul Kalbecks Tätigkeit als Lehrer am Reinhardt-Seminar wurde von Peter Roessler in seinem Aufsatz »Paul Kalbeck – der Regisseur als Lehrer« ausführlich dargestellt. In: Judith Pór-Kalbeck (Hg.): *Paul Kalbeck – ein Poet der Regie.* Wien 2005, S. 173f.
6 »Das Reinhardt-Seminar im Schloßtheater«. In: Neues Wiener Journal, 18. Mai 1930.

gen an die Arbeit mit Max Reinhardt hielt Edmund Wolf viele Jahre später bei einem Symposium in Oxford sowie in einem Essay für die Süddeutsche Zeitung fest.[7] Die Premiere fand am 19. Juni 1930 statt, mit Vilma Degischer als Viola, Marianne Walla als Olivia, Richard Eybner als Malvolio. In späteren Aufführungen wurde Violas Zwillingsbruder Sebastian nicht mehr von Wolf, sondern von Nora Hahn gespielt.

Am Seminar konnte Wolf erstmals seine schriftstellerischen Fähigkeiten in der Praxis erproben, indem er eine Bearbeitung von Molières *Die Streiche des Scapin* schrieb und zusammen mit zwei Kollegen unter der Oberleitung von Iwan Schmith inszenierte. Die Premiere fand am 5. Juni 1930 im Schönbrunner Schloßtheater statt und kam bei der Kritik großteils gut an.

Noch während der Zeit am Seminar entstand ein weiteres Stück, *Musik im Hof,* das am 18. Juni 1932 in Mannheim uraufgeführt wurde, »auf derselben Bühne, auf der einst die Uraufführung von Schillers *Räuber* stattfand«, wie der Autor noch in der Erinnerung beeindruckt bemerkt.[8]

Die nächste Uraufführung eines Stückes von Edmund Wolf gab es am 6. Dezember 1934 am Raimundtheater. Direktor Stefan Hock, der Assistent bei Reinhardt gewesen war, führte selbst Regie. Der Autor hatte dem Stück den Titel *Das Dienstmädchen* gegeben, doch das Theater änderte ihn in *Kleines Leben, große Liebe* und verlangte ein Happy-End: »Das wesentliche Ultimatum lautete: ›Sie müssen das Ende radikal umschreiben, selbstverständlich muß das Mädel den Kerl kriegen, ich kann doch meinem Publikum nicht plötzlich eine klassische Tragödie im wienerischen Dialekt servieren.‹«[9] Das Stück gibt ein Zeitbild vom Wien der dreißiger Jahre, als viele Menschen die Arbeitslosigkeit fürchteten und sich in die illusionistische Welt des gerade zur Breitenwirkung gelangenden Tonfilms flüchteten. Schauplatz ist eine Garage – Autos wurden immer zahlreicher im Stadtbild –, einer der Protagonisten ist »Filmpendler«, er bringt auf einem Motorrad die Filmrollen von einem Kino zum anderen. Über den Inhalt gibt ein Interview mit der Hauptdarstellerin Lotte Lang Auskunft, das der Wiener Tag als Vorschau auf die Premiere brachte: »Ich spiele ein junges, braves, gesundes Mädel, das einen Burschen heimlich liebt, heimlich, weil sie in ihrer Stellung als Dienstmädchen sich zu dem Mann gar nicht aufschauen getraut, der selbst nur Augen für die Tochter des Hauses hat. Der ist sie gut genug, einen Diebstahl, zu dem die Haustochter den jungen Menschen bewogen hat, auf sich zu nehmen, doch nur ein Dienstmädchen, was liegt ihr daran, als Diebin dazustehen, man wird schon dazu schauen, daß sie nicht eingesperrt wird. Aber das Dienstmädchen wehrt sich, wehrt sich bis zum tätlichen Angriff auf die Haustochter. Und da man das arme Mädel nun beinahe wie eine Mörderin betrachtet und ihr den Diebstahl erst recht zumutet, gesteht der wirkliche Dieb seine Schuld. Aber da glaubt das Dienstmädchen, daß der Mann aus Liebe zu ihr die Schuld auf sich nimmt, und sie ist zum ersten Mal im Leben märchenhaft glücklich. Als sie erfährt, daß der junge Mensch wirk-

---

[7] »Max Reinhardt's greatest gift: a personal impression.« In: Margret Jacobs, John Warren (ed.): *Max Reinhardt. The Oxford Symposium.* Oxford 1986, S. 1–5, und: »Das Licht hinter den Worten anzünden«. In: Süddeutsche Zeitung Nr. 206/1985, S. 131.

[8] Brief Edmund Wolf an Ursula Seeber (Anm. 1). Stücktext und Rezensionen sind nicht erhalten.

[9] Ebenda. Das in der Bibliothek des Österreichischen Theatermuseums aufliegende Textbuch zeigt starke Eingriffe besonders im dritten Akt (Striche, Textumstellungen und Einschübe). Offensichtlich mußte der noch unerfahrene Autor Konzessionen an die Theaterpraxis machen.

lich gestohlen hat, will sie nun für ihn den Diebstahl auf sich nehmen. Jetzt erkennt der Geliebte die große Liebe des Dienstmädchens und das erträumte Glück wird Wirklichkeit. Diese Handlung, so knapp erzählt, gibt natürlich den Reiz der volksstückhaften Komödie nicht wieder, die vor allem einen frischen, pointierten Dialog hat und die Gestalt des Dienstmädchens, die urwüchsig in der Wirklichkeit steht (...) Es ist eine naturhafte Figur mit sehr feinen Schwingungen und sehr schön ihr Kampf um etwas, das ihr nicht gehören soll, bloß weil sie nur ein Dienstmädchen ist. Die Rolle bietet viele Möglichkeiten (...)«[10] Die Haustochter wurde übrigens von Wolfs ehemaliger Kollegin am Seminar, Marianne Walla, gespielt.

Die Kritiker waren sich weitgehend einig, daß der junge Autor Talent habe, in der Ausführung jedoch noch eine gewisse Unbeholfenheit erkennen lasse. »Das Raimundtheater, das für die kleinen Vorstadtleute, die es künstlerisch zu speisen hat, mit der großen Liebe echter Überzeugtheit ein Volksstück um das andere auftafelt, hat da mit der Dichtung eines jungen, auf dem Theater bisher völlig unbekannten Wieners namens Edmund Wolf wiederum einen respektablen Griff getan. Das Stück hält nicht ganz, was sein seltsam innig anmutender Name – wer ihn gefunden hat, dem sei aufrichtige Anerkennung gesagt – zu versprechen scheint«,[11] meinte die Reichspost und verglich – ebenso wie die Neue Freie Presse den Autor mit Franz Molnár. Sie unterstrich, wie gut der Autor das Stammpublikum des Raimundtheaters bediene: »(...) eine solche Hauptfigur rührend und komisch zugleich geschildert, ganz so reizend, wie sie im Leben wirklich sein kann. Eine Welt, deren Schönheit aus Schablonen besteht, in Kolportageheften abgedruckt,

Treff-As, Helene Sieburg, Attila Hörbiger, 1936

die man extra für solche Hausgehilfinnen in die Wohnungstüren schiebt.«[12] Die Kleine Volks-Zeitung berichtete wohlwollend: »Es sind einfache, aufrechte Menschen, die durch unverschuldetes Unglück in schwierige, manchmal scheint es ausweglose Situationen gerieten. Da wirken dann die zwei schon aus der Antike erprobten Mittel des Tragischen, Mitleid und die Furcht, daß auch dem Zuschauer widerfahre, was hier dem Helden des Schauspiels geschieht.«[13]

Emil Geyer, sein so geschätzter ehemaliger Lehrer am Seminar, holte Edmund Wolf in der Spielzeit 1935/36 in die Dramaturgie des Volkstheaters, das von Rolf Jahn geleitet wurde. Wolf traf dort Heinrich Schnitzler, den Sohn von

---

10 »Lotte Lang kreiert einen neuen Autor«. In: Wiener Tag, 27. November 1934.
11 »Kleines Leben, große Liebe« in der Vorstadt. In: Reichspost, 8. Dezember 1934.

12 »Dienstmädelkomödie im Raimund-Theater«. In: Neue Freie Presse, 7. Dezember 1934.
13 »Volksstück im Raimund-Theater«. In: Kleine Volks-Zeitung, 10. Dezember 1934.

Programmzettel. Edmund Wolf als Autor unter dem Pseudonym »Frederic Pottecher«

Arthur Schnitzler, mit dem er in späterer Zeit noch korrespondierte, da er eine Dokumentation über den Dichter plante.

Am Volkstheater fand am 6. März 1936 auch eine weitere Uraufführung eines Werkes von Edmund Wolf statt. Das Stück mit dem Titel *Treff-As* war für den Schauspieler Oskar Karlweis gedacht gewesen, der jedoch absagte. Daher wurde Attila Hörbiger für die Hauptrolle engagiert, Regie führte Emil Geyer. Edmund Wolf erzählte in späteren Jahren die folgende Anekdote über Hörbigers Ehefrau Paula Wessely als Probenzuschauerin:

»HÖRBIGER (stockt nach einer nicht sehr gelungenen Pointe):

Muß denn des sein? Is doch überflüssig. Is doch gscheiter, des wegzustreichen.

PAULA WESSELY (aus dem dunklen Zuschauerraum): Aber ja! Is a Zeitverschwendung! Da lacht keiner!

Die Pointen starben wie Menschen beim Ausbruch der Pest.«[14]

Der Autor begründete in seiner Erinnerung die Verwendung eines Pseudonyms »Frederic Pottecher« mit seiner Tätigkeit am Volkstheater. Es war jedoch nach der Machtübernahme der Nationalsozialisten in Deutschland 1933 üblich geworden, jüdische Autoren hinter Pseudonymen zu verbergen, um weiterhin Aufführungen ihrer Stücke in Deutschland zu ermöglichen. Der Marton Verlag nutzte diese Taktik besonders häufig und konstruierte auch jeweils einen passenden Lebenslauf. Das Rätsel über den Autor, angeblich Elsässer und in Paris als Verfasser eines Romans wohlbekannt, stand im Mittelpunkt der Berichterstattung.[15] Diesmal wurden die geistreichen Dialoge und Pointen der Satire auf die Moral der englischen Gesellschaft mit George Bernard Shaw verglichen und die Leichtigkeit der Inszenierung von Emil Geyer allgemein hervorgehoben.

1937 hatte Edmund Wolf mit dem Verleger Georg (George) Marton einen Vertrag geschlossen, der auch die bisher entstandenen Stücke beinhaltete.[16] Marton verfügte über gute internationale Verbindungen, die schon sein Vater, ein ungarischer Urheberrechts-Anwalt, aufgebaut hatte. Er schickte den Sohn, der in Berlin und an der Sorbonne studiert hatte, nach Wien, wo er sich als einer der führenden literarischen Agenten im deutschsprachigen Raum etablierte. Bekannte Schriftsteller wie Vicki Baum, Franz Werfel, Franz Molnár, Erich Kästner u. a. zählten zu seinen Klienten; er pflegte Kontakte zu Max Reinhardt und Otto Preminger. Sein Wiener Büro diente vielen in Deutschland verfolgten Autoren als Zufluchtsort. Erst kurz vor der Annexion Österreichs ging er nach Paris, vor Kriegsbeginn nach New York und schließlich nach Hollywood. Er bemühte sich ständig um Hilfe für die zahlreichen emigrierten Autoren. 1949 eröffnete er wieder ein Büro in Paris und arbeitete zusätzlich als Dramaturg für die 20th Century Fox.[17] Das New Yorker Büro wurde von seiner Schwester Elisabeth weitergeführt.

Trotz der ersten Erfolge entschloß sich Edmund Wolf im Herbst 1937 angesichts der politischen Lage zur Abreise nach England, »damals noch nicht als Auswanderung gedacht«. London wurde auch von einigen seiner ehemaligen Kollegen aus dem Seminar als Exilort gewählt. Marianne Walla arbeitete im German Service der BBC und wurde eine wichtige Protagonistin des Exilkabaretts »Das Laterndl«. Eduard Rothe und Milo Sperber, der Bruder des Schriftstellers Manès Sperber, gingen ebenfalls nach Großbritannien. Im September 1938 fand im Deutschen Theater in Prag die deutschsprachige Erstaufführung von *Schutzengel* statt, das in London unter dem Titel *Hotel Sylvia Dunn* erfolgreich war. Verleger George Marton, bereits im Pariser Exil, sandte

---

14 Edmund Wolf: »Sie müssen das Ende radikal umschreiben«. In: *Westend Stories. Erinnerungen und Texte aus Wien VII.* Hrsg. von Ursula Seeber, Brigitte Mayr und Michael Omasta. Wien 2009 (ZIRKULAR. Sondernummer. 71), S. 57.

15 Den Gebrauch von Pseudonymen zum Schutz jüdischer Autoren hat Hilde Haider-Pregler in ihrem Beitrag »Tarnungen und (Ent-)Täuschungen. Emigranten in Österreich« an mehreren Beispielen dargestellt. In: Hilde Haider-Pregler, Beate Reiterer (Hg.): *Verspielte Zeit. Österreichisches Theater der dreißiger Jahre.* Wien 1997, S. 256ff.

16 Am 30. März 1937 bestätigte Edmund Wolf die »gestern in Breitenstein« getroffene Vereinbarung über einen Vorschuß in zwölf Monatsraten, zahlbar ab 1. Juni 1937. Dies legt die Vermutung nahe, daß hier schon die Pläne für eine Emigration im Hintergrund standen.

17 John M. Spalek, Joseph Strelka (Hrsg.): *Deutschsprachige Exilliteratur seit 1933.* Band 2. New York. Bern 1989.

Zwei zu dritt?, Inge Konradi (li.) und Anni Meier, 1950

die Abschriften zweier Kritiken an den Autor ins Londoner Exil. Regisseur war Walter Taub, die Hauptrolle der naiven jungen Frau spielte Erna Terrel.[18] Das Prager Tagblatt berichtet von einer »märchenhaften Possenwelt« und von Lachstürmen.[19] Diesmal wählte der Verlag für Edmund Wolf das Pseudonym »Edmund Deland«, das dann auch für das Filmscript zu *Dangerous Medicine* bei Warner Brothers Verwendung fand.

Während des Kriegs war Wolf im Deutschen Dienst der BBC beschäftigt und verfaßte im Rahmen dieser Tätigkeit zahlreiche Hörspiele und Romandramatisierungen.[20] Für die Programmzeitschrift »Hier spricht London« schrieb er Essays über Theaterthemen wie z. B. die Dramatisierung von bekannten Romanen oder die Unberechenbarkeit des Publikumsgeschmacks.

Die erste deutschsprachige Aufführung nach dem Krieg war eine Tourneeproduktion des Stükkes *Augen der Liebe*, die (vermutlich 1948/49)

---

18 Walter Taub, Regisseur und Schauspieler, war von 1932 bis 1939 am Deutschen Theater in Prag engagiert und stellte wichtige Kontakte zu den Emigranten her. 1939 emigrierte er nach Schweden, kehrte 1945 nach Prag zurück und trat wieder als Schauspieler auf. Von 1977 bis zu seinem Tod 1982 war er am Burgtheater engagiert. (F. Trapp u. a. (Hg.): *Handbuch des deutschsprachigen Exiltheaters*. München 1999, S. 929). Erna Terrel war von 1936 bis 1939 am Deutschen Theater in Prag engagiert, ging dann mit ihrem ersten Mann, dem Schriftsteller und Regisseur Georg von Terramare, ins Exil nach Bolivien, wurde Mitarbeiterin der deutschsprachigen Sendung im Radio Nacional und gründete mit ihrem Mann eine Theatergruppe. Nach seinem Tod heiratete sie den österreichischen Regisseur, Schauspieler und Schriftsteller Fritz Kalmar und übersiedelte mit ihm nach Uruguay. (Edith Blaschitz: »Bolivien.« In: E. Polt-Heinzl, U. Seeber (Hg.): *Wie weit ist Wien. Lateinamerika als Exil für österreichische Schriftsteller und Künstler*. Wien 1995, S. 72ff., sowie Werner Hörtner: »Auch das Heimweh hat seine Geschichte«. In: Mit der Ziehharmonika, Jg. 14., Nr. 4, Dezember 1997, S. 10f.).
19 »Hotel Sylvia Dunn« In: Prager Tagblatt, 4. September 1938.
20 Im Archiv der BBC ist leider kein Material über diese Sendungen erhalten.

in mehreren deutschen Städten gastierte. Die Hauptrolle, eine blinde junge Frau, die ihre Sehkraft wiedererlangt und dabei die Liebe findet, wurde von Kristina Söderbaum gespielt. Sie hatte unter der Regie ihres Ehemannes Veit Harlan zahlreiche NS-Propagandafilme gedreht, u. a. *Jud Süß*. Während ihr Mann Berufsverbot hatte, versuchte sie, auf der Bühne Fuß zu fassen. Die Welt berichtete über eine Aufführung in Köln: »Sichtlich in Filmerinnerungen schwelgend, sparte das Premierenpublikum weder Blumen noch Beifall.«[21] Auch in anderen Kritiken war über großen Beifall zu lesen. In ihrer Autobiographie schildert Söderbaum die Atmosphäre jedoch ganz anders: Als bekannt wurde, daß Harlan der Prozeß gemacht würde, kippte die Stimmung, und es kam zu lauten Mißfallenskundgebungen gegen die Hauptdarstellerin während der Vorstellungen, die zeitweise unter Polizeischutz stattfanden. Als Regisseur wurde offiziell Willy Ernst Ritterfeldt genannt, tatsächlich hatte jedoch Veit Harlan Regie geführt.[22]

1950 kehrte der ehemalige Dramaturg als Autor ans Wiener Volkstheater zurück. Seine Biographie wurde ausführlich in der Vorankündigung im Wiener Kurier besprochen: »(...) ein Wiener Autor (...), der im Theaterleben unserer Stadt vor dem Kriege bereits eine bekannte Persönlichkeit war. (...) Nach Kriegsbeginn fand Wolf eine neue Heimat in London (...) Seine Dramen werden in London und am Broadway mit großem Erfolg gespielt.«[23] Die Presse wußte noch mehr zu berichten: »Er hat noch alte Freunde in Wien und sagt sich manchmal Wörter wie ›Palatschinke‹ oder ›Karfiol‹ vor, um die alte Melodie der Sprache nicht zu vergessen. Im übrigen ist er seit Jahren bei der BBC, wo laufend Hörspiele von ihm produziert werden.«[24]

Die Komödie, die am 24. November 1950 Premiere hatte, trägt den Titel *Zwei zu dritt?* und wurde vom Direktor des Hauses, Paul Barnay, im Bühnenbild von Gustav Manker, inszeniert, die Kostüme entwarf Maxi Tschunko. Die Hauptrollen waren mit Anni Maier,[25] Inge Konradi und Joseph Hendrichs besetzt. In den Kritiken kommt häufig das Wort »modern« vor: ein modernes Bühnenbild, eine moderne Frau. Der Mann, ein sensibler Pianist, der von seiner Mutter umsorgt wird, steht vor der Heirat mit einer jungen Frau, die zwar als Sekretärin berufstätig ist, deren höchstes Ziel jedoch ein nettes Heim und eine Schar Kinder ist. Durch Zufall kommt eine mondäne Reiseschriftstellerin in sein Haus, und der Heiratsplan gerät ins Wanken. Die beiden Damen einigen sich bei einer Flasche Whisky über ein Arrangement: Das Hausmütterchen wird geheiratet, gibt ihren Platz aber frei, wenn die andere Frau sich zwischen ihren Reisen in London aufhält. Natürlich wurde diese Rechnung ohne den Mann gemacht, der sich zwar sehr vom eleganten Vamp angezogen fühlt, am Ende aber energisch seine häusliche Gemütlichkeit einfordert. Die Protagonisten tragen sprechende Namen, die der Ironie nicht entbehren. Der Mann zwischen zwei Frauen heißt Michael Strong, also »der Starke«; die Verlobte, die ihm ein solides Heim verspricht, Stella Mason, auf deutsch »Maurer«, und die emanzipierte Verführerin Fay Savage, also »die Wilde«. Die guten Freunde tragen die Durchschnittsnamen John

---

21 »Kristina Söderbaum in Köln«. In: Die Welt, undatierter Zeitungsausschnitt im Nachlaß.
22 Kristina Söderbaum: *Nichts bleibt immer so*. München 1992, S. 219f. Diese Schilderung bestätigt eine Meldung in der Zeitschrift Der Spiegel vom 26. Februar 1949 in der Rubrik »Personalien«.
23 »Wiener Autor kommt ins Volkstheater«. In: Wiener Kurier, 30. Oktober 1950.
24 »Palatschinken kontra England«. In: Die Presse, undatierter Ausschnitt.
25 Maier besuchte das Reinhardt-Seminar ab 1934, Konradi ab 1939.

und June. Ihre langjährige Ehe gerät in der Parallelhandlung durch einen amerikanischen Komponisten, dem seine osteuropäische Herkunft ein exotisches Flair geben soll, in Gefahr, bis sich am Ende herausstellt, daß auch auf ihn in Amerika Frau und Kinder warten.

Die Kritiker waren geteilter Meinung. Während die einen der Aufführung einen hohen Unterhaltungswert zugestanden, der auch den ausgezeichneten Leistungen der Darsteller zu danken war, verdammten die anderen das Stück als zu seichte Kost. Die kommunistische Volksstimme bezeichnete das Stück als »französische Komödie (Konversation plus Erotik) in englischem Gewand ... unter einem österreichischen Blickwinkel (das warme Nachtmahl, die eigene Frau und die häusliche Gemütlichkeit sind doch das beste.)«.[26] Im Wiener Montag hieß es: »(...) ein vergnüglicher Abend (...) Die blendende Darstellung (...) brachte das beifallsfreudige Publikum in Stimmung«.[27] Im Abend beurteilte Peter Loos die Aufführung kritischer: »Die Bezeichnung ›Komödie‹ ist eine Irreführung. Es handelt sich bestenfalls um einen Schwank. (...) Man lacht. Manchmal über Witze, öfter über die Darsteller, nie über den Einfall. Und davon sollte doch eine Komödie leben. (...) Zur französischen Komödie fehlt der Charme, zur Curt Goetzischen der Einfall, zur englischen der Witz, zur deutschen die Handfestigkeit – aber von allem hat sich der Autor etwas ausgeborgt. (...) Das Stück war umsonst, da es keine Menschen, sondern Pointenbringer zeichnet.«[28] Einen doktrinären Standpunkt vertrat die Österreichische Zeitung, die von der sowjetischen Besatzungsmacht von 1945 bis 1955 herausgegeben wurde: »(...) ein trauriges Symptom der Kulturkrise (...) in diesem faden Schmarren (...), der auf ein beschränktes kleinbürgerliches Publikum berechnet und völlig wertlos ist. (...) Jedenfalls wird der Spielplan des Volkstheaters immer seichter, reaktionärer und volksfremder.«[29] Die Wiener Zeitung bemühte große literarische Vorbilder: Die zukünftige Gattin trägt den Namen Stella wie in Goethes Drama über eine Dreiecksbeziehung, bemängelt jedoch »arge Längen in der recht bescheidenen Handlung«.[30]

Für viele Kritiker war die Tatsache, daß zwei Frauen über einen Mann verhandeln, ein Zeichen für die neue Stellung der Frau. Die Neue Wiener Tageszeitung kommentierte: »Dort, wo die Liebe des Mannes nicht mehr tief genug ist, mag es Wunschträume geben, mit zwei Frauen gleichzeitig zu leben, wobei – Draufgänger sind nicht mehr zeitgemäß, der Mann wurde passiv – die Frauen selbst hiefür das Arrangement treffen. Diesen verdammt männlichen Wunschtraum bläst Edmund Wolf (...) zu ein paar Seifenblasen auf. (...) wieder einmal gibt es eine Schwipsszene zwischen Frauen – neuestes Zeichen der weiblichen Emanzipation auf dem Theater!«[31] Die eigentliche Problematik, nämlich die Schwierigkeiten einer Beziehung zwischen zwei beruflich erfolgreichen Menschen, interessierte nur wenige Kritiker. Die meisten sahen in Fay bloß die mondäne Verführerin, und auch Michael spottete im Stück darüber, was denn das für eine »großartige Aufgabe« sei, die sie für mindestens zwei Jahre von London fernhalten würde.

Selbst die Neue Zeitung München berichtete über diesen Wiener Theaterabend: »In London lebend und nach Paris blinzelnd hat der öster-

---

26 »Verführung und heimlicher Herd«. In: Volksstimme, 26. November 1950.
27 Ohne Titel. In: Wiener Montag, 27. November 1950.
28 *Zwei zu dritt*. In: Der Abend, 25. November 1950.

29 »Ein platter Schwank«. In: Österreichische Zeitung, 28. November 1950.
30 »Zwei zu dritt? Im Volkstheater«. In: Wiener Zeitung, 26. November 1950.
31 »Casanova entdeckt die Ehe.« In: Neue Wiener Tageszeitung, 6. November 1950.

reichische Autor Edmund Wolf (...) ein amüsantes mixtum compositum aus den typischen Komödienelementen geschaffen. Die Verbindung, die dabei angelsächsischer Humor mit Pariser Frivolität einging, wäre zweifellos nicht so geglückt, wenn nicht Wiener Charme und Sentimentalität im Spiel gewesen wären, um zu zeigen, daß zwei gegensätzliche Frauen nicht mit dem gleichen Mann in einer Ehe zu Dritt leben können.«[32]

In London war das Stück schon am 14. Juni 1948 unter dem Titel *Wisely Wanton* im »Q Theatre« in der Nähe von Kew Bridge (West-London) aufgeführt worden. Das 1924 gegründete kleine Haus produzierte wöchentlich ein neues Stück.[33] Edmund Wolfs Werk wurde von der Kritik als »some good drama«[34] eingestuft. In Amsterdam wurde sein Stück »Minutenwalzer« gespielt.[35]

Edmund Wolfs erfolgreichstes Theaterstück war die Komödie *Räubergeschichte*. Sie wurde zuerst in den Wiener Kammerspielen am 19. März 1952 unter der Regie des aus dem Londoner Exil heimgekehrten Peter Preses gezeigt. Ein wohlhabender Konservenfabrikant überrascht seine Familie mit der Enthüllung, er sei in seiner Jugend ein bekannter Einbrecher gewesen und habe damit die Basis für seinen Reichtum geschaffen. Nach zahlreichen Verwicklungen, hervorgerufen durch die Reaktionen der Familienmitglieder und Freunde, präsentiert sein jüngerer Sohn den wahren Einbrecher. Nachdem sich alle wieder beruhigt haben, bleibt der Fabrikant mit dem nun geläuterten Einbrecher allein zurück, und in der Schlußpointe stellt sich heraus, daß er den Einbrecher damals sozusagen als »Lehrling« begleitete, diese Laufbahn aber wegen seiner übergroßen Ängstlichkeit wieder abgebrochen hat.

Das Stück ist sehr geschickt aufgebaut; spannend wie ein Kriminalroman, bietet es zugleich durch die zahlreichen Wendungen reichhaltige komödiantische Möglichkeiten. Der Autor war vor allem von der Besetzung der Hauptrolle sehr angetan: »Edthofer war in seinen Rollen der beste österreichische Schauspieler, und wie auf der Bühne so im Leben, ihn schüchterte keine Drohung ein. Das Falsche blieb für ihn immer falsch. Er hatte mit den Nazis nie mitgemacht.

Das war meine erste Rückkehr, dieser Flug nach Wien, um mein Stück mit Edthofer zu sehen. Am Ende mußte ich auf die Bühne, um mich für den Jubel zu bedanken – und fand mich da unter Schauspielern, die zu meiner Dramaturgenzeit dem Volkstheater angehört hatten (...) Neben mir, bei dieser gemeinsamen Verbeugung, stand einer, von dem ich wohl wußte, daß er seinerzeit im Volkstheater der radikalste ›illegale‹ Nazi war.[36] Aber Edthofer machte an diesem Abend alles für mich wett.«[37]

---

32 »Premieren in Wien«. In: Neue Zeitung München, 15. Dezember 1950.
33 Colin Chambers (Hg.): *The Continuum Companion to Twentieth Century Theatre*. London 2002.
34 Unbezeichneter Zeitungsausschnitt im Nachlaß.
35 Unbezeichneter Zeitungsausschnitt im Nachlaß.
36 Hier ist vermutlich Karl Ehmann gemeint, der in der sogenannten »Gottbegnadeten-Liste«, also der vom Kriegseinsatz befreiten Künstler, im Bereich Film angeführt ist. Siehe Rathkolb (Anm. 3), S. 177. Er hatte schon im ersten österreichischen Spielfilm *Der Unbekannte* (Regie Luise Kolm, 1912, Wiener Kunstfilm) mitgewirkt (siehe Walter Fritz: *Im Kino erlebe ich die Welt. 100 Jahre Kino und Film in Österreich*. Wien 1997, S. 29). 1936 hatte er am Volkstheater in Edmund Wolfs *Treff-As* eine Nebenrolle gespielt.
37 E. Polt-Heinzl, U. Seeber: *Die Zeit gibt die Bilder. Schriftsteller, die Österreich zur Heimat hatten*. Wien 1992 (ZIRKULAR. Sondernummer 30), S. 147.

Stuttgarter Zeitung

Frankfurter Abendpost

Neben Edthofer standen die jungen Filmstars der fünfziger Jahre Karlheinz Böhm und Waltraud Haas auf der Bühne. Der Kritiker Friedrich Torberg zog wieder den Vergleich mit Molnár heran und hob besonders den Hauptdarsteller hervor: »(...) das ist mit richtig lustspielhafter Wohlgelauntheit geknüpft und wird vor allem von Anton Edthofer mit so bezwingendem Charme gespielt, daß man sich fast in die Josefstadt der dreißiger Jahre zurückversetzt glaubt.«[38] Die Weltpresse lobte: »Edmund Wolf, ein in England lebender Wiener, dessen besondere Begabung für das Lustspiel wir schon anläßlich der Aufführung seines Stückes ›Zwei zu dritt‹ im Volkstheater feststellen konnten, hat hier an Einfallsreichtum, Verkettung von Umständen, Dialogführung, Pointenspiel und Überraschungsschachzügen eine erstaunliche, weil heute seltene Leistung vollbracht. (...) Man gehe hin und sehe es an, um mit achtungsvoller Verwunderung festzustellen, daß Österreich – natürlich im Ausland – einen namhaften Lustspielautor besitzt, den es um jeden Preis zurückerobern müßte. (...) Nach diesem heitersten Abend dieser Spielzeit fragt man: Warum in die Ferne schweifen, wenn Österreich in England einen so vollsaftigen Bühnenautor besitzt (...)«[39] Auch die Wiener Zeitung verwies auf das Exil des Autors: »Der Autor, einer unserer vielen Landsleute, die in England leben, hat von dort her wiederum ein sehr amüsantes, munteres und gut gelauntes Lebenszeichen an uns gelangen lassen. Viel Übermut, ein bißchen Satire, etwas mehr Ironie, ein sehr geschickter Dialog, reichlich Situationskomik und eine vorzügliche Edthofer-Rolle sind darin und verbürgen einen

---

38 »Reprisen aus schön geschnitzter Dose«. In: Die Neue Zeitung, 29./30. März 1952.

39 Weltpresse, 20. März 1952.

Abend der unbeschwerten Unterhaltung und des Lachens.«[40] Alle Kritiker waren sich einig, daß das Stück überaus amüsant sei, das Neue Österreich fand eine Ähnlichkeit mit George Bernard Shaw.

Im Dezember 1953 kam das Stück am Renaissance-Theater in Berlin heraus, mit Theo Lingen in der Hauptrolle, der dem Autor jedoch nicht gefiel, da er »zu sehr auf Wirkung bedacht«[41] war. Auch in Berlin wurde das Stück sehr positiv aufgenommen. Der Kritiker Friedrich Luft konstatierte gut gesetzte Effekte: »Boulevardtheater gewiß. Aber wie hübsch, wie zutreffend läßt sich auch dies betreiben!«[42] Im Telegraf hieß es über den Autor: »Er zeigt sich (…) als sicherer Beherrscher des Komödien-Metiers, der sein Publikum unterhaltsam auf die Folter zu spannen weiß. (…) Der Autor zieht alle Register der Verblüffungskunst und spinnt in sein Garn geschickt mehrere Fallstricke hinein, die der Schluß überraschend entwirrt.«[43]

Edmund Wolf erzählte im Programmheft von seinem langjährigen Traum, daß eines seiner Stücke einmal in Berlin aufgeführt würde, da von dort der Glanz des deutschen Theaters ausging: »Für jeden, der Stücke in deutscher Sprache schreibt, ist es noch immer die Stadt der Städte, und eine Vorstellung in Berlin die beste Erfüllung.«[44] Nach zwanzig Jahren im Exil und erfolgreicher Tätigkeit auf anderen Gebieten sah er sich immer noch als deutschsprachigen Bühnenschriftsteller.

Das Stück wurde auch in anderen Städten in Deutschland und Österreich gespielt.[45] Die englische Übersetzung trägt den Titel *In All Dishonesty*, eine Aufführung konnte jedoch nicht nachgewiesen werden. Im Januar 1959 schrieb Maximilian Slater, ebenfalls Absolvent des Reinhardt-Seminars und nun im amerikanischen Exil lebend – das Briefpapier trägt den Aufdruck »from the office of Otto Preminger« –, an Edmund Wolf, er habe »during all these years« den Glauben an das Stück nicht verloren und hätte Ideen für einen »big star« für eine US-Produktion.[46]

1963 wurde die Komödie vom Bayerischen Rundfunk verfilmt, mit Karl Paryla und Hortense Raky, deren Sohn Nikolaus Paryla, Hugo Lindinger, Herbert Prikopa u. a. Das Medienecho erstreckt sich über die gesamte BRD. Die Frankfurter Rundschau meinte: »Seinem Autor, dem in London lebenden Wiener Edmund Wolf, schwebte offensichtlich vor, auch hier die seinem übrigen Œuvre freundlich nachgesagte Synthese von Volksstück, Burleske in englischer Manier und einem Spritzer Boulevard zu vollziehen.«[47] Andere Kritiken waren gleichfalls wohlwollend, dem Kölner Stadt-Anzeiger hingegen war es zu wienerisch: »Zuviel Wiener Vorstadt, auch wenn das Ganze im gehobenen bürgerlichen Milieu und in den Zwischenszenen sogar in einem Nachtlokal spielt. Von der TV-Familie Leitner ist dieses Stück gar nicht so weit entfernt, zumindest nicht im Grad der Naivität.«[48] Die Westfälische Rundschau entdeckt jedoch einen tieferen

---

40 Wiener Zeitung, 21. März 1952.
41 Im Gespräch mit der Verfasserin im November 1994.
42 »Im Salon, da sind die Räuber …«. In: Neue Zeitung, 31. Dezember 1953.
43 »Papa war ein Ganove«. In: Telegraf, 31. Dezember 1953.
44 Programmheft zu *Räubergeschichte*, Renaissance-Theater Berlin, 1953.

45 Laut *Jahrbuch der Stadt Linz 1953*, hrsg. von der Stadt Linz 1954, erreichte es z. B. in den Kammerspielen des Linzer Landestheaters in 19 Vorstellungen 2.819 Zuschauer.
46 Korrespondenz mit Maximilian Slater im Nachlaß.
47 Ohne Titel, Frankfurter Rundschau, 7. März 1963.
48 »Wiener Vorstadt«. In: Kölner Stadt-Anzeiger, 7. März 1963.

Sinn in der leichten Komödie: »(...) eine reizvolle Attacke gegen die Gutbürgerlichkeit (...) Zwar weiß man um die Abgründe des Lebens, aber man weigert sich, sie zu erkennen.«[49]

Für Februar 1968 war eine Aufführung in Paris am Théâtre des Variétés am Boulevard Montmartre, einem renommierten Unterhaltungstheater mit Tradition von Jacques Offenbach bis Sacha Guitry, unter dem Titel *En pleine immoralité* geplant. Als Übersetzer sollte André Gillois fungieren, der während des Zweiten Weltkriegs von London aus ein Radioprogramm für die französische Résistance produziert hatte. Für die Hauptrolle war der Filmschauspieler André Luguet vorgesehen, die Finanzierung war jedoch an eine Verfilmung für das französische Fernsehen geknüpft. Die Verhandlungen zogen sich hin, als neuer Hauptdarsteller kam Fernand Gravey ins Gespräch, er hatte in der berühmten Ophüls-Verfilmung von Schnitzlers *Reigen* den Ehemann gespielt. Es scheint letztendlich aber nicht zu einer Aufführung gekommen zu sein.[50]

Ebenfalls in Wien aufgeführt wurde *Das Blaue vom Himmel*, wieder ein Märchen, das ursprünglich unter dem Titel *Heute erwacht Dornröschen* als Hörspiel für den Deutschen Dienst der BBC entstanden war. Das Stück geht von dem Einfall aus, daß Dornröschen im Jahr 1955 erwacht und sich mit der modernen Zeit konfrontiert sieht. Hier wird in leichter Form Kritik an Erscheinungen des Alltagslebens abgehandelt, wie es Edmund Wolf dann in späteren Jahren in seinen Zeitungskolumnen tat. Stella Kadmon, Leiterin des Theaters der Courage, eröffnete mit dieser Uraufführung in der Regie von Edwin Zbonek am 3. Juni 1955 eine zusätzliche Spielstätte in der Casanova-Bar in der Dorotheergasse.[51] Das moderne Dornröschen spielte Elfriede Irrall, in einer Parodie auf die Filmbranche glänzte der bekannte Filmregisseur Leopold Heinisch. Der Kritiker Oskar Maurus Fontana attestierte dem Autor eine Begabung wie Molnár, doch fehlendes Handwerk.[52] Die anderen Kritiken konzentrierten sich auf den guten Einfall und die unterhaltsamen Pointen.

Auffallend in diesen Theaterkritiken der fünfziger Jahre ist, daß Wolf immer wieder als Wiener reklamiert wurde, zu einem Zeitpunkt, als sich kaum jemand für eine Rückkehr der Exilanten interessierte. Auch wurde das wienerische Flair betont – und es ist sicherlich erstaunlich, daß dieses trotz der langjährigen Abwesenheit von Wien bei Edmund Wolf immer noch vorhanden war. Der aus dem amerikanischen Exil nach Wien zurückgekehrte Schriftsteller und Kritiker Friedrich Torberg bemerkte dies in seiner Kritik zu *Räubergeschichte* (siehe oben) mit Wertschätzung. Die Alltagssprache in Österreich und Deutschland war mittlerweile eine andere geworden, Nationalsozialismus und Nachkriegsentwicklung hatten hier einen Bruch erzeugt. Deutlich hörbar wurde dies im Deutschen Dienst der BBC. Claus Martens, der in Deutschland aufgewachsen war und als junger deutscher Journalist nach dem Krieg zur BBC kam, beschrieb diesen Eindruck aus seiner Perspektive, ohne die Zusammenhänge zu reflektieren: »Manche Texte hatten schon einen leicht archaischen Hauch. Das lag nicht nur daran, daß sie aus dem Englischen übersetzt waren, sondern an der Wahl bestimmter Wörter und Ausdrücke, die man in Deutschland nicht mehr so häufig, oder wenn

---

49 »Mit leichter Hand«. In: Westfälische Rundschau, 6. März 1963.
50 Korrespondenz mit George Marton im Nachlaß.
51 Zu Stella Kadmons Rückkehr aus dem Exil vgl. Birgit Peter: »Stella Kadmons Courage. Stationen einer Theaterdirektorin.« In: Hilde Haider-Pregler, Peter Roessler (Hg.): *Zeit der Befreiung. Wiener Theater nach 1945.* Wien 1998, S. 226f.
52 »Courage im Schankzimmer«. In: Die Presse, 5. Juni 1955.

Edmund Wolf, Wien, 30er Jahre

schon, dann nur von der älteren Generation hörte. Wir jungdeutschen Frischimporte mokierten uns über manch eine Formulierung unserer älteren Kollegen, die ihrerseits unsere Sprache ein wenig zu flott und unseriös fanden. Das war nicht einfach der normale Generationskonflikt, der sich hier manifestierte, dahinter steckte vielmehr die Tatsache, daß die ersten Mitarbeiter des Deutschen Dienstes der BBC Emigranten waren, die Deutschland in den dreißiger Jahren verlassen und inzwischen den Kontakt zur sprachlichen Entwicklung verloren hatten, zu einer Entwicklung, die sich besonders nach dem Kriege ziemlich rasant vollzog.«[53]

Nachdem der Deutsche Dienst der BBC ab den fünfziger Jahren zunehmend an Bedeutung verlor, suchte Edmund Wolf nach neuen Betätigungsfeldern. 1957 wurde Rudolf Walter Leonhardt Feuilleton-Chef der deutschen Wochenzeitung DIE ZEIT. Wie viele deutsche Journalisten hatte er seine Lehrjahre in der deutschen Abteilung der BBC verbracht und lud nun zahlreiche ehemalige Kollegen zur Mitarbeit ein. Edmund Wolf berichtete in den ersten Jahren häufig über das Londoner Theaterleben: ein Gastspiel des Düsseldorfer Schauspielhauses mit Schillers *Maria Stuart*, den aufstrebenden jungen Autor John Osborne, den jungen Regisseur Peter Hall, der die Royal Shakespeare Company in Stratford upon Avon leitete, die heftigen Diskussionen über die Errichtung eines Nationaltheaters am Londoner Themseufer, die Förderung junger Dramatiker durch Joan Littlewood. In diesen Texten erfährt man auch einiges über das Theaterverständnis des ehemaligen Dramaturgen, der z. B. über Tschechow meinte: »Man kann getrost sagen, daß Tschechow in der Erlebnisdichte seiner Charaktere Shakespeare am nächsten

---

[53] *Das Deutsche Programm der British Broadcasting Corporation 1938–1988.* London: BBC External Services 1988, S. 166.

kommt.«[54] Die Fernsehkarriere beim Bayerischen Rundfunk begann Wolf mit einer Dokumentation über William Shakespeare. 1971 wurde sein in München an den Kammerspielen und in der Falckenberg-Schule gedrehtes Feature *Das Theater ist tot, es lebe das Theater* ausgestrahlt, das die gesellschaftspolitischen Aufgaben des Theaters der Gegenwart hinterfragte.[55] Und er suchte im Fernsehen immer wieder die dramatische Form durch Einbau von Spielszenen in seine Dokumentationen.

Edmund Wolfs Laufbahn als Bühnenschriftsteller hatte vielversprechend begonnen. Die meisten Kritiker bescheinigten ihm ausbaufähiges Talent und handwerkliches Geschick, immer wieder wurde er mit dem zur damaligen Zeit höchst erfolgreichen Molnár verglichen. Über die Gründe, warum diese Karriere letztendlich nicht den erwünschten Erfolg brachte, kann man nur Vermutungen anstellen. Der erste Bruch kam durch das Exil, als er vom Theaterleben abgeschnitten wurde und sich eine fremde Sprache aneignen mußte. Wolf blieb zwar dem Theater weiterhin verbunden und arbeitete während seiner Tätigkeit für die BBC mit dramatischen Formen, doch der Zugang zur Theaterpraxis blieb ihm verwehrt. Nach dem Krieg kam es zu einem zweiten Bruch. Es hätte die Möglichkeit einer Rückkehr zum deutschsprachigen Theater bestanden, dieses war jedoch einem Wandlungsprozess unterworfen. Im bis 1933, bzw. in Österreich bis 1938, existierenden bürgerlichen Theater war Unterhaltung eine sehr angesehene Sparte gewesen, die auch von renommierten Regisseuren und Darstellern mit professioneller Ernsthaftigkeit betrieben wurde, nicht zuletzt, weil dieses Genre in den hauptsächlich privat finanzierten Theatern für volle Kassen sorgte. Nach 1945 setzte ein Niedergang dieses Bereichs ein, der Begriff »Boulevardtheater« wurde zum Schimpfwort für seichtes Amüsement. Im angloamerikanischen Raum wird Unterhaltungstheater hingegen bis heute ernst genommen. Edmund Wolf konnte dies nicht für sich nutzen, da er zwar die englische Sprache sehr gut beherrschte, jedoch fehlte die Perfektion, die man zum Setzen guter Pointen braucht. Es gelang ihm daher nicht, im englischen Theater Fuß zu fassen, obwohl George Marton ihn immer wieder zum Schreiben neuer Stücke aufforderte: »(…) you are primarily and basically a playwright of the first order.«[56]

Spätere Bemühungen von Edmund Wolf, seine Stücke in Wien, London oder New York aufführen zu lassen, wie er es sich bis zuletzt gewünscht hatte, blieben vergeblich. Noch 1988 sandte er Elisabeth Marton eine Dostojewski-Dramatisierung mit der Bitte, die Möglichkeiten einer Aufführung am Broadway zu prüfen, wo 1940 sein Stück *A Case of Youth* aufgeführt worden war.[57] Sie antwortete, daß die Voraussetzung dafür eine erfolgreiche Aufführung in London wäre. In einem Interview meinte Edmund Wolf 1989: »Ich bin von Geburt an ein Stückeschreiber gewesen.«[58] Und im Nachruf in der Times heißt es: »(…) he would have given almost anything for a return to the living theatre.«[59]

---

54 »Zum Lachen oder Weinen?«
In: DIE ZEIT Nr. 27, 1964.
55 Materialien und Notizen im Nachlaß.
56 Brief George Marton an Edmund Wolf, 23. Oktober 1961.
57 Siehe Beitrag von Brigitte Mayr in diesem Band, S. 49.
58 »Erfolgsrezepte für die mageren Jahre«. In: Süddeutsche Zeitung, 18. April 1989.
59 »Edmund Wolf«. In: The Times, October 23, 1997.

Brigitte Mayr
**Die Martindales –
eine ganz normal verrückte Familie.**
Edmund Wolf und Hollywood

Nach dem von Schweinwerferkegeln angestrahlten Emblem und der schnittigen Fanfare der 20th Century Fox eröffnen die Credits den Film *The Mad Martindales*, bevor uns die eingeblendete Textzeile »San Francisco 1900« verrät, wo genau wir uns zu welcher Zeit befinden. Großaufnahme einer Geburtstagstorte, die gerade mit dem Buttercreme-Schriftzug »Happy Birthday Father« dekoriert wird. Die Kamera fährt langsam zurück, wir sehen, wie zwei ältere Herrschaften des Personals in der Küche bei diesen Vorbereitungen zugange sind und der befrackte Diener mit der herzigen Köchin Agnes währenddessen ein gemütliches Geplänkel über alltägliche Obliegenheiten der Hauswirtschaft führt. Wallace, der Butler, trägt den Kuchen ins Wohnzimmer, die Kamera folgt ihm. Auf seinem Weg passiert er zuerst die ältere Tochter des Hauses, die – ihm den Rücken zugewandt – vor einem Piano sitzt, ganz leidlich zu spielen scheint und als Miss Evelyn begrüßt wird. Erst als sie sich, ein wenig Konversation betreibend, zu ihm umdreht, gibt ihre Bewegung zur Kamera hin den Blick auf das versteckte technische Geheimnis ihrer Virtuosität preis, denn das Klavier wird natürlich automatisch, mit Lochstreifen, betrieben. Die junge, gutaussehende Pianistin in ihrem weißen, eng über dem Korsett anliegenden Chiffonkleid mit mondänem Federboakragen reproduziert nur, was vorher an anderem Ort, zu einer anderen Zeit aufgezeichnet worden ist.

Bedeutend authentischer, viel mehr im Hier und Jetzt aufgehoben, ist hingegen die jüngere Schwester Cathy, an der der Butler – den die Kamera in einer zügigen Parallelfahrt noch immer begleitet – die Torte vorbeibalanciert, um sie dann auf einer Anrichte im Arbeitszimmer zu deponieren. Cathy hat ein lustig zerknautschtes Jungmädchengesicht, ihre kecken Augen blitzen neugierig unter den gehobenen Brauen; eine nachdenkliche Falte auf der Stirn verfliegt schnell wieder, als sie den Text laut vorliest, den sie, am Schreibtisch ihres Vaters sitzend, eben zu Papier gebracht hat. Das von Cathy zur würdigen Schulabschlußfeier verfaßte Traktat, in dem sie ihre Mitschülerinnen ermutigt, als entschlossene Frauen den Fährnissen des täglichen Lebens zu trotzen, kommentiert Wallace mit den Worten: »Aber, aber, was wird denn der Herr Papa sagen, wenn er erfährt, was Sie für radikale Literatur lesen?« »Was heißt lesen«, kontert Cathy, »ich lese sie doch nicht, ich habe sie geschrieben!«

Wallace verläßt den Raum; Cathy schreibt eifrig an ihrer Rede weiter, als plötzlich Bobby, ein ziemlich drahtiges Bürschchen (Jimmy Lydon als *Andy Hardy* for the poor, besser gesagt, Mickey-Rooney-Verschnitt), fürwitzig seinen Kopf durchs Fenster steckt und fragt, was sie denn so treibe. Die Kameraeinstellung, nun halbnah, zeigt im Vordergrund Cathy am Schreibtisch, dahinter den zur ebenerdigen Veranda offenen Fensterflügel, darin Robert »Bobby« Bruce Turners Gesicht – hübsch gerahmt sozusagen und fast wie das männliche Spiegelbild seiner grad mal ebenso alten Freundin seit Sandkastenzeiten. Das männliche Pendant zu Evelyn ist – zumindest einstweilen noch – abwesend, hat seinen großen Auftritt erst in einer der nächsten Szenen. Denn so, wie es die Spielart der Komödie vorschreibt, hat jede Frau, jeder Mann natürlich den im anderen Geschlecht verankerten, jeweils entsprechenden Rollenpart. Doch dazu später mehr, wenn wir wieder vom Film ans Theater zurückkehren.

Im Kino läutet jetzt erst mal das Telefon. Evelyn nimmt nach Vermittlung des Fräuleins vom Amt am Kurbelapparat an der Wand den Anruf von Peter Varnay entgegen, der ihr einen Heiratsantrag macht. In derselben Sekunde erfolgt der Auftritt von Hugo Martindale,

The Mad Martindales: Gig Young und Jane Withers, Hollywood 1942

dem Geburtstags»kind« in doppeltem Wortsinn. Denn ebensowenig wie er seinen zwei Töchtern ein strenger Vater ist, sondern vielmehr ein liebenswerter, verständnisvoller, wenn auch ab und zu verstiegener Träumer, ist er in seinem Beruf als Architekt in Jungenallüren steckengeblieben, möchte anstelle einer gewinnbringenden Bungalowsiedlung am liebsten immer noch Wolkenkratzer mit Dutzenden Geschossen bauen und mit allerhöchster Komfortstufe, nämlich »indoor plumbing«. Die Begrüßung seiner beiden Mädchen fällt herzlich aus, er erkundigt sich bei Cathy nach ihrem Maturazeugnis, hört von Evelyn die Neuigkeiten der Verlobung – und überrascht die zwei mit einem Geburtstagsgeschenk, das er sich – natürlich in völliger Überschätzung seiner ihm zur Verfügung stehenden finanziellen Mittel – gleich selbst machte. Während die Lieferanten das imposante Gemälde »Die Dame und das Einhorn« (dem Hollywood fälschlicherweise die Autorenschaft des Malers Nicolas Poussin andichtet) ins Haus schleppen und aus der sperrigen Holzkiste auspacken, um es repräsentativ über dem Kamin aufzuhängen, sitzt die dreieinige Familie fröhlich aufgereiht auf dem Sofa, amüsiert sich köstlich – nicht nur weil Wallace standesgemäß Champagner zur Feier des Tages serviert – über das zweideutige Motiv der Jagd von Tier und Mensch, neckt sich ein wenig mit dem Wortspiel »chasing« (»etwas erhaschen«) und »chaser« (»Schürzenjäger«). Erst als plötzlich das Licht im illuminierten Kronleuchter ausgeht, wird man wieder auf den Boden der Realität zurückgeholt, denn Strom und Wasser werden rigoros abgedreht, und es liegt nicht an defekten Rohrleitungen oder dem Elektrizitätswerk, sondern daran, daß Hugo Martindale nicht geneigt ist, die ausstehenden Rechnungen zu begleichen, und meint, mit dieser Verweigerungsstrategie, die er außerdem in Sachen hypothekarische Belastung für Grundstück und Haus zu seiner Maxime gemacht hat, auch weiterhin erfolgreich durchs Leben zu kommen. Als die Schwestern auf diesem Weg erfahren, wie schlecht es um ihren Vater bestellt ist – im Englischen in dem wunderbaren, im Filmdialog stets wiederkehrenden Bonmot »financially embarrassed« verpackt –, reagiert jede auf ihre Art:

Evelyn, die Große, trägt's mit Fassung, denkt relativ egoistisch nur darüber nach, wie sie durch Heirat dem Dilemma entkommen kann, während Cathy, die Kleine, es sich sehr zu Herzen nimmt, daß sie nun alle völlig mittellos dastehen, der Papa unter Umständen sogar ins Gefängnis muß. Wie passend-unpassend ist da nun Cathys Geburtstagsgeschenk, ein schweinsledernes Portemonnaie, weil sie es einerseits in kluger Voraussicht auf Füllung desselbigen mit zahlreichen Banknoten gewählt, andererseits den eigentlich Sinn und Zweck in Ermangelung derselben verfehlt hat. Doch sie läßt es sich trotzdem nicht verdrießen und schmiedet – ganz patenter Backfisch – einen ausgeklügelten Plan, wie sie das Martindalesche Lotterleben wieder auf die rechte Bahn bringen kann.

900 Wörter hat es gebraucht, um diese fünfminütige Einstiegssequenz im Film zu beschreiben. In ihr sind alle wichtigen und für die weitere Handlung entscheidenden Figuren vorgestellt worden, die Kamera hat in ihrer jeweiligen Position festgelegt, welche Emotionen und Reaktionen wir von den Charakteren zu sehen bekommen, der Dialog einen Einblick gegeben in Empfindungen und Standpunkte, die Montage ein übriges getan, um die Geschichte flotter zu erzählen. Ja, das ist Kino vom feinsten.

Im Theater, da geht's ein wenig langsamer zu, da gibt's keine Kamera, die als kleiner Zeitraffer fungieren kann, da heißt es noch jede Dialogzeile voll auszuspielen, die Lacher des Publikums geduldig abzuwarten, bevor's zügig weitergeht. Die Komödie *A Case of Youth* von Wesley Towner, auf der *The Mad Martindales*[1] beruht, feierte laut Broadway-Datenbank ihre Premiere am 23. März 1940, brachte es aber leider nur auf fünf Vorstellungen, was mit Sicherheit nicht an der Hauptdarstellerin lag, die »Miss Midge Mayflower« (alias Cathy Martindale) mit viel Verve verkörperte: Ellen Schwanneke. Die deutsche Schauspielerin, die unter anderem in Leontine Sagans *Mädchen in Uniform* mitgewirkt hatte, emigrierte bereits in den dreißiger Jahren nach Wien, floh nach dem »Anschluß« über die Schweiz in die USA, wo sie in New York in besagtem Lustspiel debütierte und ihr von der Kritik durchaus herzerwärmende Qualitäten einer charmanten und witzigen Einfühlung in die Rolle attestiert wurde. Vielleicht war das amerikanische Publikum zu der Zeit aber auch einfach übersättigt, sowohl von Problemstücken, die, wenn auch bloß in sanften Anklängen, die Sorgen des Alltags thematisierten, als auch von Schwänken, bei denen zwei Stunden lang an nichts besonders Ernstes gedacht werden sollte, die erzählte Geschichte vermutlich jedoch genau deshalb etwas lau dahinplätscherte.

Diesem doch sehr rigiden Pauschalurteil muß schon dahingehend widersprochen werden, als

---

[1] *The Mad Martindales* (USA 1942) Director: Alfred Werker. Screenplay by Francis Edwards Faragoh, based on the play *A Case of Youth* by Wesley Towner. From a play by Ludwig Hirschfeld and Edmund Wolf. Cinematography by Lucien N. Andriot. Editing by Nick DeMaggio. Sound: George Leverett, Harry M. Leonard. Music Director: Emil Newman. Art Director: Richard Day, Lewis Creber. Set Decoration: Thomas Little, Frank Sullivan. Costume-Wardrobe: Herschel Costumes. Cast: Jane Withers (as Cathy Martindale), Marjorie Weaver (as Evelyn Martindale), Alan Mowbray (as Hugo Martindale), Jimmy Lydon (as [Robert] Bobby Bruce Turner), Byron Barr, later: Gig Young (as Peter Varney), George Reeves (as Julio Rigo), Charles Lane (as Virgil Hickling), Kathleen Howard (as Grandmother Varney), Robert Greig (as Wallace, Butler), Steve Geray (as Jan Van der Venne), Sen Yung (as Jefferson Gow), Emma Dunn (as Agnes), Otto Hoffman (as Pawnbroker). Producer: Walter Morosco. Production Company: 20th Century Fox Film Corporation.

einen allein schon beim Lesen von *Das ist nichts für Kinder,* dem Originalmanuskript[2] des Lustspiels in vier Akten von Ludwig Hirschfeld, die vielen treffenden Pointen, unerwarteten Wendungen auf der Handlungsebene, manch gut plazierter Wortwitz und die stimmige Charakterisierung der einzelnen Figuren an vielen Stellen vergnügt auflachen lassen. Die Vorlage der Vorlage für die Vorlage zum Filmscript[3] hat, laut Vorspann, gemeinsam mit Hirschfeld Edmund Wolf geliefert, nämlich das obengenannte deutschsprachige Lustspiel von 1937 – auf dem Wesley Towners englisches Theaterstück *A Case of Youth* basiert, das wiederum die Grundlage bildete für das Drehbuch von Francis E. Faragoh[4] zu *The Mad Martindales.*

---

2 *Das ist nichts für Kinder.* Lustspiel in vier Akten von Ludwig Hirschfeld. Unveröffentlichtes Manuskript im Besitz des Thomas Sessler Verlags, Wien. Entstehungsdatum 1937.
3 Vgl. neben den Credits im Film auch den Katalogeintrag in *TWENTIETH CENTURY-FOX FILMSCRIPTS, 1929–1971.* Special Collections Department, University of Iowa Libraries: »Title: The Mad Martindales. Screenplay by: Francis Edwards Faragoh. Date: Feb 10, 1942. Based on the play by: Wesley Towner. From a play by: Ludwig Hirschfeld and Dr. Edmund Wolf.«
4 »Francis E. Faragoh, Autor, Drehbuchautor. Geb. 1898 in Budapest. Als Jugendlicher in die USA. Schreibt Kurzgeschichten und Bühnenstücke. Ab Ende der 20er Jahre in Hollywood tätig, wo er als Co-Autor die Drehbücher zu einigen der berühmtesten Filme der frühen Tonfilmzeit schreibt, u. a. für die Regisseure Mervyn LeRoy (*Little Caesar,* 1930), James Whale (*Frankenstein,* 1931) und Rouben Mamoulian (*Becky Sharp,* 1935). Ende der 40er Jahre wird er vor das House of Un-American Activities Comitee zitiert und als Kommunist denunziert, wodurch

Wie, wann und wo genau Hirschfeld[5] und Wolf einander getroffen hatten, bleibt im Dunkeln. Die Vielseitigkeit des erfahrenen Schriftstellers, Journalisten, Dramaturgen, Kabarettautors und Operettenlibrettisten wird den jungen Edmund Wolf nicht unbeeindruckt gelassen haben, mitgenommen hat er aus dieser Begegnung mit Sicherheit zwei Faibles, das für den Film – immerhin schrieb Ludwig Hirschfeld gemeinsam mit Kurt und Robert Siodmak sowie Billy Wilder das Drehbuch zu *Der Mann, der seinen Mör-*

---

seine Karriere in Hollywood vorzeitig beendet wird. Er stirbt 1966 in Kalifornien.« [zit. nach Christian Cargnelli und Michael Omasta (Hrsg.): *Aufbruch ins Ungewisse. Österreichische Filmschaffende in der Emigration vor 1945.* Bd. 2: *Lexikon. Tributes. Selbstzeugnisse.* Wien 1993].
5 Ludwig Hirschfeld, am 21. 5. 1882 in Wien geboren, am 8. 5. 1945 ebendort verstorben, war Theaterredakteur der Neuen Freien Presse und später Chefredakteur der illustrierten Halbmonatsschrift Moderne Welt. Zudem übersetzte und bearbeitete er Bühnenstücke, verfaßte zahlreiche Lustspiele, u. a. *Die Frau, die jeder sucht* und *Stiefmama* (beide gem. mit Paul Frank), *Auslandsreise* und *Viel Liebe, wenig Geld!* (beide gem. mit Rudolf Österreicher) wie auch Novellen (*Jupiter in der Wolke*) und die Wiener Komödien *Doppelpunkt* (1912) oder *Im Massenquartier* (1922), in denen Hans Moser oftmals in der Rolle des Dienstmanns brillierte. Außerdem schrieb er Operettenlibretti, wie z. B. zu *Die Fahrt in die Jugend* von Eduard Künneke und war gemeinsam mit Ferdinand Grünecker vom Budapester Orpheum seit 1910 Leiter des Possentheaters »Max und Moritz« in der Annagasse 3 im ersten Wiener Gemeindebezirk. Später übersiedelte die äußerst beliebte Truppe, zu der neben Hans Moser, Sigi Hofer auch Armin Berg zählte, als »Theater der Komiker« in die Rolandbühne, Praterstraße 25.

der sucht[6] – und das für das gehobene Feuilleton, denn Hirschfeld erwarb sich einen guten Ruf als Essayist origineller Stadtbetrachtungen: *Wir kennen uns. Gemütliche, gereizte und nachdenkliche Skizzen aus Wien* (1909), *Die klingende Stadt. Skizzen aus dem lauten und aus dem stilleren Wien* (1912) und *Das Buch von Wien. Was nicht im Baedecker steht* (1927).

Vielleicht wäre Edmund Wolf, der Vielbegabte, bereits zu dieser Zeit und in diesem Metier in Hirschfelds Fußstapfen getreten, hätte er sich nicht entschieden, die Stadt und das Land zu verlassen. London 1937, das heißt vor allem: Fuß fassen in einer bislang unbekannten Welt, neue Netzwerke bilden, viele Leute treffen, Arbeit finden. Glücklicherweise bietet sich rasch eine Gelegenheit, zumindest mit Schreiben, wenn auch »nur« für den Film, der Wolf ja nie so wichtig war wie die subjektive Einschätzung seiner eigentlichen »Berufung«, nämlich der als Bühnenautor. *Dangerous Medicine*, so der reißerische Titel des 1938 in Großbritannien unter der Regie von Arthur Woods für Warner Brothers First National Productions realisierten Spielfilms,[7] hätte Edmund Wolf, der unter dem Pseudonym Edmond Deland die Geschichte dazu liefert, vermutlich das Entrée ermöglicht ins ganz große Kinowunderland.

Denn was begehrt das Herz mehr als ein spannendes und unterhaltsames »murder mystery cum comedy melodrama« rund um ein smartes junges Mädchen, das für einen Mord, den es nicht begangen hat – was natürlich nur wir als Zuschauer und erprobte Falsche-Fährten-Leserinnen wissen –, zum Tode verurteilt wird. Auf dem Weg vom Gericht ins Gefängnis in einen schweren Autounfall verwickelt, wird sie, lebensgefährlich verletzt, in eine Klinik gebracht. Dort verliebt sich der Chirurg, der ihr Leben rettet, in sie, und – nach zahlreichen Verwicklungen, unter anderem, weil er mit der im Krankenhaus eigentlich Inhaftierten türmt – schließlich gelingt es den beiden, den wahren Mörder zu einem Geständnis zu zwingen. Happy-End, was sonst!

---

6 *Der Mann, der seinen Mörder sucht* (Deutschland 1930). Regie: Robert Siodmak. Drehbuch: Ludwig Hirschfeld, Kurt Siodmak, Billy Wilder, Robert Siodmak (ungenannt). Kamera: Konstantin Tschet, Otto Baecker. Musik: Friedrich Hollaender. Darsteller/innen: Heinz Rühmann, Lien Deyers, u. a. Produzent: Erich Pommer. Produktionsfirma: Universum-Film AG UFA (Berlin). Kurzinhalt: Hans Herfort will seinem Leben ein Ende bereiten und beschließt kurzerhand, seinen eigenen Mörder zu engagieren. Als Hans jedoch auf einen letzten Schnaps in seine Stammkneipe kommt, trifft er dort seine Traumfrau und faßt neuen Lebensmut. Jetzt muß er nur noch seinen Mörder finden, denn der bastelt schon kräftig an kuriosen Plänen, wie er seinen Auftraggeber ins Jenseits befördern könnte … Viele der an diesem Film Beteiligten mußten Deutschland und Österreich verlassen und gingen ins Exil, darunter Regisseur und Produzent Alfred Zeisler sowie seine damalige Frau, die Schauspielerin Lien Deyers, zuerst nach England dann in die USA, ebenso Produzent Erich Pommer, der Komponist und Autor Friedrich Hollaender sowie Drehbuchautor und Regisseur Billy (Billie) Wilder, die vor den Nazis nach Paris flohen, oder Autor Curt Siodmak, der nach London emigrierte, bevor sie alle, wie Robert Siodmak, in Hollywood Fuß fassen konnten.

7 *Dangerous Medicine* (Great Britain 1938). Directed by Arthur Woods. Writing credits: Edmond Deland (story), Paul England, Paul Gangelin (writers). Cinematography by Basil Emmott. Cast: Elizabeth Allan, Cyril Ritchard, Edmond Breon, Antony Holles. Produced by Jerome Jackson. Production Company: Warner Brothers First National Productions. *Dangerous Medicine* gilt als »Lost Film«.

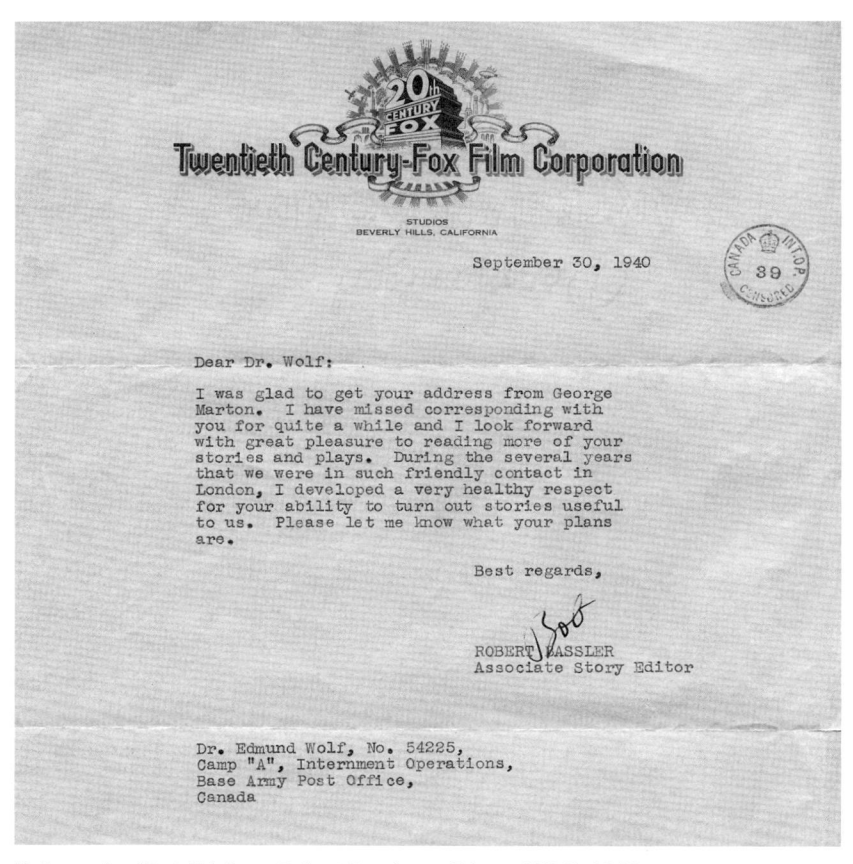

Twentieth Century-Fox Film Corporation

STUDIOS
BEVERLY HILLS, CALIFORNIA

September 30, 1940

Dear Dr. Wolf:

I was glad to get your address from George Marton. I have missed corresponding with you for quite a while and I look forward with great pleasure to reading more of your stories and plays. During the several years that we were in such friendly contact in London, I developed a very healthy respect for your ability to turn out stories useful to us. Please let me know what your plans are.

Best regards,

ROBERT BASSLER
Associate Story Editor

Dr. Edmund Wolf, No. 54225,
Camp "A", Internment Operations,
Base Army Post Office,
Canada

Hollywood calling: Brief von Robert Bassler an Edmund Wolf, 1940

Daß es im Leben leider nie so glatt abgeht, bekommt Edmund Wolf kurze Zeit darauf am eigenen Leib zu spüren. 1940 als »enemy alien« aus England deportiert, erreicht den in Kanada mit der No. 54225 Internierten im September desselben Jahres ein Brief der 20th Century Fox Film Corporation aus dem sonnigen Beverly Hills, Kalifornien. Ein gewisser Robert Bassler, der Associate Story Editor,[8] schreibt ihm, was für eine große Freude es ihm bereiten würde, wenn er noch mehr seiner Geschichten und Stücke lesen könnte, weil sie ihm gewiß ebensogut gefielen wie jene, die er schon kennt. Georg Marton sei

---

[8] Vgl. N1.EB-36 »Nachlaß Edmund Wolf«, Mappe 4 »Lebensdokumente / 4.6. Finanzielles« unter 4.6.1.: 20th Century Fox Film Corporation (Bassler, Robert), 1 Brief, 30.9.1940 an Wolf (Camp »A«, Internment Operations, Base Army Post Office, Canada).

Robert Bassler (1903–1975) startete seine Filmkarriere in den späten 20er Jahren als Editor und wechselte mit dem Rita-Hayworth-Musical *My Gal Sal* 1942 ins Produktionsfach. Er arbeitete oftmals mit Emigranten aus Europa zusammen, etwa mit John Brahm (*The Lodger*, 1944; *Hangover Square*, 1945; *The Brasher Doubloon*, 1947 mit Fritz Kortner in einer der Hauptrollen), mit Jules Dassin (*Thieves' Highway*, 1949) und mit Anatole Litvak (*The Snake Pit*, 1948).

er zu Dank verpflichtet, weil er über ihn die aktuelle Adresse Wolfs erhalten habe, denn so könne man den freundlichen Kontakt, den Wolf und Bassler bereits über einige Jahre in London gepflegt hatten, trotz der widrigen Umstände, wieder aufnehmen. Handschriftlich unterschreibt er mit einem vertraulichen Bob, doch was viel wichtiger ist, er benennt in einem Satz des Briefes Edmund Wolfs großes – und natürlich für ein Filmstudio keinesfalls brachliegen dürfendes – Talent: »I developed a very healthy respect for your ability to turn out stories useful to us.«

Hollywood calling. Wer wünscht sich das nicht? Und das gleich mit einem Angebot aus der Dream Factory, wo angeblich Träume wirklich wahr werden können. So verwundert es nicht, daß sogar den großen Branchenblättern[9] die Neuigkeiten die Meldung wert sind, »that Universal and M-G-M were both bidding for the film rights to Hirschfeld and Wolf's play *A Case of Youth,* which they intended as a starring vehicle for Deanna Durbin and Judy Garland, respectively.« Was wäre aus *The Mad Martindales* retrospektiv wohl geworden, hätte einer der beiden Jungstars die Hauptrolle gespielt? Den Zuschlag erhielten letztendlich Jane Withers und die Cent-Fox[10] als Produktionsgesellschaft. Auch das ist Hollywood.

Es wird dunkel im Zuschauerraum. Der Vorhang hebt sich. Erster Akt. Heutzutage in Wien.

Die ebenerdig gelegene Halle der Villa Traminer. Zugleich der Wohnraum des Hauses. Sehr repräsentativ. Helle Wände, der Sockel mit Holz verkleidet. In der Mitte eine stoffbespannte große Glastür im Entrée und zum Gartenausgang. Links und rechts von der Tür eingebaute Bücherschränke mit Schiebeleitern. An der Wand links Gaskamin. Darüber französischer Gobelin nach Alexander [sic!] Boucher: üppig-lebensfreudige Tafelszene aus dem Rokoko.[11] Vorn rechts großer Schreibtisch mit Telephon. Der ganze Raum zeigt Geschmack und gediegene Wohlhabenheit. Ein Winternachmittag. Draußen untergehende Sonne.

Das Setting wäre somit einmal festgemacht. Nun geht es an die handelnden Personen. Wolfi – Gymnasiast zwischen 17 und 18, in Knickerbockers und Pullover, frischer junger Mann mit geistigem Einschlag, manchmal von idealistischem Pathos, dann wieder richtig ungebärdiger Lausbub. Er kniet beim Tisch auf einem Sessel, den Kopf in die eine Hand gestützt, mit der anderen zeichnet er »Manderln«. Er denkt also nach. – Hanna – schlankes, in die Höhe geschossenes Mädchen, sechzehn vorbei, wirkt aber durch ihre Kleidung und Bewegungen noch etwas unfertig und kindisch. Wahrscheinlich sehr hübsch, doch das kommt noch nicht so recht zur Geltung durch das etwas saloppe Schulkleid im Matrosenschnitt und die zerrauften Locken: ein echtes Schulmädel, das nicht daran denkt, zu ge-

---

9 Vgl. etwa die Erwähnung im Hollywood Reporter vom 31. Juli 1939.
10 Auch Otto Preminger, einst sein Lehrer am Wiener Reinhardt-Seminar, war mit Edmund Wolf in Kontakt wegen diverser Filmstoffe, wobei interessant ist, daß Premingers erster Hollywood-Film unter eigener Regie *Under Your Spell* (1936) ebenfalls von Cent-Fox produziert wurde und daß seine weiteren Arbeiten, etwa die romantische Komödie *Danger – Love at Work* (1937) in Sujet und Personage den *Mad Martindales* nicht unähnlich sind.

11 Hier ist das falsche Poussin-Gemälde des Films sozusagen nochmals gedoppelt, denn Hirschfeld/Wolf meinen natürlich den Historienmaler François Boucher, dessen leicht frivole Motive gerne als Vorlage für die königliche Gobelin-Manufaktur dienten; »La Dame à la licorne« hingegen existiert nicht als Bild, sondern ist einer der Wandteppiche aus dem berühmten Tapisserien-Zyklus im Besitz des Musée de Cluny und stammt aus der Zeit um 1500.

fallen. Sie steht auf der Leiter rechts und sucht ungeduldig nach einem Buch. Eines hat sie unter den linken Arm geklemmt, ein anderes, das sie jetzt hervorholt und flüchtig ansieht, klemmt sie zwischen den Knien ein. Nun sieht sie ein drittes an, hält es in die Höhe, wendet sich zu Wolfi, wirft es ihm zu. – Lily – 22 Jahre, sehr hübsch, sehr elegant, oberflächlich gescheit und überlegen. Sie trägt ein Winterkostüm, in der Hand einige kleine Päckchen. – Paul Veith – etwa dreißig, von frischem männlichen Wesen, einfach elegant, tritt ein, küßt Lily die Hand. – Traminer – Mitte Fünfzig, liebenswürdig, leichtsinniger Charmeur, eleganter Lebenskünstler, der sich über alle Unannehmlichkeiten und Sorgen gerne hinweglächelt und -scherzt.

Auch wenn die Handlung auf der Bühne einen etwas anderen, notgedrungen mehr theatralischen, Fortgang nimmt als im Film – dem aufwendige Umbauten oder Schauplatzwechsel kein Problem bereiten, der ein Drinnen und Draußen kennt, der »Vehikel« im wahrsten Sinne des Wortes jederzeit ins Bild setzen kann –, sind mit der trefflichen Zeichnung die Charaktere der Protagonisten und Protagonistinnen fürs erste gut umrissen. Wolfi, das ist natürlich im Film unser drahtiger Bobby, Hugo Traminer, ein nachsichtiger und stets gutgelaunter Vater, wie wir ihn uns wünschen, entspricht Mr. Martindale, die konsum- wie lebenssüchtige Lily Evelyn, der Diener Franz war Vorbild für Wallace, die Herrschaftsköchin Frau Therese und das Stubenmädchen Minna sind zu Agnes verschmolzen, der Herr Ingenieur Paul Veith wird zu Peter Varnay, und der bezaubernde Backfisch Hanna gibt natürlich das Modell ab, nach dem die pfiffige und liebenswerte Cathy Martindale entworfen wurde.

Noch ist in vielen filmischen Details das Theater, das dramatische Element zu spüren, besser gesagt, das komödiantische. Ganz in der Tradition der Commedia dell'arte werden da die Späße der Zanni, der Diener und Mägde, die Verstrickungen der Vecchi, der reichen und gebildeten Oberschicht und der schrulligen Dottores, die Verwicklungen rund um die Amorosi, die jungen Liebenden, ausgebreitet. Interessant bleibt, daß wie bei einem Würfelspiel die Merkmale der einzelnen Figuren vertauscht zu sein scheinen: Hugo Traminer alias Martindale hat kaum was vom geizigen Pantalone, jedoch jede Menge vom aufschneiderischen Scaramuccia und listigen Brighella. Lily/Evelyn und Paul/Peter scheinen auf den ersten Blick die etwas faden Amorosi zu sein, der tolpatschige Bobby/Wolfi bezieht als Pagliaccio meist Prügel. Cathy wiederum vereint in ihrem Charakter sowohl die Frauen- und die Männerrollen, die der selbstbewußten, dabei ungekünstelten Columbina ebenso wie die des fröhlich naiven Arlecchino. Sie kontert schlagfertig den Pfandleihern, Rechtsverdrehern und Gläubigern, und zwar in Verkleidungen, die, wenn auch in weiblicher Form, ein wenig die Dottores und Pantalone imitieren; sie gibt immer vor, älter, gescheiter, berufserfahren zu sein. Auch die der Commedia dell'arte zugehörigen lazzi sind dieselben, weniger handgreiflich mit der Holz-Pritsche ausgeführt, denn hier schlägt keine Smeraldina ihren Truffaldino, doch dafür wird zünftig mit Worten geklappert, und mit was für welchen! Herrliche Dialoge führt diese Personage, ob Diener und Hausmädchen, schrullige Großmama, exzentrischer Herr Papa mit »Verkannter Architekt«-Marotte, die ältere Schwester, die unentwegt parliert, weil sie den reichen Mann heiraten, die Liaison mit dem italienischen Herzensbrecher aber nicht missen will, der nach gewähltem Ausdruck ringende Jüngling, der gerade seine Pubertät zu überwinden sucht, ein Auge auf Cathy geworfen hat, in den wirklich wichtigen Situationen aber stammelnd versagt, weil er ziemlich chancenlos ist gegen den Womanizer, der es Cathy angetan hat, der aber begriffsstutzig einige Zeit braucht, bis ihm bewußt wird, welche der beiden Schwestern er eigentlich liebt.

Und Cathy selbst natürlich, eine patente, eloquente, clevere junge Frau, die keine Lust hat, das althergebrachte »role model« abzugeben, das man der holden Weiblichkeit um die Jahrhundertwende zugedacht hat, also fern des Arbeits- und Berufslebens den Alltag in trauter häuslicher Atmosphäre zu verbringen, am besten stickend, schreibend, musizierend, halt repräsentierend, die meiste Zeit wenig in Bewegung, sitzend und immerzu wartend. Cathy im Film und Hanna im Theaterstück widersprechen diesen Geschlechterrollen, erobern sich ihren Freiraum, mit Gedanken, Worten und Werken. Auf der Bühne fällt seitens Hanna schon im ersten Akt der Schwur »Ich werde überhaupt nie heiraten«, und im Film bekräftigt Cathy nach dem auf den ersten Blick so erfolgreichen Verkauf des gesamten väterlichen Besitzes: »A woman can do everything a man can do«, und auch später verzagt sie angesichts der Irrungen und Wirrungen der Liebe nicht, denn ihr emanzipatorisches Motto lautet: »Modern women can handle men.« Um das richtig zu handhaben, hat sie sich eine feministische Taktik zugelegt, die darauf basiert, dem männlichen Gegenüber ins Gesicht zu lachen – blasiert und gleichgültig zugleich. Das bringt ihn, so hofft die in Liebesbelangen ganz Unbedarfte, völlig aus der Fassung. Dabei ahnt der noch unausgegorene Backfisch gar nicht, wie sein Kostümwechsel vom Matrosenkleidchen zum gediegenen Outfit in langem schwarzen Rock einer berufstätigen Sekretärin und das resolute, erwachsene Gehabe erst recht anziehend wirken auf die Männer, respektive den einen und sonst keinen. Auch die Kleider erzählen, neben der subtilen Charakterisierung, im Kino stets eine Geschichte. Trägt Hanna im Theaterstück zeitgemäße Mode und macht den Eindruck, durchaus sportlich unterwegs zu sein, muß sich Cathy die Befreiung vom Korsett erst hart erkämpfen. Schwesterherz Evelyn ist da mit ihren demonstrativ zur Schau gestellten Prêt-à-Porter-Kreationen kein allzu nachahmenswertes Vorbild. Als sich Cathy, um die Gläubiger abzuwimmeln, älter macht, als sie tatsächlich ist, schlüpft sie zwar in eines der ihr viel zu großen Kleider aus deren Schrank, entwickelt aber einen nervösen Tick, indem sie dauernd am Kragen, am Saum der Bluse, an den Manschetten der Ärmel zieht und mit einer unvergleichlich komischen Geste, so als würde sie einen Tanz aufführen, die Schleppe schwuppdiwupp nach hinten wirft.

Im Film gibt es zum Thema Frauenemanzipation und Kleiderfrage einen äußerst liebevoll verpackten Hinweis, der aus einem völlig unerwarteten Lager auf uns zukommt. Mr. Martindale, dessen Haupt, von des Tages Mühen ermattet, auf den Schreibtisch niedergesunken ist, spricht im Schlaf und murmelt mehrmals den Namen seiner verstorbenen Frau Annabelle (im Theaterstück übrigens hat diese ihn nur weniger dramatisch »verlassen«, weil sie nicht mehr bei ihm und den Kindern bleiben, sich aber weiterhin von ihm erhalten lassen mochte). Cathy, die ihn liebevoll aus seinen Träumen »of the happy past« weckt und nach der »wahren Liebe« fragt, erklärt er, daß diese auf Respekt beruht und nur so ein ganzes Leben andauern kann. Diese Achtung hätte er Annabelle stets entgegengebracht, selbst als sie – ganz wilde Emanze der ersten Stunde – »in Bloomers« die Hauptstraße mit dem Fahrrad hinunterfuhr.[12] Basiert diese charmante Anekdote vielleicht auf einem Bonmot, das Edmund Wolf in jungen Jahren von seiner weiblichen Verwandtschaft in Wien erzählt bekommen hat, denn immerhin hat Rosa

---

12 Die amerikanische Frauenrechtlerin Amelia Bloomer hatte im Zuge der Reformkleidbewegung knöchellange weite Hosen für Frauen – damals ein öffentlicher Affront – entworfen, die nach ihr »Bloomers« genannt wurden. Ihre Mitstreiterinnen propagierten dieses »neue Kostüm«, bestehend aus knielangem Kleid und türkischen Hosen, besonders auch in der Sportmode.

Edmund Wolf, 50er Jahre

Mayreder, die Grand Dame und Vorkämpferin der Frauenrechte in Österreich, um 1905 konstatiert: »Das Bicycle hat zur Emanzipation der Frauen aus den höheren Gesellschaftsschichten mehr beigetragen als alle Bestrebungen der Frauenbewegung zusammengenommen.« Na, wenn das kein Wort ist?!

Hanna muß übers Wochenende eine Hausarbeit in Deutsch schreiben. Thema: »Wir lernen fürs Leben«. Ja was, fragt sich Hanna, was lernen wir in der Schule eigentlich fürs Leben? Und um gleich selbst die Antwort auf diese heikle Aufgabenstellung zu finden, scheint sie die Probe aufs Exempel zu machen und sich der harten Realität des Lebens zu stellen, das sie bislang mit sehr naiven Kinderaugen und stets nur von der guten Seite her betrachtet hat. Und wie modern ist auch Wolfis Ansatz, die fade »eingekleidete Zinsenrechnung« (»Ein Mann hat Monatsbezüge von 2000 Schilling, außerdem ein Vermögen, das er zu sechs Prozent angelegt hat. Wie groß muß das Vermögen sein, damit er einen Gesamtgebrauch von 3000 Schilling im Monat bestreiten kann?«) in die Gegenwart zu transponieren und (hier spricht mit Sicherheit Edmund Wolf mit der Stimme seines Protagonisten) als ganz aktuelle Rechenaufgabe gleich auf sich selbst anzuwenden: »Ein junger Mensch geht 8 Jahre ins Gymnasium, macht die Matura mit Auszeichnung, klopft an 100 Türen an und findet alles verschlossen. Wie lange dauert es, bis der junge Mann Straßensänger wird?«

»Ein wahres Glück, wenn man heutzutage Kinder hat. Man kann von ihnen riesig viel lernen«, meint Traminer ganz gerührt über seine zwei lebenstüchtigen Töchter. Und am Ende schreibt Hanna auch noch ihre Deutscharbeit und zitiert Seneca: Non scholae, sed vitae discimus. Oder war es andersrum? Non vitae, sed scholae discimus. Und läuft es im Grunde nicht auf dasselbe hinaus, egal wie's gewendet wird? Also lernen wir nun fürs Leben oder für die Schule? Hannas etwas pathetisch geprägte Antwort lautet (oder spricht da verschlüsselt der Autor Edmund Wolf über seine sehr persönliche Liebe zur Literatur?): »Durch das, was uns die Bücher lehren, sind wir gerüstet für die Enttäuschungen und Gefahren, die uns erwarten, wenn das Leben an uns herantritt!« Die Familie Martindale hingegen begegnet den Wirrnissen, die ihren Alltag und das Leben an sich ganz schön durcheinandergewirbelt haben, mit weitaus größerer Gelassenheit. Aber sie führt ja auch vor ihrem Familiennamen, und sei es nur um der Alliteration willen, das Adjektiv »mad«. Und wofür diese drei Buchstaben stehen, das wird Ihnen, wertes Publikum, in 65 überaus launigen Minuten völlig klar, die Sie mit dieser ganz normal verrückten Mischpoche im Kino teilen.

Eugen Banauch
Kanada hinter dem Stacheldraht.
Edmund Wolfs Internierungsjahre 1940 bis 1942

Edmund Wolf war bereits im Herbst 1937 nach England gekommen, vorerst nicht mit der Intention auszuwandern. Dies änderte sich freilich mit dem »Anschluß« Österreichs im März 1938. In diesem Jahr gelang es Wolf, ein Filmdrehbuch an 20th Century Fox zu verkaufen, aus dem zwar »kein unvergeßlicher Film« wurde, wie sich Wolf in einem Brief aus den 1990er Jahren erinnert,[1] der aber genug Geld einbrachte, um ihn finanziell über Wasser zu halten. Wolf war somit einer von über 73.000 Flüchtlingen, die zwischen 1933 und 1939 nach Großbritannien kamen. Nach der britischen Kriegserklärung an Deutschland im September 1939 mußten sich auch diese Flüchtlinge, ebenso wie alle anderen, die aus einem damals Großdeutschland zugehörigen Gebiet nach England gekommen waren, Interviews vor lokalen Tribunalen unterziehen. Diese Tribunale hatten den Zweck herauszufinden, ob diese Personen eine mögliche Gefährdung der nationalen Sicherheit darstellen könnten. Der Grad der Loyalität bzw. der potentiellen Gefahr wurde in drei Kategorien eingeteilt, wobei A für »dangerous enemy alien«, B für »friendly enemy alien« und C für »friendly alien« stand. Während Ausländer der Kategorie A – zumeist deklarierte Nazi-Sympathisanten, die den mit Abstand geringsten Teil ausmachten – sofort interniert wurden, hatte die Klassifizierung für als B oder C Kategorisierte zuerst verhältnismäßig geringe Auswirkungen. Edmund Wolf, der zu dieser Zeit in Winchcombe, Gloucestershire, gemeldet war, wurde für den 20. Oktober 1939 vor das Aliens Registration Department vorgeladen und kam in die Kategorie B.

Die Situation änderte sich im Frühjahr 1940, als Deutschlands Expansionskrieg einen Höhepunkt erreicht hatte, schlagartig. Die britische Öffentlichkeit war, gerade nach der deutschen Invasion in Dänemark, Norwegen, Holland und Belgien alarmiert, Tageszeitungen machten mit Artikeln über subversive, deutschlandfreundliche Kräfte in den Ländern, die von den Nazis gerade eingenommen worden waren, Stimmung – eine Stimmung, die sich letztlich auch gegen die deutschsprachigen Flüchtlinge in Großbritannien auswirken sollte. Winston Churchills berüchtigter Ausspruch »Collar the Lot!« – »Schnappt das Pack am Schlafittchen!« – sanktionierte die von den Medien geschürte Angst. Die Klassifikationen wurden für bedeutungslos erklärt, und alle Ausländer der Kategorien B und C, die meisten davon Flüchtlinge, die sich entlang der Ostküste Englands und Schottlands aufhielten, wurden interniert: 23.000 Männer und 3.000 Frauen, die meisten davon Menschen, die nur gerade zuvor den Nazis knapp entkommen waren.[2] Die Leute wurden rasch und ohne Vorbereitung von Polizisten aufgegriffen, zu Hause, am Arbeitsplatz, auf der Straße, wurden über die Länge und oft den Grund ihrer Festnahme im unklaren gelassen und konnten, wenn überhaupt, nur das Nötigste mitnehmen. Der aus Wien stammende Harry Seidler, später ein bekannter Architekt in Australien, hielt damals in seinem Tagebuch fest:

»Als ich zu Mittag nach Hause komme, sagt mir Lady McAllister folgendes: Ein Polizist sei

---

[1] Brief Edmund Wolf an Ursula Seeber, 22. Februar 1992. Nachlaß Edmund Wolf an der Österreichischen Exilbibliothek im Literaturhaus in Wien, Signatur N1.EB-36. Wenn nicht anders angegeben, stammen die zitierten Briefe, Gesprächsprotokolle und Dokumente daraus.

[2] Paula Draper: »The Accidental Immigrants: Canada and the Interned Refugees: Part 1.« In: Canadian Jewish Historical Society Vol. 2/1 1978, S. 1–38, hier S. 3.

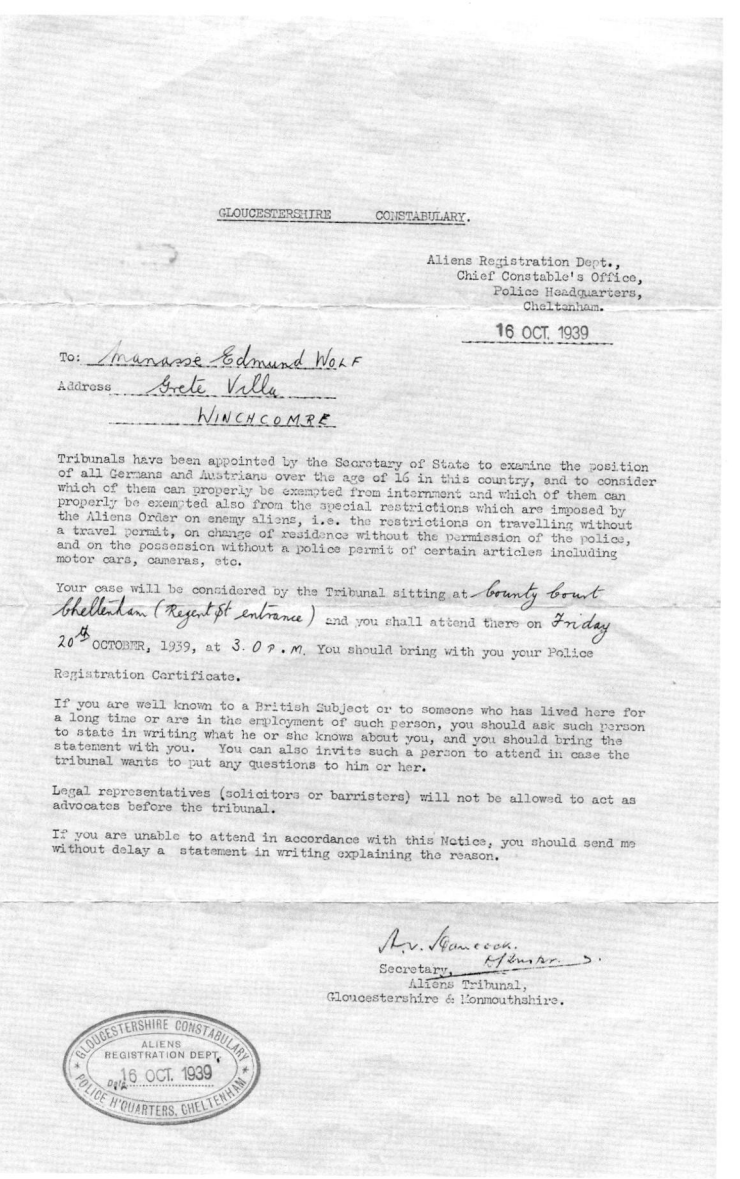

ßen Halle sind viele Bekannte. (...) Und jetzt erst erfahre ich, was alles das bedeuten soll: WIR WERDEN ALLE INTERNIERT. (...) Das heißt also, daß sie uns Flüchtlinge für Spione halten, oder glauben, daß unter uns Spione sind. Wir! – Spione! Ist das nicht lächerlich? Wir – vertrieben aus Deutschland, werden verdächtigt, Spione unserer Todfeinde zu sein! Und trotzdem, es scheint ernst zu sein.«[3]

Edmund Wolf lebte zum Zeitpunkt seiner Festnahme bei ebenfalls emigrierten österreichischen Freunden in London nahe Earls Court und wurde zunächst zu einer für diesen Teil Londons zuständigen Sammelstelle in der Nähe von Kensington High Street verbracht, in der Folge in ein Sammellager in Camden Park und dann ins Internierungslager Huyton bei Liverpool.[4] Die meist jüdischen Flüchtlinge kamen schließlich ins britische Zentralinternierungslager auf die Isle of Man. Der Historiker Moses Aberbach sollte deshalb viele Jahre später die Isle of Man als das bedeutendste jüdische Kulturzentrum im Europa des Sommers 1940 bezeichnen.

Vorladung zur britischen Fremdenpolizei, Oktober 1939

hiergewesen und wollte mich sehen. (...) Gleich nach dem Essen fahre ich daher zur Polizei und hatte keine Ahnung, was mich da erwartete! (...) Außer mir sind noch einige Flüchtlinge hier. Man sagt uns, daß wir in die Guildhall gebracht werden. Wozu, sagt man aber nicht. (...) In der gro-

[3] *Internment. The Diaries of Harry Seidler May 1940 – October 1941.* Ed. by Janis Wilson. Sydney, London, Boston 1986, S. 34.
[4] Unpubliziertes Tondbandinterview von Daniel Wolf mit Edmund Wolf, um 1980.

Victor Ross, 1942

Das mitten in den Kriegswirren steckende Vereinigte Königreich war mit einer derart umfangreichen Internierung einer so großen Zahl an Menschen im Inland überfordert und entschied, zumindest einige der Internierten nach Kanada und Australien zu schicken. Mit den Dominions war bereits früher ausgehandelt worden, Kriegsgefangene Englands unterzubringen. Da Großbritannien nun wenige Kriegsgefangene, aber eine Vielzahl an internierten Flüchtlingen hatte, wurden daher zum großen Teil Flüchtlinge der Kategorien B und C, allesamt männlich, in die Dominions gebracht: etwa 2.300 Männer kamen so im Sommer 1940 nach Kanada, unter ihnen Edmund Wolf und sein Mitinsasse und späterer Freund Victor Ross.[5] Die Transporte erfolgten auf dem Seeweg, über einen Atlantik, in dem bereits der U-Bootkrieg in vollem Gange war. Neben der Gefahr, von einem Torpedo getroffen zu werden, war die Überfahrt auf den vier nach Kanada geschickten Schiffen, vor allem auf der Ettrick (auf der sich Wolf und Ross befanden) und der Dutchess of York, für jüdische Flüchtlinge überdies ausgesprochen gefahrvoll und belastend, da auf diesen Schiffen auch Kriegsgefangene, unter ihnen deklarierte Nazis, untergebracht waren, die, im Gegensatz zu den »enemy aliens«, unter dem Schutz der Genfer Konvention standen. Victor Ross schreibt dazu: »The ship which zig-zagged us precariously across the Atlantic must have been designed for a purpose, but that purpose cannot have been the transport of internees. The absence of lifeboats was made bearable by the thought that, being down in the hold, we could never have got near them anyway; but the comparative comfort of the German prisoners of war travelling on the same ship was a bitter pill.«[6]

Auf den beiden Schiffen kam es auch zu antisemitischen Drohungen seitens der mitreisenden Nazis,[7] die nur unzulänglich von den Flüchtlingen getrennt waren. Dazu kamen die unmenschliche Unterbringung im völlig überfüllten Zwischendeck, der Essensmangel und die Angst vor einem Torpedotreffer, und das aus alarmierend aktuellem Anlaß. Die Arandora Star, eini-

---

5 Zu Victor Ross, Sohn der Wiener Psychoanalytikerin Eva Rosenfeld, einer Mitarbeiterin von Anna Freud, vgl. Victor Ross: »Eva Marie Rosenfeld (1892–1977). Persönliche Erinnerung an eine mutige Frau.« In: Anna Freud: *Briefe an Eva Rosenfeld.* Hrsg. von Peter Heller. Basel, Frankfurt 1994 (Nexus 18), S. 33–69.
6 Victor Ross: *Basic British.* London 1956, S. 48.
7 Vgl. Eric Koch: *Deemed Suspect. A Wartime Blunder.* Halifax 1980, S. 42.

'The English make some of their firmest friends from among those they imprison'

Karikatur von W. A. Sillince, um 1940

ge Tage zuvor gestartet, war am 2. Juli 1940 von einem deutschen U-Boot torpediert worden, wobei über 700 Internierte starben. Dessen ungeachtet verließen noch drei weitere Schiffe mit Internierten Großbritannien, bis alle Transporte in die Dominions aufgrund des Bekanntwerdens der Arandora-Star-Tragödie gestoppt wurden.

In Kanada angekommen, wurden die Internierten erst auf drei Sammellager nahe Quebec City, Monteith, ON, und Trois Rivières aufgeteilt, und nach einigen Wochen in mehrere andere Lager vornehmlich in Quebec und New Brunswick überstellt. Die kanadischen Behörden waren seitens Großbritanniens über den Status der Flüchtlinge in Unkenntnis gelassen worden, was dazu führte, daß sie anfänglich für Kriegsgefangene gehalten und entsprechend behandelt wurden.

»Kriegsschiffe tauchten aus dem Nichts auf und eskortierten uns, während wir auf den Felsen von Quebec zusteuerten, ein atemberaubender Anblick. Als wir an seinem Fuß, in Wolfe's Cove, angekommen waren, hatte sich offenbar die gesamte kanadische Armee und Marine versammelt, um uns mit massiver Unterstützung der Royal Canadian Mounted Police (...) zu begrüßen. (...) Mit Bussen, die schwer bewacht und von Motorrädern eskortiert wurden, ging es hinauf, über den Felsen von Quebec, zur Abraham-Ebene im Zentrum der Stadt. Eine Menschenmenge lief zusammen, als wir ausstiegen, und war erstaunt, daß ein paar von diesen Nazi-Fallschirmspringern, oder als was auch immer man uns angekündigt hatte, sich als Gymnasiasten, bebrillte Professoren, bärtige Rabbiner und Talmudschüler mit traditionellen Schläfenlocken verkleidet hatten. Ein Hauptmann, der hörte, daß sich ein paar von uns auf englisch unterhielten, soll zu einem anderen gesagt haben: ›Ja, ja, ich weiß. Das sind die Gefährlichsten.‹«[8]

Vieles spricht dafür, daß Edmund Wolf die ersten Wochen in Kanada im Auffanglager in Quebec City verbracht hat. Im Anschluß war er von Oktober 1940 bis zu seiner Rückkehr nach England im März 1942 im Lager »N« in Sherbrooke, Quebec interniert.[9] Den Insassen von Camp »N« blieb zwar das Schicksal der in Camp »R« (Red Rock, Lake Superior) Internierten erspart, die für einige Monate mit deutschen Nazisympathisanten das Lager teilen mußten; die Bedingungen in den Lagern waren aber durchwegs hart, und jede Verbesserung der Lage der Flüchtlinge mußte ebenso hart erkämpft werden. Nachdem den kanadischen Verantwortlichen klar (gemacht worden) war, daß sie vor allem mit jüdischen Flüchtlingen konfrontiert waren, wurden

---

8 Eric Koch: *Die Braut im Zwielicht. Erinnerungen.* Bonn 2009, S. 182
9 Edmund Wolf war vom 25. Juni 1940 bis 9. März 1942 in Kanda interniert, wofür ihm vom Staat Österreich eine Entschädigung von ÖS 7.700 zuerkannt wurde. Vgl. Brief von Dr. Friedrich Weissenstein an Edmund Wolf, 11. November 1974.

halten. Über zehn Prozent der Insassen werden in dem Bericht überdies als potentielle »trouble-makers« klassifiziert.[10] Diese Einschätzung des Lagers durch einen externen Gutachter zeigt kaum verdeckte antisemitische Züge, überdies trägt sie der Tatsache keine Rechnung, daß die Internierten beim Bezug des Lagers anfänglich nicht einmal einfachste Schlafmöglichkeiten hatten und die hygienische Versorgung katastrophal war.[11]

Die Internierten in den kanadischen Camps mußten Kriegsgefangenenuniform tragen – blaue Hemden mit einem kreisrunden roten Fleck auf dem Rücken –, um im Fall eines Fluchtversuchs leichter getroffen zu werden. Briefe der Flüchtlinge wurden zensiert, brauchten oft monatelang, bis sie ihren Adressaten fanden. Selbst als die Lager nach fast einjähriger Überzeugungsarbeit als Flüchtlingslager restrukturiert wurden, blieben sie mit Stacheldraht umzäunt und mit doppelten Eingängen, Wachtürmen und bewaffnetem Personal gesichert. Die Fingerabdrücke und Fotos der Internierten wurden an kanadische Polizeistationen verschickt.

Während des ersten Jahres ihrer Gefangenschaft waren die Internier-

Bürgschaft für Edmund Wolf von Hertha Glatz, 1941

strenge Vorgehensweisen gegen die vermeintlichen Kriegsgegner zumindest zum Teil von antisemitischen Herabwürdigungen durch das kanadische Wachpersonal abgelöst. Selbst offizielle Dokumente, wie ein erster Inspektionsreport des Camp »N« vom 21. Oktober, betonen, daß in dem Camp alle Insassen Juden seien, welche strenge Disziplinierung notwendig hätten und nicht in der Lage seien, die Baracken sauberzu-

10 »Report on Inspection of Camp "N", Newington, Made on October 21st, 1940.« In: Harold Troper and Paula Draper: *Archives of the Holocaust. An International Collection of Selected Documents.* Vol. 15. National Archives of Canada, Ottawa. New York and London 1991, S. 189–190.
11 Vgl. Seidler (Anm. 3), S. 90.

Camp Sherbrooke, um 1942

ten vor allem darauf bedacht, offiziellen Flüchtlingsstatus zu erhalten und darüber hinaus in Eigenregie die hygienischen Zustände und die Essensversorgung in den Lagern zu verbessern. Ein britischer Repräsentant, Alex Patterson, interviewte ab November 1940 über Monate hinweg alle Internierten und bot vielen von ihnen an, nach England zurückzukehren, sollten sie bereit sein, Großbritannien als Mitglied des sogenannten »Auxiliary Pioneer Corps«, einer nicht in Kampfhandlungen involvierten Organisation, zu unterstützen.[12]

Etliche nahmen dieses Angebot an, andere aus unterschiedlichen Gründen nicht. Für viele war die Aussicht, noch einmal inmitten der Kriegswirren den Atlantik zu überqueren, abschreckend genug.

Andere hatten den Wunsch, in die USA zu emigrieren, darunter Edmund Wolf. Ein Brief vom September 1940 im Nachlaß belegt, daß zwischen Wolf und den 20th Century Fox Filmstudios, für die er bereits in England erfolgreich gearbeitet hatte, neuerlich Kontakt aufgenommen wurde.[13] Edmund Wolf war es ernst mit dem Versuch, in die USA zu emigrieren. So konnte er ein »Affidavit of Support« vorlegen, das von der in New York lebenden Opernsängerin Hertha Glatz, einer ebenfalls emigrierten Jugendfreundin aus Wien, unterzeichnet war (18. März 1941). Am 25. Februar 1941 war Wolfs bereits im Oktober 1938 in London gestelltes Visa-Ansuchen für die USA samt Begleitdossier an das amerikanische Generalkonsulat in Montreal überstellt worden. Damals, am 20. Oktober 1938, hatte ein entfernter Verwandter namens Daniel Galler, Lebensmittelhändler aus Long Island, für Wolf gebürgt. Tatsächlich reiste Wolf erst Mitte der fünfziger Jahre, auf Einladung von Seth Tillman von der Georgetown University's School of Foreign Service, als Lektor für amerikanische Studenten zum erstenmal in die USA.[14]

Der Versuch von in Kanada Internierten, während des Krieges den 49. Breitengrad in südlicher Richtung zu überschreiten, war letztlich aufgrund der Einwanderungspolitik der USA zum Scheitern verurteilt. Die Vereinigten Staaten waren in keiner Weise interessiert daran,

---

12 Vgl. Paula Draper: »The Accidental Immigrants: Canada and the Interned Refugees: Part 2.« In: Canadian Jewish Historical Society Vol. 2/2 1978, S. 80–112, hier S. 81.

13 Brief von Robert Bassler, Editor 20th Century Fox, an Edmund Wolf, 30. September 1940. Immerhin lief, während Wolf im Internierungslager saß, am Broadway 1940 seine Komödie *Not for Children*, die 1942 verfilmt wurde. Siehe den Beitrag von Brigitte Mayr in diesem Band, S. 49.

14 Mündliche Mitteilung Martin Wolf an Ursula Seeber, 16. Januar 2010.

auch nur einen der in Kanada verbliebenen Flüchtlinge aufzunehmen. Anfangs wurde damit argumentiert, daß prinzipell nur Immigranten, die in einem amerikanischen Hafen angekommen seien, für eine Aufnahme in Betracht kamen. Schließlich wurde festgelegt, daß Internierte nur dann zu Aufnahmeinterviews zugelassen würden, wenn sie zuvor in Kanada aus der Internierung entlassen worden waren. Die US-amerikanischen Behörden rechneten hier ganz offensichtlich damit, daß Kanada keinen Internierten entlassen würde, der nicht bereits ein sicheres USA-Visum in der Tasche hatte.[15] Damit sollten sie recht behalten, was nach monatelangem Tauziehen die Hoffnungen vieler Internierter, unter ihnen Edmund Wolf, auf eine Ausreise in die USA zunichte machte.

So war es für die, die nicht nach Großbritannien zurückkehren wollten, bald offensichtlich, daß sie sich auf eine nicht abschätzbare Zeit hinter Stacheldraht in Kanada einzustellen hatten. Um Verzweiflung, Depression und Langeweile zu entkommen, mußten die Internierten zur Selbsthilfe greifen. Ein Glücksfall, daß sich in den Lagern eine ausgesprochen große Anzahl sehr gut ausgebildeter Männer aus den unterschiedlichsten Bereichen befanden, auch solche, die davor an Universitäten in England gelehrt hatten. So waren unter ihnen etwa Max Perutz, der spätere Nobelpreisträger für Chemie 1962, oder Emil Fackenheim, einer der bedeutendsten jüdischen Philosophen des 20. Jahrhunderts. In allen Lagern wurden »Camp-Schools« etabliert, um die jungen Internierten auf eine Universitätsausbildung vorzubereiten, und daneben die sogenannten »Popular Universities«, die allen Interessierten offenstanden. Als Lehrende fungierten Wissenschaftler und Universitätsprofessoren, teilweise auch ehemalige Studenten von Oxford und Cambridge. Neben dieser Selbsthilfe in Bildungs- und Erziehungsangelegenheiten wurde Musik gemacht, Theater gespielt, und es wurden sogar Bälle veranstaltet. Victor Ross, ein Bridgespieler von professionellem Niveau, der im Lager zum Poker-Profi wurde, erinnert sich, Bridge und Kurzschrift unterrichtet zu haben und im Lagertheater als *Stand-up Comedian* oder Conferencier aufgetreten zu sein. Edmund Wolf, neun Jahre älter, veranstaltete szenische Lesungen und führte Regie bei Ross' Auftritten. Als studierter Jurist soll Wolf auch in einem internen Schiedsgericht gewirkt haben.[16]

Zu den Internierten zählten auch viele talentierte Musiker, wie etwa der 1913 in Berlin geborene Fritz Grundland, der bereits in England seinen Namen in Freddy Grant geändert hatte. Im kanadischen Lager komponierte er das Lied »You'll get used to it«, zu dem Edmund Wolfs Freund Victor Ross den Text beisteuerte.[17] Geschrieben, um der Monotonie und Ohnmacht der kanadischen Internierungslager mit Humor beizukommen, ist es eine Ironie des Schicksals, daß gerade dieses Lied, mit leicht geändertem Text, später zum erfolgreichsten kanadischen Lied des Zweiten Weltkriegs werden sollte.

Zahlreiche Memoiren und vor allem auch die späteren großartigen Karrieren vieler in Kanada Internierter legen Zeugnis ab von einer intellektuell ausgesprochen anregenden und gerade für

---

15 Paula Draper: »Muses Behind Barbed Wire: Canada and the Interned Refugees.« In: Jarrell Jackman and Carla Borden: *The Muses Flee Hitler. Cultural transfer and Adaptation 1930–1945*. Washington 1983, S. 271–281, hier S. 275.

16 Interview Ursula Seeber mit Victor Ross, London, 22. Juli 2009; unpubliziertes Tonbandinterview von Daniel Wolf mit Edmund Wolf (Anm. 4).

17 Interview Ursula Seeber mit Victor Ross (Anm. 16). Vgl. die Literatur zu diesem Song von Freddy Grant. Vgl. http://claude.torres1.perso.sfr.fr/GhettosCamps/Internement/Canada/YoullGetUsedToIt.html

die Jüngeren sehr prägenden Atmosphäre in den Internierungslagern. Stellvertretend dazu ein Zeugnis des in Österreich geborenen Heinrich (Henry) Kreisel, der zu einem bedeutenden kanadischen Literaturwissenschaftler und Schriftsteller werden sollte:

»Without exaggeration it can be said that there was more food for the mind to be found here than in most Canadian towns. At night the place (…) became alive with argument. Sitting around one bunk, an Orthodox rabbi would argue with a Neo-Thomist, and in another hut, around another bed, a Marxist philosopher was having it out with a Platonist. (…) Talk about the marketplace of ideas! I have never since encountered it again in so concentrated a form. (…) When I was interned I was seventeen, and when I was released about a year and a half later, I had some ideas about what went on in the world, and I understood better what was happening in Europe and Asia, because I had listened to so many arguments and read a lot.«[18]

Hinter dem Stacheldraht einer ungewissen Zukunft harrend, machten die Internierten das Beste aus der Gefangenschaft. Viele der später in Kanada Entlassenen, die sich entschieden, dort zu bleiben, trugen zum wirtschaftlichen, intellektuellen und gesellschaftlichen Aufschwung Nachkriegs-Kanadas bei. Eric Koch spricht in diesem Zusammenhang ganz zu Recht von der »erfolgreichsten Gruppe von Immigranten, die jemals nach Kanada gekommen war«.[19] Allerdings gestaltete sich die Entlassung aus den Camps schwierig und mußte auf individueller Basis verhandelt werden. Ab Februar 1941 bis zur Schließung des letzten Lagers im Dezember 1943 wurden die kanadischen Internierten nach Einzelbeschluß entlassen. Für diejenigen, die in Kanada bleiben wollten, mußten sich kanadische Sponsoren finden, die entweder einen Arbeitsplatz oder finanzielle Sicherheit für das Studium zu gewährleisten bereit waren; die strategische Hilfe des Kandischen Jüdischen Kongresses (CJC) war hier von besonders großer Wichtigkeit.

Die meisten Rückkehrwilligen reisten bereits um den Jahreswechsel 1940/41 nach England. Edmund Wolf hat von dieser Möglichkeit erst verhältnismäßig spät Gebrauch gemacht, was bestätigen mag, wie stark er an einer Immigration in die Vereinigten Staaten gearbeitet hat. Mit Unterstützung des englischen PEN-Club, dessen Mitglied er war, kehrte er am 9. März 1942, von Halifax kommend, nach Großbritannien zurück. Mit Victor Ross teilte er den Moment der Befreiung und die Überfahrt nach Glasgow, die gemeinsame fast zweijährige Haft führte zu einer lebenslangen Freundschaft. Victor Ross setzte zunächst seine Karriere als professioneller Kartenspieler fort und wurde später Schriftsteller und, bis 1984, Direktor von Reader's Digest Europe. Wolf ging ebenfalls nach London, wo er ab Juli 1943, vorerst befristet, als Ansager und Übersetzer beim German Service der BBC angestellt wurde.

---

18 Henry Kreisel: »A Letter to Robert Weaver.« In: *Henry Kreisel. Another Country. Writings by and about Henry Kreisel.* Ed. by Shirley Neuman. Edmonton 1985, S. 45–49, hier S. 48f. Vgl. auch: Eugen Banauch: *Fluid Exile. Jewish Exile Writers in Canada 1940–2006.* Heidelberg 2009.
19 Koch (Anm. 7), S. 255.

»Man hat nicht so vor sich hingequatscht. Er war halt der Mundi Wolf.«
Renate Harpprecht über ihre Zusammenarbeit mit Edmund Wolf bei der BBC
im Gespräch mit Barbara Weidle

Sie haben in Ihrem eigenen Erinnerungstext von einer »Love Story« mit der BBC geschrieben, die angefangen habe, als ein BBC-Reporter Sie im Vernichtungslager Bergen-Belsen interviewt hat.

Nach der Befreiung im April 1945 interviewte uns [Renate und ihre Schwester Anita Lasker] Patrick Gordon Walker von der BBC. Damals habe ich angefangen, mir Gedanken darüber zu machen, daß das eine sehr schöne Arbeit ist. Mir hat auch der ganze Stil so gut gefallen. Die Fragestellung – von einer großen Diskretion, aber trotzdem dieses Wirklich-Wissen-Wollen, was wichtig ist. Das war dann einfach Tatsache, als ich mich bei der BBC vorgestellt habe, mit schlotternden Knien. Das hat mir alles wahnsinnig gut gefallen.

Im Gegensatz zu meiner Schwester war ich immer etwas flippant und frivol. Ich habe mich immer interessiert für Schauspieler und wie berühmt sie sind und habe mir auch vorgestellt, könnte ich vielleicht auch mal so was machen? Das war eine Love Story. Das ist gar keine Frage. Ich fand das alles ganz fabelhaft. Und nachher, als ich dann so ein bißchen tiefer da hineingeschaut habe, hat mir diese ungeheure Sachlichkeit Eindruck gemacht – die BBC war ja bekannt dafür, daß sie niemals übertrieben hat, alles hatte Hand und Fuß.

Erinnern Sie sich an Ihre erste Begegnung mit Edmund Wolf?

Sehr genau sogar. Als ich mich 1946 für einen Job interessierte im deutschen Dienst der BBC, habe ich Edmund Wolf, nachdem ich mich dem obersten Chef, Hugh Carleton Greene, vorgestellt hatte, sehr bald getroffen. Es war interessant, weil er, glaube ich, der einzige war, der mir gegenüber völlig unbefangen war, die ich gerade erst aus dem KZ gekommen war. Die anderen wußten nicht so recht, sollten sie freundlich sein, sollten sie mich bemitleiden oder sonst irgend etwas. Der Wolf war nett, sachlich und, wie gesagt, völlig unbefangen. Ich weiß nicht, ob das sein österreichisches Temperament war oder einfach seine Intelligenz. Daß er gemerkt hat, das Wichtigste ist eigentlich, so zu tun, als wisse man über diese Geschichten gar nicht viel.

Worin bestand Ihre Zusammenarbeit?

Meine Arbeit, als ich dann engagiert war, war die Arbeit einer Tippse. Man nahm an, daß ich vielleicht später mal etwas Wichtigeres tun könnte, denn ich habe mit zwei Fingern getippt. Ich habe eng mit ihm zusammengearbeitet. Ich habe ihm auch zu verdanken, daß ich schließlich Sprecherin im deutschen Dienst der BBC geworden bin. Er merkte, daß ich vorwärtskommen wollte. Ich habe immer viele Sprachen gesprochen. Aber da ging es eigentlich nur um Englisch und Deutsch. Er hat mich sehr streng geprüft, sehr, sehr streng, bevor er empfohlen hat, daß man mich als Sprecherin einsetzen kann. Ich mußte ihm vorsprechen. Meine Stimme war damals sehr viel höher, als sie jetzt ist. Ich war natürlich auch aufgeregt. Das ist klar. Aber das hab ich dem Mundi, wie wir ihn alle genannt haben, dem Edmund Wolf zu verdanken.

Er hat Ihnen also am Anfang diktiert?

Er hat mir viel diktiert. Als ich mich dann eingewöhnt hatte und nicht mehr so ängstlich war, hat mir das einen Riesenspaß gemacht. Er hat zum Teil sehr amüsante Geschichten diktiert. Das war die Zeit kurz nach dem Krieg, wo es noch nicht die DDR gab, sondern die Ostzone.

Renate Harpprecht und Edmund Wolf, 50er Jahre

Er hat druckreif gesprochen, aber er hat auch improvisiert. Manche Sachen hat er dann nochmal umgeändert. Er war ein außerordentlich disziplinierter Mann. Es mußte alles hundertprozentig in Ordnung sein. Ich würde sagen, daß er in vielen Dingen ein Perfektionist war. Und irgendwie kam mir das auch entgegen.

Er hat für die BBC unter anderem einen Beitrag über Eheberatungen in England gemacht. Das fand ich sehr interessant. Er hatte ein enormes psychologisches Feingefühl. Eine Lebensklugheit. Seine Haltung wirkte sehr modern. Seine Einstellung. Er kam mir sehr sensibel vor und aufmerksam.

Das war er. Er war sensibel. Er konnte aber auch wütend werden. Ich habe es selber, Gott sei Dank!, nie zu spüren bekommen, er konnte ungeduldig sein, weil er eine derartig anspruchsvolle Elle an sich selbst gelegt hat, daß er von anderen Leuten erwartete, daß sie genauso gut sein müssen, und das waren sie halt nicht immer.

Wie war die Stimmung damals bei der BBC, als Sie dort anfingen?

Die Atmosphäre war interessant. Die BBC war in einem imposanten Gebäude, im Bush House, wo wirklich alle Nationalitäten vertreten waren. In jeder Etage eine andere. Wir waren, wenn ich mich recht erinnere, im siebenten Stock. Das war eine Ansammlung von Intellektuellen, alle Flüchtlinge. Fast alle Juden. Mit wenigen Ausnahmen. Die Oberbosse waren Engländer. Aber die Besetzung des deutschen Dienstes, das waren alles Juden, die aus Deutschland weggegangen waren. Das war eine solche Ansammlung auch von bedeutenden Leuten. Zum Beispiel Erich Fried. Und Richard Friedenthal, der spätere Goethe-Biograph. Er arbeitete als Übersetzer. Er konnte nie als Sprecher arbeiten, weil er eine sehr piepsige Stimme hatte. Ein wahnsinnig netter Mann.

Kritisch wurde es, aber interessant, als die Engländer – und damit hatten sie völlig recht – den deutschen Dienst der BBC Ende der vierziger Jahre ein bißchen auffrischen wollten und junge deutsche Kollegen ins Bush House holten. Das hat viele Probleme gegeben. Z.B. Hajo Friedrichs kam damals. Werner Baecker. Alle diese Leute, die im Deutschen Fernsehen dann Karriere gemacht haben.

Ich kann mich, glaube ich, rühmen, daß ich die einzige war, die völlig unbefangen mit diesen Leuten umging. Die waren in einem Alter, wo sie aktiv eigentlich keine bösen Sachen hatten machen können während des Dritten Reichs. Aber das war damals eine sehr gespannte Stimmung. Ich erinnere mich nicht mehr genau, wie Mundi Wolf reagiert hat. Er hat sicher Vorbehalte gehabt. Aber er war sehr korrekt, und nach einem

Abschied für Hugh Carleton Greene, 1946.
Hintere Reihe, 4. v. r. Edmund Wolf

Jahr hat sich das alles gegeben. Das war eine Atmosphäre, die schwierig war. Das war auch die Zeit der Nürnberger Prozesse. Da kam das natürlich auch wieder alles hoch. Das war schwierig. Aber ich glaube, wir haben das dann ganz gut hingekriegt – ich kann gar nicht sagen: wir, denn ich hatte damit überhaupt keine Probleme.

Was bedeutete die BBC damals für Sie? Was war Hörfunk damals? Das kann man sich heute nicht mehr so richtig vorstellen.

Hörfunk war das einzige, was es gab. Es ist ja eigentlich immer noch so, im Grunde genommen, was Qualität anbetrifft und Stil, ist Hörfunk immer noch besser als Fernsehen. Es werden Leute schreien, wenn sie hören, daß ich das sage. Aber das ist so.
  Es gab jeden Abend einen Kommentar, der zum Teil von Engländern gesprochen wurde, die alle sehr gut Deutsch sprachen. Das war stilistisch wirklich top.

Die BBC war das absolute Leitmodell für alle anderen Radiostationen. Der Mann, der mich 1946 interviewt hat als erster Boß war der Bruder von Graham Greene, Hugh Carleton Greene. Er sprach fabelhaft Deutsch. Und machte brillante Kommentare. Und davon gab es einige. Zu meiner Zeit war es eine Ehre, bei der BBC zu arbeiten. Denn man wurde schlecht bezahlt, hatte schwierige Arbeitsstunden. Als ich dann Sprecherin wurde, habe ich nur am Abend gearbeitet. Ich bin nie vor zehn Uhr aus dem Büro gekommen. Bei der BBC zu sein war etwas ganz Besonderes. Mundi Wolf war ganz bestimmt in der deutschen Abteilung einer der Brillantesten, das ist gar keine Frage. Aber sie haben wirklich nur ganz erstklassige Leute ausgesucht.

Edmund Wolf war eigentlich Theaterautor. Der Journalismus war nicht seine erste Präferenz gewesen. Merkt man ihm das an? In dem Sinne, daß das für ihn eher eine Pflicht war, bei der BBC zu arbeiten, daß er aber eigentlich Künstler war?

Nein. Er hat sich völlig reingekniet in seine Arbeit in der BBC. Und war auch deshalb so vielseitig. Er hat Kommentare geschrieben, Theaterstücke geschrieben, Hörspiele, fabelhafte Dialoge erfunden. Ich hatte nicht den Eindruck. Und ich wußte es auch damals gar nicht. Ich habe es erst später erfahren, daß er ursprünglich ein Theatermann war.

Er kam vom Max-Reinhardt-Seminar, kannte Max Reinhardt in Wien. Man könnte annehmen, die journalistische Tagesarbeit hätte ihn etwas frustriert.

Ich hatte nicht das Gefühl. Ich weiß nicht, was er zu Hause seiner Frau erzählt hat.
  Eine der wenigen Episoden mit Mundi Wolf, die ich nie vergessen habe, ist, daß er 1946, ich war da noch Sekretärin, strahlend ins Büro kam

Daniel und Martin Wolf

und sagte, er hätte einen Sohn bekommen, bzw. seine Frau hätte einen Sohn bekommen. (Und dieser Sohn, den ich gerade in London gesehen habe, ist das spitting image seines Vaters. Dieselbe Größe, etwas umfangreicher. Er ist bei der Financial Times in London.) Nachdem wir ihm alle gratuliert hatten, sagte Mundi dann: »Und in zwei Jahren kommt der nächste.« Und das stimmte auch [lacht].

Er konnte auch lustig sein. Aber er war ein ernsthafter Mann. Ich habe ihn immer sehr respektiert, und er war auch zum Teil streng mit mir.

Sie waren sehr gute Freunde.

Ich habe ihn regelmäßig gesehen, auch nachdem ich in Amerika war. Wann immer ich nach Europa kam, fuhr ich nach London, wo meine Schwester lebt, und ging mit dem Mundi essen. Das war ein absolutes Muß. Das mußte so sein.

Ich weiß, daß er mich gern mochte, was mir immer sehr geschmeichelt hat. Ich mochte ihn auch gern. Damals haben wir uns ein bißchen über politische Dinge unterhalten, und ich weiß, daß wir da nicht immer einer Meinung waren.

Er war etwas konservativer.

Ja.

Können Sie das ausführen?

Eigentlich nicht. Denn ich will auch nichts Falsches sagen. Was mir in der Erinnerung bleibt ist, daß er konservativ war. Nicht reaktionär, ganz bestimmt nicht. Aber konservativ. Er konnte auch so ein bißchen dictatorial sein.

In bezug worauf?

Die verschiedensten Dinge. Eigentlich: Ich habe recht.

Rechthaberisch also?

Ein bißchen.

In seinen Texten ist er sehr ausgewogen. Das ist auch die BBC-Schule, nehme ich an. Er ist sehr sachlich und beleuchtet die Dinge von allen Seiten. Immer mit einer stupenden Grundkenntnis der Materie. Wenn man bedenkt, wie viele verschiedene Themen er bearbeitet hat, ist das enorm. Er war ein sehr gebildeter Mann, er hatte eine große Liebe für die englische Lebensart und die englische Kultur entwickelt. Das englische Theater, englische Literatur.

Das Theater war sein Lieblingsthema. Er ist viel ins Theater gegangen. Ich bin auch mit ihm und seiner Frau ins Theater gegangen.

Das englische Theater, wenn man England nur oberflächlich kennt, ist ja das beste Theater, das es gibt. Ich weiß nicht, ob es immer noch so ist. Aber früher war es doch wirklich so, ob es nun die Shakespeare Festivals waren, oder wenn Laurence Olivier eine Premiere hatte, das war so einmalig, das gibt es gar nicht woanders, glaube ich.

Großbritannien ist ja so ein Kosmos für sich. Es gehört zu Europa, ist aber ganz anders in der Tiefe. Und das finde ich bei Edmund Wolf interessant. Er bringt sie einem Kontinental-Europäer nahe, diese Andersartigkeit.

Hat er denn in den Texten, die Sie gelesen haben, hat er die Engländer als exotisch angesehen? Denn die Lebensweise ist ja wirklich total anders, immer noch.

Nein, so kommt das nicht rüber. Sondern er stellt Sachverhalte vor, er schreibt zum Beispiel über die jungen britischen Dramatiker oder die englische Politik oder das Königshaus. Man konnte aus seinen Artikeln viel lernen über dieses Großbritannien.

Sagt er in den Texten, die Sie gelesen haben, etwas über Christopher Dilke? Der war sein direkter Chef, mit ihm hat er sich sehr gut verstanden. Er war der typische exzentrische Engländer. Die Büros waren von einer Primitivität im Bush House, und ich glaube, sie sind es immer noch – Mundi teilte das Büro damals mit einem sehr guten Mann, der aber ganz anders war als er, der hieß Robert Lucas. Von Hause aus hieß er eigentlich Ehrenzweig, er hatte seinen Namen geändert auf Lucas. Mr. Dilke, der Vorgesetzte von Mundi, hat diesen Namen umgeändert auf englisch: The Honorable Twig – Ehrenzweig [lacht]. Solche Sachen. Das hat dem Mundi Freude gemacht, diese Wortspiele und der Humor.

Hat er mit Ihnen über seine Vergangenheit gesprochen? Er war ja schon vor Kriegsausbruch in London und wurde dann 1940 zwei Jahre in Kanada interniert als »feindlicher Ausländer«.

Nein, niemals. Nein. Davon weiß ich eigentlich nur von Victor Ross. Wolf und er waren ja zusammen interniert und sind dann sehr enge Freunde geworden.

Haben Sie mit ihm über Ihre Vergangenheit gesprochen?

Ja. Was ich sehr selten tue. Aber ich habe mit ihm schon darüber gesprochen. Ja. Und ich habe auch bei der BBC einen Beitrag gemacht, zehn Jahre nach der Befreiung von Bergen-Belsen. Den mußte ich, glaube ich, in vier verschiedenen Sprachen machen, was auch nicht so ganz einfach war.

Aber ich habe mit ihm über das Konzentrationslager gesprochen. Da konnte er gar nichts sagen, er hat halt zugehört.

Und das schätze ich sehr. Vor allen Dingen bei solchen Themen. Es hat auch keinen Zweck, dann nachzufragen: Wie war das denn?

Was haben Sie von ihm gelernt?

Erstens habe ich gelernt, keine Angst vor dem Mikrophon zu haben. Das habe ich ganz bestimmt vom Mundi gelernt, daß man keine Angst haben muß, zu sprechen, und versuchen muß, anständig zu formulieren, und ich habe auch eigentlich von ihm so ein bißchen gelernt zu schreiben. Mir hat das sehr gefallen. Am Anfang, Diktat von ihm aufzunehmen und nachher seine Sachen zu lesen und zu hören. Da ich die Abendansagerin war, habe ich ihn ja unendlich oft angesagt: »Ein Hörspiel von Edmund Wolf.« Das war immer ein großes Vergnügen.

Wenn Sie sagen, Sie haben von ihm auch Schreiben gelernt. Wie muß ich mir das vorstellen?

Ich habe einfach Deutsch schreiben gelernt bei ihm. Ich habe das nachher mehr von meinem Mann gelernt, aber die Zusammenarbeit mit Mundi an seinen Texten war eigentlich meine erste Konfrontation mit der deutschen Sprache, die nicht die Sprache des »Stürmers« war. Und das war wohltuend.

Mit Gina Lollobrigida, 1957

Wie würden Sie sein Deutsch beschreiben?

Die Sätze standen einfach. Es stimmte. Da war nichts Überzogenes. Keine dieser Ansammlungen von Adjektiven, nochwas und nochwas und nochwas. Es war eine sparsame schöne Sprache.

Sehr unprätentiös, sehr schlank. Das stimmt.

Ja. Man merkte in jeder Zeile, wie belesen und gebildet er war. Ich könnte mir vorstellen, er hätte sehr gute Biographien schreiben können.

Wie würden Sie Wolf innerhalb des deutschen Dienstes der BBC einordnen? In diesem Kosmos?

Ist eigentlich schwer zu sagen. Man traf sich immer mittags in der BBC-Kantine. Das war sowieso etwas Fabelhaftes. An jedem Tisch wurde anders gesprochen. Die Mitarbeiter saßen eigentlich immer in Cliquen. Ich gehörte zu den wenigen, die den Cliquen immer etwas entflohen sind. Wenn man in die Kantine kam und Mundi da unten war, setzte man sich dorthin, wenn noch Platz war. Er war eine Persönlichkeit, die ein ungeheures Austrahlungsvermögen hatte. Er war halt der Mundi Wolf. Die Unterhaltung war immer interessant. Man hat nicht so vor sich hin gequatscht. Er war ein sehr lebendiger Mann. Man brauchte sich nicht einen Moment zu denken, worüber könnten wir denn jetzt sprechen? Die Frage hat sich nie gestellt.

Welche Erinnerung haben Sie an Hugh Carleton Greene? Edmund Wolf schildert ihn in seinen Erinnerungen an die BBC als perfekten Vorgesetzten.

Das war er auch. Er war einfach nett. Sehr, sehr englisch. Und wie alle Engländer, vor allen Dingen feine Engländer, die haben ja dieses interessante Stottern an sich. Was überhaupt kein Sprachfehler ist, es gibt den schönen Ausdruck, ich weiß nicht, ob Sie den kennen: humming and hawing. Hugh Carleton Greene, ein riesengroßer Kerl, der wird so 1,90 Meter gewesen sein, war in seiner Art sehr feinfühlig. Er hatte, bei unserer ersten Begegnung, natürlich auch zum ersten Mal ein Mädchen gesehen, das gerade aus dem KZ gekommen ist. Er war ein sehr fairer Vorgesetzter. Er ist dann nach Deutschland gegangen, um den NWDR (Nordwestdeutscher Rundfunk) aufzubauen.

Carleton Greene war something special. Das ist gar keine Frage. Wir hatten viele interessante englische Vorgesetzte. Lindley Fraser war eine pittoreske Erscheinung. Er hatte so einen rotgrauen Schopf und war ein Wagner-Fanatiker. Und nachdem ich immer am Abend arbeitete, ging ich oft abends an seinem Zimmer vorbei. Da saß Lindley Fraser vor einer Wagner-Partitur und dirigierte. Das ist eben auch die BBC gewesen.

Renate Harpprecht, 50er Jahre

Sie haben später eine eigene monatliche Sendung bei der BBC gemacht.

»Café zur kleinen Welt« hieß das [lacht]. Ich war ein Discjockey. Es war eine schöne Sendung – mit internationalen Chansons. Es war alles sehr altmodisch. Man ging in das Schallarchiv der BBC und holte sich die Platten heraus und spielte sie dann im Studio vor und erzählte etwas über die Texte. Das war eine beliebte Sendung, ich habe sie gemacht, bis ich 1959 von der BBC weggegangen bin.

Was haben Sie zum Beispiel gespielt?

Nur Chansons. Keine klassische Musik. Französische Chansons. Spanische. Italienische. Charles Trenet, Edith Piaf, Charles Aznavour. Dazu habe ich Geschichten erzählt. Und was ich über die Künstler wußte. Richtig schöne Chansons, die ich immer noch gerne höre und die die Leute offensichtlich auch gern gehört haben, denn ich habe sehr viel Zuhörerpost bekommen.

Ansonsten haben Sie das Abendprogramm angesagt.

Ich kann immer noch die Ansage auswendig: »Hier ist der Londoner Rundfunk. Big Ben hat soeben 8 Uhr geschlagen. Bei Ihnen in Deutschland ist es 9 Uhr. Sie hören unser Abendprogramm in Deutscher Sprache von jetzt bis 22 Uhr 15. Hier ist eine Übersicht über unsere Programme.« So was habe ich jeden Abend gemacht. Einmal habe ich eine Rüge von Mundi Wolf bekommen: Zu dieser Zeit war ich eine ziemlich freche junge Dame. Die Sendungen liefen damals auf riesigen Platten, wie Langspielplatten, da war eine Halbe-Stunden-Sendung drauf. Ich erinnere mich, daß ich etwas angesagt habe und, da die Sendung mich nicht interessiert hat, aus dem Studio weggegangen bin. Ich traf mich mit einem netten jungen Mann zum Kaffee und kam wirklich eine Minute, oder eine halbe Minute, vor Ende der Sendung wieder zurück ins Studio. Das hatte man dem Mundi zugetragen. Ich weiß nicht, wer es ihm gesagt hat. Da kriegte ich eine Moralpredigt. Sowas machte man damals nicht.

Erich Fried, 50er Jahre

Was war das Einzigartige an der Arbeit für die BBC?

Sie müssen davon ausgehen, daß für mich damals alles einzigartig war. Ich habe eigentlich erst später begriffen, was so anders war bei der BBC. Denn ich habe später auch für den WDR und den Südwestfunk gearbeitet. Da war alles korrekt und natürlich auch technisch schon viel vollständiger und einfacher. Kleine Mikrophone. Die BBC-Mikrophone, die wir damals hatten, die waren so groß wie ein Handteller, beinahe. Aber es war, und das habe ich später erst begriffen, etwas Besonderes – eine Arbeit ist ja nach einer gewissen Zeit, wenn man irgendwo angestellt ist, furchtbar langweilig. Man guckt auf die Uhr, um zu sehen, wann ist denn endlich Feierabend. Das hatte man bei der BBC niemals. Es gab immer Überraschungen. Man fuhr im Fahrstuhl und hörte eine Sprache, die man noch niemals gehört hat. Es gab immer etwas Interessantes.

Wenn man von der 7. Etage bis in die Kantine fuhr, konnte man die erstaunlichsten Dinge erleben und die erstaunlichsten Leute kennenlernen. Auch ganz berühmte Leute. Es kamen viele Politiker für Interviews. Die sah man da alle. Es war einfach eine aufregende Arbeit. Und dazu hat der Mundi Wolf ganz besonders beigetragen. Das ist keine Frage.

Können Sie etwas über seine persönlichen Lebensumstände sagen?

Ich war oft bei ihm eingeladen. Da war diese wirklich winzig kleine holländische Frau, die er hatte, die auf ihre Art und Weise auch ein sehr starker Charakter war. Und die die ganze Zeit stickte. Sie bestickte die ganze Wohnung mit Gobelins, Kissen. Alles war von Beppi [Rebecca] Wolf bestickt. Sie war eine sehr gute Köchin, und man hat sehr gut bei ihm gegessen, sehr gut bei ihm getrunken. Auch in der Zeit, als ich nicht mehr bei der BBC war und ihn traf, hat er mich immer in fabelhafte Restaurants geführt. Immer phantastisch gegessen und sehr gut getrunken. Er war ein Lebenskünstler. Ich weiß nicht, ob er auch seine Melancholien hatte, wie fast alle. Aber er genoß das Leben.

Einmal durfte ich mit ihm und seiner Frau und seinen Kindern, die damals noch zwei kleine Buben waren, auf Ferien nach Italien gehen. Da war man richtig albern und saß unter Weinlauben. Das war herrlich.

Er hatte eine gute Portion Zynismus. Wenn's nötig war. Er hatte einen fabelhaften sense of humour.

Haben Sie ein Beispiel für seinen Zynismus, seinen Humor?

Wenn er sich über irgend etwas oder über jemanden mokierte, das merkte man schon. Es gab wirklich derartige Typen in dieser deutschen Abteilung, das kann man sich gar nicht vorstellen. Diese Menschen, die ja noch gar nicht lange in England waren, die Übersetzer, mußten ja gut Englisch können, diese Menschen, die so total aus der Bahn geworfen waren. Ich sehe noch diesen Übersetzungsraum. Was da an Leuten saß!

Ich erinnere mich an Erich Fried. Der war auch fest angestellt. Jeder mußte einmal im Monat, oder alle 14 Tage, sich die Sendungen ganz genau anhören und dann am nächsten Morgen Bericht erstatten. Ich erinnere mich an einen Abend, als Erich Fried Dienst hatte. Ich hatte damals gar keine Ahnung, daß er schon ein bedeutender Dichter war. Er hat die ganze Zeit, den ganzen Abend, den ich also oben Dienst hatte und er in seinem Büro das alles abgehört hat, unter dem Tisch gelegen. Ich habe nie genau verstanden, warum eigentlich. Er ist ein emotionaler Mann gewesen, ihn hat meine Existenz als Überlebende von Bergen-Belsen, glaube ich, sehr umgetrieben. Diese Tatsache.

Am nächsten Morgen wurde dann berichtet, was hätte besser sein können. Ich habe ja die Ansagen selber geschrieben. Es sei denn, wenn eine Sendung von Mundi war, hat er natürlich seine eigene Moderation geschrieben.

Aber das war außerordentlich. Was da an gescheiten und auch so ein bißchen verrückten Leuten war, die sich eben auch noch nicht wirklich gewöhnt hatten an das Leben in England. Die im Grunde immer noch sehr deutsch waren, oder österreichisch. Alle Flüchtlinge, refugees.

Das war bestimmt auch sehr schwierig. Die Leute waren ja mit dem Englischen noch nicht so vertraut wie heute.

Es gab Leute die einen so wahnsinnigen deutschen Akzent hatten, das zog einem die Schuhe aus. Die sprachen alle Englisch mit einem. Ich sagte immer, warum, sag es mir doch mal auf deutsch, da kann ich es besser verstehen. Nicht, daß ich dein Englisch nicht verstünde, aber ich merke doch, wie du dich abmühst. Meine Schwester gehörte auch dazu. Als ich nach England kam, konnte ich mit ihr kein Deutsch sprechen. Im Haus schon, aber auf der Straße oder im Bus nicht. Ich habe das immer für Quatsch gehalten.

Weil sie sich adaptieren wollte, total?

Nein, weil sie sich schämte …

Ich habe mich immer lustig gemacht über meine Kollegen. Ich fand das ridicule. Mundi hatte überhaupt keine Hemmungen, Deutsch zu sprechen. Auch wenn wir essen gegangen sind. Überhaupt nicht. Ich weiß nicht, woran es liegt, daß so viele Leute, die aus Deutschland vor vielen, vielen Jahren weggegangen sind, es vorziehen, lieber schlechtes Englisch zu sprechen als Deutsch. Aber das kann man von Mundi nicht sagen.

Das Interview fand am 31. Oktober 2009 in La Croix Valmer statt.

Barbara Weidle
»Was machen wir als nächstes?«
Edmund Wolf als BBC-Rundfunkautor und Journalist großer deutscher Zeitungen

Obwohl Edmund Wolf in der deutschen Medienlandschaft über Jahrzehnte an prominenter Stelle vertreten war, in der ZEIT, der Süddeutschen Zeitung, der Weltwoche, auch als Autor zahlreicher Dokumentationen und Fernsehspiele, vor allem für den Bayerischen Rundfunk, ist er heute vollkommen vergessen. Einer der Gründe für das Vergessen mag der sein, daß er nach der Emigration von Wien nach England immer in London gelebt hat und somit im öffentlichen Leben der jungen Bundesrepublik kaum mehr auftauchte. Er war ein gefragter Autor, das belegen Briefe an ihn wie der von Marion Gräfin Dönhoff, der großen Journalistin und späteren Chefredakteurin und Herausgeberin der ZEIT, die ihrem England-Korrespondenten im Sommer 1963 versicherte: »Ich jedenfalls bin sehr froh, daß wir Sie haben, und das wollte ich Ihnen gern einmal sagen.«[1] Mehr als ein Jahrzehnt später erinnert sich Theo Sommer, anläßlich der Lektüre einer Reportage Edmund Wolfs in der Süddeutschen Zeitung, mit Wehmut an die »schon lange zurückliegende Zusammenarbeit« und fragt an, ob er nicht »gelegentlich auch wieder für die ZEIT« schreiben wolle.[2] Rudolf Goldschmit, damals Redakteur der Wochenendbeilage der Süddeutschen, schickt ihm in den 70er Jahren begeisterte Kommentare und schließt viele seiner Briefe mit der Frage: »Was machen wir als nächstes?«.[3]

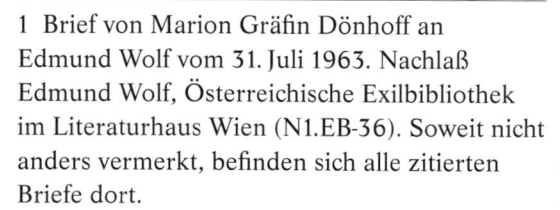

Die Features und Reportagen von Edmund Wolf sind unabhängig vom Medium besonders. Sie nähern sich ihrem Gegenstand mit Respekt und Sensibilität. Sie sind sorgfältig formuliert, reich an Perspektiven und weit im Blickwinkel: So vertiefen sie das Wissen zur jüngeren Zeitgeschichte. Viele der Texte wecken auch Jahrzehnte nach ihrem Entstehen die gleiche Neugier wie beim Zeitungsleser von damals. Hier versteht jemand sein Handwerk. Mit Akribie, Sorgfalt, Leidenschaft und Empathie gibt er seinen Hörern bzw. Lesern die Möglichkeit, anhand der ge-

April 1953

---

1 Brief von Marion Gräfin Dönhoff an Edmund Wolf vom 31. Juli 1963. Nachlaß Edmund Wolf, Österreichische Exilbibliothek im Literaturhaus Wien (N1.EB-36). Soweit nicht anders vermerkt, befinden sich alle zitierten Briefe dort.
2 Brief von Theo Sommer an Edmund Wolf vom 29. Januar 1975. Tatsächlich erschien, nach einer Pause zwischen 1969 und 1977, 1978 sein wohl allerletzter Artikel in der ZEIT, Nr. 2, S. 2: »Über den Fluß in die Freiheit«.
3 Brief von Rudolf Goldschmit an Edmund Wolf vom 17. April 1975.

ASTRONAUT IRWIN SALUTES FLAG AT APOLLO 15 HADLEY-APENNINE LANDING SITE.

Foto mit Widmung des Astronauten James Irvin, 1980

schilderten Fakten über die Sachverhalte selbst zu urteilen. Ein wenig altmodisch fast, liegt diesen Arbeiten eine Vornehmheit zugrunde, die fasziniert. Hier gibt es kein Wortgeklingel, keine Pointenhatz. Als Autor bleibt er zumeist im Hintergrund. In ihrer unaufdringlichen Eleganz lesen sich seine Texte wie von selbst. Und geben dennoch Auskunft über ihren Verfasser. Sein Spektrum an Themen ist außerordentlich groß. Die journalistische Arbeit steht auf solidem und breitem Fundament: Ein Doktorat in Jura, frühe Prägungen durch die Theaterausbildung bei Max Reinhardt in Wien, erste Erfolge als Autor am Theater, eine fulminante humanistische Bildung.

Für die BBC, wo er seit 1943 im Deutschen Dienst arbeitet, später als Programmdirektor, verfaßt er eine Fülle von längeren und kürzeren Stücken, Feuilletons und Hörspielen, darunter ein Feature über T. E. Lawrence (Lawrence von Arabien) und ein beeindruckendes Hörspiel über die Zeit des Aufstands in Ungarn 1956 (*Die eiskalte Nacht*). Er befaßt sich mit dem Thema Eheberatung, der englischen Politik und ihren Skandalen und selbstverständlich auch immer wieder mit dem englischen Königshaus. Er präsentiert seine Lieblingsautoren und analysiert die jungen britischen Dramatiker.

Als Korrespondent der ZEIT berichtet er zwischen 1958 und 1968, teilweise unter dem Pseudonym Martin Wieland, aus England. Und schreibt regelmäßig die Kolumne »Zum Lachen oder Weinen?«. Das Thema Israel beschäftigt ihn, der Vietnamkrieg, die amerikanischen Astronauten, die, nach ihren Weltraum-Missionen, »in Pension« waren, die Jugendkultur in England. In den 70er Jahren erscheinen seine Beiträge auch in der Süddeutschen Zeitung, der Weltwoche und im Rheinischen Merkur. Reportagen über Gastarbeiter in Augsburg, die Amish-People in Pennsylvania, über Drogensüchtige in Bayern.

Daß Wolf ohne die entsprechende Ausbildung zum Journalisten und Rundfunkmacher nach

BBC 1958: *Darüber läßt sich streiten*, Diskussion mit dem Parlamentarier Patrick Gordon-Walker (Mitte)

seiner Rückkehr aus der kanadischen Internierung bei der BBC in London seine berufliche Heimat fand, war damals nicht ungewöhnlich. Viele Flüchtlinge der deutschen und österreichischen Kulturszene arbeiteten in der Emigration für den deutschsprachigen Rundfunk. Seine guten Sprachkenntnisse, seine Liebe zum Wort und seine Erfahrung als Theaterautor und Dramaturg erleichterten Wolf diesen Einstieg. Er selbst schildert in einem Beitrag zum 50. Geburtstag des Deutschen Dienstes der BBC, wie vertriebene Talente in dieser Abteilung zusammenfanden:

»Da war Robert Lucas, mit dem während der tschechischen Krise im Herbst 1938 der Deutsche Dienst eigentlich begonnen hatte. Er kam aus Wien wie ich, war Londoner Korrespondent der Wiener Neue Freie Presse gewesen. (...) Da war der stille Kunsthistoriker Bruno Adler, dessen satirische Reihe ›Kurt und Willi‹ (mit Fritz Wendhausen und Peter Illing) immer wieder mit überzeugend-politischer Treffsicherheit überraschte.

Martin Esslin schuf die Reihe ›Hitler gegen Hitler‹, in der Ausschnitte aus Hitleraufnahmen vernichtend gegeneinander gestellt wurden. (...)

Da war unter den Regisseuren ein Mann wie Julius Gellner, der zuletzt an den Münchner Kammerspielen unter dem berühmten Falckenberg stellvertretender Direktor gewesen war. (...) Da gab es die journalistische Brillanz von Heinrich Fischer, früher Dramaturg in Berlin, enger Freund von Karl Kraus, dessen literarisches Gesamtwerk er nach dem Krieg redigierte und herausgab. Selbst unter denen, die nur übersetzten, gab es Koryphäen. Mit Beschämung erinnere ich mich daran, daß ich jahrelang in [Richard] Friedenthal nichts anderes sah als einen junggesellenhaft dürren, moros pfeiferauchenden Eigenbrötler – derselbe Friedenthal, der nach dem Krieg mit seinen Werken über Goethe und Luther in den vordersten Rang großer Biographen

BBC 1960: Mit der Mezzosopranistin Maria Olezewska

rückte. (...) So dicht waren da die interessanten Charaktere gesät, daß ich so einen lange übersehen konnte.«⁴

Das dramaturgische Handwerk beherrschte Wolf ja bereits, das journalistische lernte der damals 32jährige schnell. Oberste Maxime des BBC-Programms war, daß nicht »gelogen wurde«, wie Wolf mit »schockartigem Staunen« seiner »kontinentalen Natur« feststellte:

»Bei den Morgenkonferenzen unter Hugh Carleton Greene und Lindley Fraser wurden Nachrichtensendungen und Kommentare einer einzigen Richtlinie folgend geplant: nichts zu beschönigen, keinen Rückschlag zu verschweigen. (Und was hätte es damals nicht alles zu beschönigen und verschweigen gegeben, als die Japaner von Singapur bis Burma alles überrollten, was britisch gewesen war, und in der Sowjetunion drei deutsche Heereskeile unaufhaltsam, wie es schien, vorstießen!)«⁵

In seinem Beitrag *Big Ben ruft Deutschland*, der 1958 anläßlich des 20jährigen Bestehens des Deutschen Programms der BBC entstand, erinnert sich Edmund Wolf an die ersten Jahre seiner Tätigkeit während des Krieges:

»Tag und Nacht erklang aus den Senderäumen im Keller von Bush House – denn London lag unter Bomben – die Stimme der Ansager: ›Hier ist England, hier ist England, hier ist England‹ – die dreimalige Ansage, weil der Leiter der Abteilung, Hugh Carleton Greene (...), bei einer Reise nach Schweden festgestellt hatte, daß die Störsendungen der Goebbelsmaschine nur mit dem Mittel unermüdlicher Wiederholung überwunden werden konnten.«⁶ Das

---

4 »Es erinnert sich: Edmund Wolf.« In: *Am Mikrophon in London. Dokumentation der BBC External Services.* London 1988, S. 117.

5 Ebenda.

6 Edmund Wolf: *Big Ben ruft Deutschland.*

sogenannte »Schwarzhören« der »Feindsender« war im Deutschen Reich strengstens verboten – es konnte die Todesstrafe nach sich ziehen. Etwa 10 bis 15 Millionen Deutsche hörten dennoch im vorletzten Kriegsjahr BBC – den Sender, der seit der Sudetenkrise 1938 die Propaganda totalitärer Staaten mit der Wahrheit bekämpfen wollte.[7]

Rudolf Walter Leonhardt, ein Freund Edmund Wolfs seit den gemeinsamen Tagen bei der BBC, sein Vorgänger als Kulturkorrespondent der ZEIT in London und später einer seiner Ansprechpartner in der ZEIT-Redaktion, faßte 1975 die BBC-Maximen für guten Journalismus in einem Artikel über »Die beste Journalistenschule der Welt« zusammen: »Wir haben gelernt: daß solide Kenntnis des Handwerks wichtig ist; daß es nicht genügt, Spezialist zu sein; daß es keine Erkenntnis gibt, die nicht verständlich formuliert werden kann; daß Höflichkeit oder Loyalität dagegen sprechen können, alles auszuposaunen, was man für wahr hält (...); daß ein Sportreporter oft Wichtigeres leistet als ein Leitartikler; daß es keine gute Ironie gibt ohne Selbstironie; daß keiner mehr Interesse für sich selber beanspruchen darf, als er anderen entgegenzubringen bereit ist (...)«[8] Unter anderem diese Leitsätze sorgten für eine »wohltuend englische Färbung des deutschen Journalismus«, wie Leonhardt schreibt, weil sie auf die deutsche Presse- und Fernsehlandschaft zurückwirkten in Gestalt der Autoren, die nach dem Krieg dort tätig waren, darunter Hanns Joachim Friedrichs,

Franz Wördemann, Renate Lasker-Harpprecht, Werner Baecker und eben auch Edmund Wolf.[9]

Die »Lehrzeit« bei der BBC hatte ihn zu einem exzellenten Journalisten gemacht – obwohl seine Liebe und seine Ambitionen immer dem Theater gegolten hatten. So ist in diese Arbeit wohl auch viel Herzblut geflossen, eine Kreativität, die weit über die Anforderungen des Tagesgeschäfts hinausreichte und die sicher manchmal auch verschwendet wurde.

Wolf war ein passionierter Journalist, der die Dinge ganz verstehen wollte, bevor er sie aufschrieb; der seine Themen konsequent durchdachte und die Geschichten, in denen er davon erzählen wollte, sorgfältig aufbaute. Ein Perfektionist.

Der umfangreiche Nachlaß in der Österreichischen Exilbibliothek im Literaturhaus Wien gibt darüber beinahe erschöpfend Auskunft: Zeitungsausschnitte, Materialsammlungen, Prospekte, Notizzettel, Notizbücher, Fotos, Manuskripte, Korrespondenz, die Wolf zu den jeweiligen Themenkomplexen angelegt bzw. gesammelt hat, in endlosen Stapeln von Archivkartons (90 Boxen) benutzerfreundlich sortiert.

Gelegentlich blitzen in Edmund Wolfs Hörfunk-Beiträgen für die BBC autobiographische Elemente auf. Etwa in dem in lockerem Plauderton formulierten Beitrag über seine Lieblingsbücher *My Favourite Books*,[10] in dem er von dem frühen und starken Einfluß berichtete, den eine Aufführung von Grillparzers *Libussa* im Wiener Burgtheater auf sein Schreiben hatte. Dieses Stück hatte in ihm die Liebe zu historischen Stoffen begründet – und sein erstes Drama, das er als Teenager schrieb, war entsprechend ein »Römer-Drama«. In England entdeckte er dann Edward Gibbons *The History of the Decline and Fall of the Roman Empire* (*Verfall und Untergang*

1958. Nachlaß Edmund Wolf, Österreichische Exilbibliothek im Literaturhaus Wien. Alle im folgenden zitierten Manuskripte für den Hörfunk und Zeitschriftenartikel befinden sich im diesem Nachlaß.
7 »Der Deutsche Dienst der BBC. Das Ende einer Erfolgsstory?« In: Kurier 5/99, S. 11.
8 Rudolf Walter Leonhardt: »Die beste Journalistenschule der Welt«. In: DIE ZEIT, 9. Mai 1975.

9 Ebenda.
10 Edmund Wolf: *My Favourite Books*. Undatiertes Manuskript.

des römischen Imperiums), das eines seiner Lieblingsbücher wurde. Ebenso Jane Austens *Pride and Prejudice* (*Stolz und Vorurteil*), wobei er freimütig gesteht, daß er dieses Juwel erst beim zweiten Lesen richtig zu würdigen wußte.[11]

»Auch sehr gebildete Europäer kennen oft den Namen Jane Austen nur vom Hörensagen, während man in England sehr bald entdeckt, daß man ebensogut nackt auf die Straße gehen könnte, als Jane Austen nicht gelesen zu haben und zu verehren. So macht man sich nun zum ersten Mal an ihren ersten und berühmtesten Roman *Stolz und Vorurteil* – und man findet ihn ganz hübsch. Ganz hübsch? Die englischen Freunde sehen einen mit einem merkwürdigen Blick an, und man fühlt geradezu, wie sie sich wie Igel zusammenrollen und in eine hundertfach gestachelte Starre verfallen. Man versucht sich zu verteidigen. Die Engländer können doch nicht ernsthaft diese kleine Pfarrerstochter, die vor 150 Jahren ein paar ganz hübsche, aber doch recht unbedeutende Romane geschrieben hat, mit den großen Gestalten der europäischen Romanliteratur vergleichen! Mit einem Dostojewski, einem Tolstoi, einem Balzac! Aber sie tun es. Sie tun es. Als gewissenhafter Mensch liest man daher *Stolz und Vorurteil* eines Tages zum zweiten Mal – und ehe man sich dessen bewußt ist, findet man, daß man es schon zum dritten und vierten Mal gelesen hat und ganze Absätze daraus auswendig weiß.«[12]

Das Wiener Archiv verzeichnet für die BBC-Zeit zwischen 1945 und 1963 rund 40 Manuskripte für Hörfunksendungen, Feuilletons und Features unterschiedlicher Länge, dazu 13 Entwürfe. Über 80 Dokumentationen, Fernsehspiele und kürzere Beiträge für das Fernsehen[13] entstanden ab 1963, daneben eine unübersehbare Zahl von Zeitungsartikeln für die ZEIT, die Süddeutsche Zeitung, die Weltwoche, die Schweizer Illustrierte Zeitung, die Deutsche Zeitung und den Rheinischen Merkur. Zahlreiche Manuskripte kürzerer Beiträge für RIAS Berlin in den 60er Jahren, Theaterstücke, Projektskizzen und unpublizierte Stücke kommen hinzu.

Edmund Wolfs kenntnisreiche und kurzweilige Rundfunk-Beiträge der 40er und 50er Jahre, darunter *Lord Byron in Greece* (1945), *Lawrence of Arabia* (1947) und *Das Haus des Himmlischen Entzückens* (undatiert) nach dem Roman *Almayers Wahn* von Joseph Conrad, erinnern in ihrer Qualität an Arno Schmidts grandiose Radio-Essays, die zwischen 1955 und 1961 in Deutschland für den SWR entstanden. Wolfs Themenwahl bringt dabei seine Liebe zur Historie deutlich zum Ausdruck; ihn, der neben seinem Jura-Studium in Wien auch Geschichte und Kunstgeschichte gehört hatte, fasziniert die Verbindung von Geschichte und Literatur. Die Sendung über T. E. Lawrence – ein durch und durch britisches Thema – wurde von Berthold Viertel, emigrierter Theaterregisseur und Dichter aus Wien, produziert. Zwölf Jahre nach Lawrences Tod geschrieben und gesendet, hält sich der Text genau an die Fakten. Dramaturgisch geschickt, gelingt es Wolf, die sagenumwobene und rätselhafte Figur Lawrence in ihrer Komplexität und Besonderheit anzudeuten, neugierig zu machen auf die Lektüre seiner Werke und auf seine Person.

Die letzten Tage im Leben des »Lawrence of Arabia« sind der Ausgangspunkt der Story: Der ehemalige Geheimagent, Schriftsteller und Archäologe liegt nach einem Motorradunfall im Koma, es werden immer wieder Bulletins eingeschnitten, ansonsten wird seine Geschichte durch einen Reporter und zwei Freunde im Dialog sowie Texte von Lawrence selbst anschaulich erzählt. Die Faszination und Außergewöhnlichkeit dieses Charakters wird erfaßt mit jener Leichtigkeit, die für Wolfs Umgang mit seinen Sujets so typisch ist.

---

11 Ebenda.
12 Ebenda.
13 Siehe dazu den Beitrag von Michael Omasta in diesem Band, S. 90.

Die eiskalte Nacht – Ein dramatischer Bericht von Edmund Wolf entstand in den späten 50er Jahren und wurde 1960 vermutlich auch zuerst in der BBC gesendet, dann im Südwestfunk. Im Südwestfunk Fernsehen wurde am 27.10.1960 das gleichnamige 60minütige Fernsehspiel von Wolf gezeigt. Offenbar war der Stoff zunächst als Theaterstück geplant, wie aus der Korrespondenz Wolfs mit seinem Freund Heinrich Schnitzler, dem Sohn Artur Schnitzlers, hervorgeht.[14] Da es aber nicht gelang, es an eine Bühne zu bringen, arbeitete Wolf das Theaterstück zum Hörspiel um.

Das Hörspiel ist in der Tat ein hochdramatischer Bericht, der, ausgehend von einem Flüchtlingslager an der ungarischen Grenze im November 1956, Rückblenden nach London im Mai 1940 und nach Budapest im Oktober 1945 enthält. Es geht hier um die Frage nach Menschlichkeit, nach der Möglichkeit, menschlich zu handeln unter dem Einfluß einer Ideologie, sei sie faschistisch, sei sie kommunistisch. Im Mittelpunkt steht eine junge Frau, Antonia, Tochter eines hochrangigen ungarischen Faschisten, die sich nur von ihrer eigenen Moral, ihrem Mitgefühl leiten läßt, unbeeindruckt von Parteidisziplin und ideologischen Zwängen. Furchtlos hilft sie den Schwachen, opfert schließlich ihr eigenes Leben für andere.

Das Drama offenbart die vollkommen illusionslose Haltung Edmund Wolfs nach den Erfahrungen von Krieg und Totalitarismus, formuliert aber dennoch auch die Hoffnung auf die Kraft des Guten in der Lichtgestalt Antonia:

»Ihr braucht alle so lange, um erwachsene Menschen zu werden. Und sag' mir nicht, daß ich kindisch bin, weil ich ihn retten will. Ich kann nicht auf die Straße gehen und rufen: ›Da oben ist mein Vater – packt ihn, schleppt ihn weg, veranstaltet einen Prozeß, in dem ihr beweist, was

Aus Edmund Wolfs Scrapbook

Sein Gespür für soziale Fragen kommt in dem Beitrag *Lotsendienst für Eheleute* (zwischen 1950 und 1960 entstanden) zum Ausdruck. Mit psychologischem Feingefühl und besonderer Menschenkenntnis reflektiert Wolf Fragen der Eheberatung. Der Text ist mit feiner Hand geschrieben, klar formuliert und in seinem Ton durch und durch liebenswürdig.

---

14 Brief Heinrich Schnitzlers an Edmund Wolf vom 13. September 1958.

für ein Teufel er war und was für Engel ihr seid – und im Namen des himmlischen Reiches, das ihr auf Erden schaffen wollt, schießt ihn nieder und spuckt auf seine Leiche.‹ Vielleicht können Menschen nur so leben und handeln – ich kann es nicht. Ich wurde geboren und erzogen, um zu retten, wenn ich kann – um auch für ihn das Todesurteil aufzusparen, das über uns alle verhängt ist. Ich kann nicht seine Henkerin sein.«[15]

Heinrich Schnitzler, selbst Dramaturg, Schauspieler und Regisseur, damals am Theater in der Josefstadt in Wien, schätzte diesen Stoff sehr, wenngleich sich in seine Begeisterung auch Kritik mischte:

»Was Ihnen gelungen ist – und wohl auch Ihr Haupt-Anliegen war –, ist ein wahrer Albtraum von Elend und Niedertracht, von Verwirrung und Verirrung, kurz ein leider sehr wahres Bild unserer Zeit. Daß ich die Figur der Antonia gerade wegen der Wahrheit dessen, was sie umgibt, und gerade wegen der Grauenhaftigkeit der Erlebnisse, die ihr beschieden sind, nicht immer ganz überzeugend fand, muß ich allerdings sagen. Je mehr Ihnen die Zeichnung von Figuren wie z. B. Kalany gelungen ist, desto unbegreiflicher wird Antonias Haltung, obwohl ich zu verstehen glaube, daß es Ihnen gerade auf das ›Unbegreifliche‹ ihrer Haltung – unbegreiflich im konventionellen Sinne – ankam. Ich wüßte gerne, wie Sie zu dieser seltsam ergreifenden, aber in ihrer Seltsamkeit oft befremdenden Gestalt gekommen sind?«[16]

Das Hörspiel ist heute noch ergreifend.

In den späten 50er Jahren, Wolf war inzwischen Programmleiter des Deutschen Dienstes der BBC, fragte die ZEIT an, ob er ihr Londoner Korrespondent werden wolle.[17] Rudolf Walter Leonhardt, der diesen Posten bis 1955 innehatte, wechselte damals in die Redaktion nach Hamburg. Wolf nahm das Angebot »gerne« an und schrieb bis 1968 für die ZEIT.[18]

Die Kolumne »Zum Lachen oder Weinen?« – den Titel hatte er im Brief-Dialog mit Rudolf Walter Leonhardt entwickelt[19] – erschien ab 1960 unter seinem Namen, die anderen Artikel, Berichte über die englische Innenpolitik, immer wieder die berühmte Profumo-Affäre um die Nobel-Prostituierte Christine Keeler, die Royals, die Premierminister, wurden meistens unter dem Pseudonym Martin Wieland veröffentlicht, damit er nicht für jeden Beitrag die Genehmigung der BBC einholen mußte.[20] Zu dieser Zeit bemühte er sich auch verstärkt darum, Filme des Deutschen Dienstes der BBC ins Deutsche Fernsehen zu bringen.[21] Ein Angebot des Bayerischen Rundfunks ermöglichte es, daß Wolf als freier Autor und Regisseur ab 1964 regelmäßig Dokumentationen für das Deutsche Fernsehen drehte.[22]

Die kurze Form war seine Sache nicht. Immer wieder erhielt Edmund Wolf Briefe der Redaktionen, die zwar die Qualität seiner Zeitungsbeiträge lobten, aber um kürzere Texte baten. So schrieb ihm Rudolf Walter Leonhardt im Oktober 1961:

»›Zum Lachen oder Weinen‹ ist großartig und genau das, was ich mir vorgestellt hatte (manchmal dürfte's auch ein klein bißchen ›kultureller‹ werden). Lediglich die Länge macht mir Kum-

---

15 Edmund Wolf: *Die eiskalte Nacht.* Undatiertes Rundfunkmanuskript, etwa 1957/58 entstanden, umgearbeitet zum Rundfunktext 1960, S. 44f.
16 Brief Heinrich Schnitzlers an Edmund Wolf. (Anm. 13).
17 Brief Edmund Wolf an Ursula Seeber vom 22. Februar 1992.
18 Ebenda.
19 Brief von Rudolf Walter Leonhardt an Edmund Wolf vom 26. September 1961.
20 Brief an Ursula Seeber (Anm. 17).
21 Ebenda.
22 Vgl. dazu den Beitrag von Michael Omasta in diesem Band, S. 90.

mer. Da die Glosse ja ihren festen Platz haben soll, muß sie dort auch hinpassen.«[23] Auch Marion Dönhoff und Rudolf Goldschmit beklagen die Länge der Artikel hin und wieder.[24] Einmal wird ihm von Leonhardt ein Text für die Glosse zurückgegeben, weil die Redaktion mit seiner negativen Einschätzung des Schriftstellers Vladimir Nabokov nicht einverstanden ist.[25]

Auch eine »postume Liebeserklärung« an Marilyn Monroe, ein besonders gut gelungenes »Zum Lachen oder Weinen?«, zeichnet sich nicht durch Kürze aus. Wolf hatte in New York die Uraufführung von Arthur Millers Stück *After the Fall* (*Nach dem Sündenfall,* 1964) gesehen und kritisiert heftig, wie Miller seine eigene Beziehungstragödie und den Selbstmord Marilyn Monroes in diesem Stück verarbeitet. Und er schildert eine persönliche Begegnung mit der Schauspielerin und ihrem Film-Partner Laurence Olivier anläßlich einer Presseparty für *The Prince and the Showgirl* in London, bei der die anwesenden Journalisten sie so in die Mangel genommen, ihr Fragen zu Dostojewski und Beethoven gestellt hatten, um sie bloßzustellen, daß er sich zutiefst schämte für seinen Berufsstand. »Daß der große Sir Laurence Olivier ihr bei der Pressekonferenz nicht half, konnte man verstehen, als man den Film sah. Sie hatte ihm auch nicht geholfen. Von ihm, einem der größten lebenden Schauspieler, blieb nichts übrig, wenn sie mit ihm auf der Leinwand erschien. Wo sie stand, leuchtete es.«[26]

Andere Themen der Glosse waren zum Beispiel abstrakte Kunst (hier tritt eine Ablehnung der zeitgenössischen Malerei zutage, die man als ziemlich konservativ bezeichnen muß), das Verhältnis von Politikern und Intellektuellen, künstliche Intelligenz und die Kolonisation des Weltalls.

Der älteste im Archiv der ZEIT erhaltene Artikel ist der Beitrag »Die Grenze geht mitten durch Jerusalem«,[27] der 1958 in der Reihe »Aus den Hauptstädten der Welt« erschien. Er ist von besonderem Interesse, weil hier eines der wichtigen Themen in der Arbeit Edmund Wolfs zum ersten Mal anklingt.[28]

Der Artikel schildert die Stadt und ihre komplizierte Situation in einer Zeit, in der die Altstadt im Osten Jerusalems, und damit der Tempelberg – für Israelis unbetretbar –, zu Jordanien gehörte und das gesellschaftliche Leben noch von den Briten geprägt war. In Mea Schearim, dem Jerusalemer Stadtteil, wo die streng orthodoxen Juden immer noch leben, scheint sich bis heute allerdings kaum etwas geändert zu haben.

Immer wieder reiste Wolf in den kommenden Jahren nach Israel, wo ein Teil seiner Familie, seine Eltern, sein Bruder und seine Schwester, lebte. Vier Dokumentationen hat er im Laufe der Jahre über israelische Themen gedreht. Da er seine stets aufwendig recherchierten Projekte verständlicherweise gern mehrfach verwertete, entstanden in den 70er Jahren parallel zu den Filmen auch drei lange und sehr gelungene Reportagen für die Süddeutsche Zeitung. (»Jerusalem ist eine Explosion. Notizen aus einer unheiligen Stadt«, 1972; »Landschaft ohne Frieden. Gedanken an Galiläa«, 1974; »Ein Acker um ein Lot Silber. Bilder aus Hebron: Fragen ohne Antwort«, 1979)

---

23 Brief von Rudolf Walter Leonhardt an Edmund Wolf vom 11. Oktober 1961.
24 Brief von Marion Gräfin Dönhoff an Edmund Wolf vom 3. Mai 1962.
Brief von Rudolf Goldschmit an Edmund Wolf vom 16. November 1972.
25 Brief von Rudolf Walter Leonhardt an Edmund Wolf vom 26. März 1962.
26 »Zum Lachen oder Weinen?« Von Edmund Wolf. In: DIE ZEIT Nr. 5, 31. Januar 1964, S. 9.

---

27 Edmund Wolf: »Die Grenze geht mitten durch Jerusalem.« In: DIE ZEIT, Nr. 28, 11. Juli 1958.
28 Vgl. dazu auch den Beitrag von Daniel Wolf in diesem Band, S. 15.

Mit Moshe Dayan, 1968

Nach dem Sechstagekrieg von 1967, als die Israelis Ostjerusalem erobert hatten, änderte sich die Situation in Jerusalem. Kompliziert blieb sie bekanntlich dennoch. Edmund Wolf besuchte die Stadt 1968 für die Dreharbeiten zu seinem Film *Die Heimgekehrten* anläßlich des 20. Jubiläums der Staatsgründung 1948, und 1972 für die Dreharbeiten zu seiner Dokumentation *Auserwählt in Jerusalem. Vom Leben in einer heiligen Stadt.* In einem langen Zeitungsartikel von 1972 schildert er die explosive Stimmung zwischen Muslimen und Juden, die Problematik der Verknüpfung von Politik und Religion, konstatiert, daß die Stadt als Projektionsfläche für religiöse Fanatiker dient, und fragt sich, ob Jerusalem von Fundamentalisten zerstört werden wird.[29]

»Überall zeichnen neue Wohnviertel ihre kubischen Konturen vor den Himmel, im westlichen Jerusalem, aber auch im östlichen, jenseits der Altstadt. Immer mehr verschwindet die Stadt von früher, die bunt zusammengewürfelte, und immer eifriger reckt sich die neue würfelförmige hoch. ›Oh, diese Zionisten mit ihrer Manie fürs Gleichmachen!‹ seufzt Amos Oz. Und in einer dunklen, vorgerückten Stunde kann er fragen: ›Was bauen wir denn in Israel? Ist es nicht bloß ein anderes Flüchtlingslager?‹

So bittere Fragen bin ich von jungen Israelis gewohnt.«[30]

»Landschaft ohne Frieden«[31] ist ein kluges Porträt von Galiläa und dieser besonderen Atmosphäre, mit der die Gegend geradezu aufgeladen ist. Der Zauber der biblischen Orte wie des Sees Genezareth und Kapernaums mit dem Haus des Petrus werden beschrieben, täuschen den Autor aber nicht über die Bedrohungen der Gegenwart hinweg.

Wolf bringt die Situation der georgischen jüdischen Einwanderer dort und ihre Schwierigkeiten mit den alteingesessenen Israelis genauso zur Sprache wie den Konflikt mit den Palästinensern.

1979 erschien »Ein Acker um ein Lot Silber. Bilder aus Hebron: Fragen ohne Antwort«[32] anläßlich des 50. Jahrestages des Massakers in Hebron 1929 (23. August), bei dem mehr als 60 Juden »mit Keulen und Schwertern« erschlagen wurden. Der Text ist eine intensive Momentaufnahme, die in die Beschreibung eine Vielzahl historischer Informationen einflicht, Literarisches

---

29 Edmund Wolf: »Jerusalem ist eine Explosion. Notizen aus einer unheiligen Stadt.« In: Süddeutsche Zeitung, 16./17./18. Juni 1972.

30 Ebenda.
31 Edmund Wolf: »Landschaft ohne Frieden.« In: Süddeutsche Zeitung, 24./25./26. Dezember 1974.
32 Edmund Wolf: »Ein Acker um ein Lot Silber. Bilder aus Hebron: Fragen ohne Antwort.« In: Süddeutsche Zeitung 10./11. Februar 1979.

Edmund Wolfs Presseausweis für die ARD

zitiert, die Problematik der schwierigen Ko-Existenz von Juden und Muslimen anschaulich und zugleich ausgewogen schildert, beide Seiten zu Wort kommen läßt – an diesem auch heute noch sehr sensiblen Ort, wo sich die Gräber Abrahams, Isaaks und Jakobs befinden und wo militante jüdische Siedler mitten in der arabischen Altstadt leben. Er ermöglicht dem Leser einen Zugang zum Denken der arabischen Palästinenser ebenso wie zu dem der frommen jüdischen Siedler von damals. Wolf demonstriert hier seine guten Kenntnisse der Situation, er verfügte über exzellente Kontakte, gewann kluge Gesprächspartner, der Beitrag ist aufwendig recherchiert – er verdankt sich auch dem gleichzeitig entstandenen Drehbuch für den Film *Abrahams Grab. Im Land zu vieler Verheißungen* – und ist heute noch mit Gewinn als ein Stück Zeitgeschichte zu lesen.

Eine hellsichtige Studie zum Problem des Rassenhasses in der multikulturellen Gesellschaft Londons ist der Beitrag »Der schwarze Mann bleibt da.«[33] Wachen Blicks beobachtet Wolf die Diskriminierung und Bedrohung von Minderheiten, er schildert die Situation der Inder und Pakistani, die immer wieder tätlichen Angriffen rassistischer Engländer ausgesetzt waren. Diese Verbundenheit mit den Unterdrückten ist wohl aus seiner Biographie zu erklären. Als er den Text schrieb, war Edmund Wolf fast 70 Jahre alt, und es kennzeichnet diesen ausgezeichneten Journalisten, daß er sich mit Neugier auch mit den Rastafari, mit dem Marihuana-Rauchen und der Reggae-Musik befaßt, damals in London und weltweit in der Jugendkultur ein virulentes Thema, aber sicher nicht unter Siebzigjährigen.

»Die fremde und die eigene Trommel. Eine Begegnung in Rhodesien mit dem afrikanischen Schriftsteller Charles Mungoshi«[34] ist ein nachdenklicher Zeitungsaufsatz über das afrikanische Wesen Rhodesiens und dessen Konflikt mit der importierten europäischen Kultur am Vorabend der Unabhängigkeit des südafrikanischen Landes, das seit 1980 Simbabwe heißt.

---

33 Edmund Wolf: »Der schwarze Mann bleibt da.« In: Süddeutsche Zeitung, 26./27. August 1978.

34 Edmund Wolf: »Die fremde und die eigene Trommel. Eine Begegnung in Rhodesien mit dem afrikanischen Schriftsteller Charles Mungoshi.« In: Süddeutsche Zeitung, 11./12. Dezember 1976.

Dreharbeiten in Rhodesien, 1976

In »Der Phönix, der nicht fliegen will. Das Sinnbild der Stadt Coventry ist der aus den Flammen steigende Phönix, und das Schicksal von Coventry ist das Schicksal von England«[35] verknüpft Wolf geschickt die Geschichte der durch deutsche Luftangriffe 1940 zerstörten Stadt und ihren Wiederaufbau mit der Lage der englischen Automobilindustrie, kritisiert die politisch Handelnden und schildert die übergroße Macht der Gewerkschaften in England, in der er einen entscheidenden Wettbewerbsnachteil gegenüber anderen Autos produzierenden Nationen sieht.

Mit viel Sympathie für die illegalen mexikanischen Arbeiter in den USA weist Wolf 1978 in der Süddeutschen Zeitung auf das Schicksal dieser Menschen hin, ihre alltäglichen Schwierigkeiten und die dauernde Gefahr ihrer Abschiebung.[36] Aufgrund der wirtschaftlichen Bedingungen in ihrem eigenen Land haben diese Mexikaner keine andere Wahl – so seine Analyse. Er berichtet über den Versuch Präsident Carters, eine gesetzliche Lösung für die illegale Massenzuwanderung zu finden, läßt den Leser aber nicht im unklaren darüber, daß kaum eine Chance dafür besteht.

Über Selbstironie, eine der Eigenschaften eines guten Reporters, die Rudolf Walter Leonhardt bei den BBC-Journalisten hervorhob, verfügte Edmund Wolf in reichem Maße. In einem autobiographisch gefärbten Beitrag aus New York kommt das deutlich zum Ausdruck: »Da beten auch Weiße. Notizen aus New York«[37] ist

---

35 Edmund Wolf: »Der Phönix, der nicht fliegen will. Das Sinnbild der Stadt Coventry ist der aus den Flammen steigende Phönix, und das Schicksal von Coventry ist das Schicksal von England.« In: Süddeutsche Zeitung, 29./30. Oktober 1977.

36 Edmund Wolf: »Der Traum von der grünen Karte und dem silbernen Brief.« In: Süddeutsche Zeitung 28./29. Januar 1978.

37 Edmund Wolf: »Da beten auch Weiße. Notizen aus New York.« In: Süddeutsche Zeitung, 6./7. November 1971.

ein stimmungsvoller Bericht aus Harlem, in dem Wolf die Mutter einer Drogensüchtigen besucht, über Prostitution berichtet und seine abenteuerlichen Streifzüge durch die Stadt beschreibt, die er, mit der ihm eigenen Neugier, einigermaßen furchtlos unternimmt:

»Ecke Central Park South und 6th Avenue. (...) Es ist Sonntagabend, gerade die stille Zeit. Ein junger Mann kommt mit unsicherem Gang auf mich zu. Puertoricaner wahrscheinlich. Glänzende, glatte, strähnige Haare. Ein kurzärmeliges Trikothemd, zerrissen. Die Hände in den Hosentaschen. Jetzt kommt es, dachte ich. Ich war schon viele Wochen dagewesen, in tiefster Nacht allein, oder höchstens zu zweit, lange durch jene Gegenden gegangen, die man angeblich nicht einmal bei Tage betreten darf – und es war mir, es war uns, nie etwas zugestoßen. Vielleicht war ein Schutzengel dabei. Ich hatte die Stadt, die angeblich in ihren Todeszuckungen liegt und bei Nacht vor lauter allgemeiner Todesangst vereinsamt sein sollte, um drei Uhr, vier Uhr morgens viel lebendiger gesehen als London vor Mitternacht. Aber da jeder von ›mugging‹ spricht, von den Überfällen, zu denen die Fixer gezwungen sind, um sich das Geld für den nächsten Fix zu verschaffen, dachte ich, das müsse mir doch auch einmal passieren. Und der junge Mann, der so unleugbar ein ›Junkie‹ war, ein Heroinsüchtiger, und der gewiß ein Schnappmesser in seiner Hosentasche hatte, wenn nichts Schlimmeres – der war es also, der würde mich jetzt ausrauben. ›Got a buck for me?‹ fragte er leise. Einen ›buck‹, einen Dollar, gab ich ihm nicht, 25 Cents – und sagte, dumm, daß er mir leid tue. Er tat mir leid. Er hatte ein rührend junges Gesicht, mit einer langen Narbe auf einer Wange. Er zog kein Schnappmesser, wandte sich aber auch nicht mit dem von mir erwarteten Fluch ab, mit keinem ›Fuck off!‹ oder ›Shit!‹ (...) Der junge Puertoricaner legte plötzlich seinen Arm um mich, ließ seinen Kopf auf meine Schulter hängen und sagte: ›You remind me of my Granddad.‹ Ich vermutete, daß er diesen Vergleich meiner Person mit seinem Großvater nicht gerade schmeichelhaft meinte. Aber nach einer Weile sagte er, während sein Arm noch immer um meinen Hals lag: ›I loved my Granddad.‹ Damit wandte er sich ab und schlurfte davon. Irgendwie klang es, als habe er diesen Großvater lange nicht mehr gesehen.«[38]

Wolf schließt diesen Text mit einer melancholischen Beschreibung von Ellis Island, in den 70er Jahren ein verlassener Ort, wo Drogensüchtige therapiert wurden – viele Jahre vorher aber war dies die erste Anlaufstelle für Einwanderer in die USA gewesen, ein Tor der Hoffnung und der Angst, wo auch viele jüdische Emigranten aus Europa ankamen, um ihr Leben zu retten.

Zeitgeschichtlich interessant sind viele der Artikel Edmund Wolfs.

Wie denkt dieser Mann politisch? Er ist eher konservativ, zurückhaltend, aber im besten Sinne des Wortes. Seine Werte sind Freiheit und Demokratie.[39] Er traut der Politik nicht sehr. Das kommt in Zeitungstexten, aber auch in seinen Filmen zum Ausdruck. Vor allem traut er den politischen Parteien nicht. 1969 kritisiert er zum Beispiel in einem Beitrag für die BBC den Einfluß der Parteien in Deutschland auf die Aufsichtsgremien der Rundfunkanstalten.[40]

Edmund Wolf ist ein sehr überlegter Autor. Er überschätzt sich nicht, berichtet unaufgeregt, stellt Sachverhalte vor und macht auf Probleme aufmerksam durch sorgfältige Analyse.

Sein Interesse gilt ganz klar den Menschen, ihren Schicksalen, Leiden und Nöten. Die Sozialreportage, verknüpft mit der Beschreibung politischer und gesellschaftlicher Bedingungen und ihrer Konsequenzen, ist ihm, in der Zeitung und

---

38 Ebenda.
39 Vgl. dazu die Beiträge von Daniel Wolf und Martin Wolf in diesem Band.
40 Edmund Wolf: »BBC. Ein Fünkchen Wahrheit.« In: Monat, Heft 250, Juli 1969, S. 78.

im Fernsehen, das große Anliegen in den 60er, 70er und 80er Jahren. Auch auf die Arbeit von Amnesty International macht Edmund Wolf publizistisch aufmerksam.[41]

Er ist eindeutig auf der Seite der Schwachen, Unterdrückten, Leidenden, ohne sich das aber explizit auf die Fahne zu schreiben. Es sind unter anderem Gastarbeiter, illegale Einwanderer, politische Gefangene und Folteropfer, junge amerikanische Soldaten, die ahnungslos in den Krieg ziehen, amerikanische Kriegsdienstverweigerer, die nicht nach Vietnam gehen wollen, Vietnam-Heimkehrer, Drogensüchtige, denen seine Aufmerksamkeit gilt. Er findet für sich ein Muster des Erzählens, das er beibehält, ohne dadurch zu schematisieren. Er verknüpft die Informationen zur Sache stets mit realen Menschen, die er genau beschreibt und auf die er eingeht. So sind seine Berichte sehr lebendig, immer getragen auch von einer tiefen Anteilnahme. Das zeigt sich unter anderem auch an der Tatsache, daß er die Menschen, die er interviewt hat, lange nach Beendigung des Projekts noch einmal aufsucht, sich nach ihrem weiteren Schicksal erkundigt. Etwa bei dem drogensüchtigen »Paar von der ›Szene‹«, über das er einen Fernsehfilm gemacht hatte und später eine Reportage für die Süddeutsche Zeitung.[42]

Oder bei den Gastarbeitern in Augsburg, über die er eine Dokumentation gedreht hatte. »Nix Ausländer, nix. Gespräche mit Gastarbeitern«[43] hieß sein Beitrag für die Süddeutsche Zeitung, den er zwei Jahre nach seinem Fernsehfilm schrieb. Er zeichnet die Schwierigkeiten des Alltags der Türken, Kroaten, Italiener und Spanier in Deutschland nach, ihre erschütternd rohe Behandlung durch die Deutschen und die Tristesse ihres harten Lebens.

Edmund Wolf war ohne Zweifel eine außergewöhnliche Figur im deutschsprachigen Journalismus, vielseitig, fein, gelassen und mit einem besonderen Gespür für Themen. Kein Selbstdarsteller. Er gehörte »zu der rar gewordenen Spezies kultivierter Männer, die man als Hommes de Lettres bezeichnet«, wie Günter Engelhard über ihn im Rheinischen Merkur schrieb.[44] Er war äußerst erfolgreich in seinem Metier und hatte das Glück, bis ins hohe Alter in seinem Beruf arbeiten zu können. Doch sein Lebensplan war das nicht gewesen, das Theater blieb seine Leidenschaft. Er war voller Dankbarkeit für seine berufliche Laufbahn und auch gegenüber England, das ihn nach seiner Emigration aufgenommen hatte, und doch fühlte er tragischerweise als 80jähriger immer noch »den Schmerz, nicht jenes Leben gelebt zu haben, das ich wollte«.[45]

---

41 Edmund Wolf: »Die Jahre der Folter. ›Amnesty International‹ versucht, die Welt wachzurütteln.« In: Süddeutsche Zeitung, 2./3. März 1974.

42 Edmund Wolf: »Unheimlich spontan. Ein Paar von der ›Szene‹.« In: Süddeutsche Zeitung, 24./25. Januar 1981.

43 Edmund Wolf: »Nix Ausländer, nix. Gespräche mit Gastarbeitern.« In: Süddeutsche Zeitung, 2./3. Dezember 1972.

44 Günter Engelhard, Rheinischer Merkur, 19. Oktober 1984.

45 Edmund Wolf: Rede zu seinem 80. Geburtstag, 23. April 1990, im Nachlaß.

Michael Omasta
In gestrecktem Galopp.
Notizen zu Filmen von Edmund Wolf

»Lieber Herr Wolf, Sie sind ein schrecklicher Mensch«, läßt Hans Heigert, damaliger Chefredakteur des Bayerischen Fernsehens, im September 1964 den neuen Mitarbeiter seines Hauses wissen. »Während ich im Urlaub noch voller Sorgen um Sie bin, Sie möchten über dem München-Projekt allzu viele Seelenqualen haben, preschen Sie bereits in gestrecktem Galopp quer durch die Landschaft und legen nun ein Exposé für etwa vier bis fünf Stundenfilme vor. Sie bringen einen völlig außer Atem. Im Ernst: Sie haben leuchtend grünes Licht! Aber natürlich nicht für alle Züge. Denn es ist wirklich zu viel. Lassen Sie uns also bald darüber sprechen, was weggelassen werden kann oder muß.«[1]

Seit 1. Januar des Jahres ist Edmund Wolf regelmäßig beim Bayerischen Rundfunk beschäftigt. Sein großzügig dotierter Vertrag gilt für fünf Jahre. Er beschert Wolf ein jährliches Gesamthonorar von anfangs 36.000 Mark, für das er »mindestens vier Features sendefertig herstellen« muß, »d.h. schreiben, produzieren und, soweit gewünscht, selbst mitwirken. Die Features sollen eine Dauer von ungefähr 45 Minuten haben.«[2] Die genaue Dauer, die Themen und Sendetermine werden im Einvernehmen zwischen Wolf und den beteiligten Redaktionen festgelegt. Zudem räumt der Vertrag ihm sowohl inhaltlich wie gestalterisch erheblichen

---

1 Brief von Hans Heigert an Edmund Wolf vom 30. 9. 1964. (NL Wolf, 2.1.4.2.1.)

2 Arbeitsvertrag zwischen Bayerischer Rundfunk und Edmund Wolf vom 30. 7. 1963. Die nachfolgenden Verträge datieren vom Dezember 1967, Dezember 1972 sowie Juni 1976 und weisen nebst stetig steigendem Honorar auch einen Pensionsanspruch für den Vertragsnehmer auf. (NL Wolf, 2.1.4.7.1.)

Interview mit Edward Heath, 1962. 1973 dreht Wolf ein Filmporträt über ihn.

Spielraum ein. Wolf ist zwar verpflichtet, etwaige Änderungswünsche der verantwortlichen Redaktion zu beachten, dies allerdings nur soweit, als »dadurch nicht seine Rechte als Autor bzw. Regisseur in unzumutbarer Weise beeinträchtigt werden«.[3] Seine sonstigen Tätigkeiten, namentlich jene für die Fernsehsendung *Report,* für die er in der Vergangenheit bereits eine Reihe von kurzen Beiträgen über aktuelle Ereignisse in Politik und Kultur gestaltet hat, bleiben hiervon unberührt.

Wolf macht Tempo, von Anfang an. Bereits drei Monate nach Arbeitsbeginn, am 9. April 1964, geht sein erstes Fernsehfeature auf Sendung; rund 60 weitere folgen, bis sich Anfang der achtziger Jahre der Rhythmus seiner Produktion deutlich verlangsamt. Für seinen Einstand wählt er ein Sujet von zeitloser Schönheit, *Shakespeare – Ein Sohn: William,* in dem er unter anderem der Theorie nachgeht, dieser sei gar nicht der Autor seiner Stücke gewesen, und erntet sogleich wohlwollende Kritiken: »Was sich aus einem nicht sehr originellen, langweiligerweise jubiläumsbedingten Thema, das weder populär noch eigentlich aktuell ist, was sich aus einem Fernsehbericht über das Leben Shakespeares einfach dadurch machen läßt, daß sich einer hinsetzt und einen guten Text schreibt: das zeigte Edmund Wolf.«[4]

Ein »guter Text« bildet auch in Hinkunft die Grundlage jedes seiner Filme, die Wolf mit journalistischem Understatement meist schlicht als »Bericht« oder »Filmbericht« bezeichnet. Bei den verantwortlichen Redaktionen handelt es sich in der Regel um die für Politik und Zeitgeschehen sowie jene für Natur und Kultur. Zudem kristallisiert sich rund um Wolf bereits nach

---

3 Ebenda.

4 Mogos: »Dezidierte Reportermeinung«. In: Die Welt, 11. April 1964.

Stratford, Oktober 1963: Dreharbeiten zu *Ein Sohn: William*

Fritz und Lucy Wotruba, Heimito von Doderer in *Unsere Nachbarn: Die Österreicher*, 1964

ein paar Filmen ein festes Team heraus.⁵ Zu seinen vermutlich engsten Vertrauten gehört Uta Heins, die ab 1965 bei fast jeder Produktion als Cutterin dabei ist. Für die Kameraarbeit, die eingangs noch in wechselnden Händen liegt (Walter Umlauf, Alexander Stockder etc.), zeichnet regelmäßig Anders Lembcke, ein im bundesdeutschen Kintopp der fünfziger Jahre großgewordener Profi, der später oft von Bernd Staudenmaier unterstützt wird. Und selbst bei den Tontechnikern scheint Wolf durchaus auf Kontinuität bedacht gewesen zu sein: Helmut Hertlein, Klaus Schumann und Dietrich Schröder sind Namen, die wirklich häufig im Abspann seiner Filme auftauchen.

Im medienkritischen Diskurs jener Ära haben Begriffe wie »das Repräsentative« bzw. »Objektivität« gerade Hochkonjunktur, zumal dort, wo es um Dokumentarfilm oder die Berichterstattung öffentlich-rechtlicher Fernsehanstalten geht. Um so erstaunlicher ist, welche Gestaltungsmittel in Filmen von Edmund Wolf zum Einsatz kommen, wie präsent er in ihnen als Erzähler, Person, Subjekt ist. Weder spielt er den lieben Gott, noch versteckt er sich hinter dem Genie des technischen Apparats oder einer vermeintlichen Mehrheit. Anonyme, scheinobjektive Filmreportagen sind seine Sache nicht, sondern penibel recherchierte, mit der Kamera geschriebene »Feuilletons«, die einen eigenen Standpunkt aber keineswegs verleugnen – wofür Wolf in der Presse, je nach politischer Couleur des jeweiligen Mediums, gleichermaßen Anerkennung wie scharfe Ablehnung erfährt.

Konsequenterweise ist es meistens der Autor selbst, der den Kommentar spricht;⁶ als ehemaliger Reinhardt-Seminarist kann er das, und zwar ganz hervorragend. Zudem tritt Wolf auch immer wieder persönlich in Erscheinung. In *Die Tauben und die Falken. Der Konflikt um den Vietnam-Konflikt* (1968) etwa nimmt er an einer Pressekonferenz von Richard Nixon teil; ein kurzer Zwischenschnitt zeigt Wolf, wie er sich auf einem unbequemen Sessel räkelt, den Arm leger auf die Lehne des nächsten gestützt, bevor er den Präsidentschaftskandidaten in perfektem Englisch danach fragt, inwiefern die militärische Präsenz der USA in Südostasien zur Abschrek-

---

5 Die folgenden Angaben beruhen mangels umfassenden Datenmaterials auf jenem Querschnitt von rund 20 Filmen, die mir zu Sichtungszwecken zur Verfügung standen.

6 In späteren Jahren werden die Kommentare gelegentlich von Gerd Heidenreich eingelesen; der Sprachduktus und der Klang seiner Stimme sind der Wolfs durchaus ähnlich.

Edmund Wolf als Kommentator

kung Chinas nötig sei. In *Weiß in Rhodesien. Das letzte Kapitel* (1976) sieht man ihn in einer Reihe klassischer Interviewsituationen: Wolf zu Besuch bei Ministern, Wolf im Gespräch mit Bischof Muzorewa, Wolf im Garten von Ian Smith, dem amtierenden (weißen) Premierminister.

In einigen der frühen Filme setzt sich Wolf außerdem noch als Moderator in Szene, der vor die Kamera tritt und sich direkt an das Publikum vor den Bildschirmen wendet. So in *Unsere Nachbarn: Die Österreicher – Begegnungen in einem Wunderland*, seinem zweiten Feature für den Bayerischen Rundfunk (Erstsendung 3. Juli 1964), das kühnen Schritts die österreichische Nachkriegszeit durchmißt. Nach einer kurzen Ouvertüre – Russendenkmal, Fiaker, Radetzky, Fronleichnamsprozession vor dem Stephansdom, 1.-Mai-Feier auf der Ringstraße (»rote Fahnen gibt es immer noch, aber Sozialismus is' des kaner mehr«) – folgt ein Schauplatzwechsel auf den Linzer Schloßberg. Dort steht Wolf im dunklen Sakko, unter sich, im Bildhintergrund, die Donau, und führt mit den Worten »Hier begann der kurze Bürgerkrieg« in die Geschichte des Landes und seines Films ein.

Unter den Persönlichkeiten, denen der Filmemacher im Laufe der folgenden knapp 40 Minuten begegnet, sind Politiker, Journalisten, Künstler, einfache Arbeiter. Er spaziert mit Adolf Schärf über den Heldenplatz zu seinem Amtssitz in der Hofburg und später durch den Wienerwald (»Der Weg zum längsten Leben ist der Fußweg«, vertraut ihm der greise Bundespräsident verschmitzt an), interviewt Vize-Kanzler Bruno Pittermann und folgt Bundeskanzler Josef Klaus und dessen Gattin bis in die Sommerfrische nach Zell am Moos. Sozialdemokraten und Christlich-Soziale kommen, anders als 1934, seit nunmehr bereits 19 Jahren in großkoalitionärem Frieden miteinander aus.

»Ein wunderbares Land, dieses Land ohne Opposition«, lautet Wolfs leise ironischer Befund über die Zweite Republik, jenes neue Österreich, »dem die alte Spannung, die alte Hochspannung fehlt«, weil nach Kriegsende der Mythos der Lagerstraße und das Proporzsystem quasi zur Staatsräson erhoben wurden. »Wo die vielen geblieben sind, die damals die Hakenkreuzbefreiung so begeistert begrüßten – wer wird denn fragen wollen. Die Österreicher, ein begabtes Volk, wissen kaum von einer Vergangenheit, die sie zu bewältigen hätten.« Auch ein Heurigenbesuch darf hier, zum Schluß, nicht fehlen. Backhendl werden aufgetischt, Grüner Veltliner fließt, die Musiker spielen, und eine illuminierte Menge grölt dazu: »Es wird a Wein sein ...« – harter Schnitt auf den Moderator, der in einer ruhigeren Ecke des Lokals sitzt und nach der Kellnerin winkt: »Zahlen, bitte!«

Abgesehen vom üppigen Lokalkolorit, von der komisch ungelenken Selbstinszenierung so mancher Spitzenpolitiker und nicht zuletzt dem Umstand, daß es sich bei dem Film für Edmund Wolf um ein »Heimspiel« handelte, ist *Unsere Nachbarn: Die Österreicher* auch deshalb von besonderem Interesse, als das im Nachlaß überlieferte Konvolut von Briefen dazu nicht nur Auskunft über die Entstehung dieser einen Produktion gibt, sondern darüber hinaus auch Einblicke in die Arbeitsweise des Filmemachers erlaubt.

So etwa scheint Wolf, anders als heute im Fernsehbetrieb üblich, einen beträchtlichen Teil der

Recherchen wie auch der Drehvorbereitung persönlich übernommen zu haben. Im vorliegenden Fall korrespondiert er u. a. mit dem Bundespressedienst, um einen Termin bei Bundespräsident Schärf zu erwirken, oder mit dem Großindustriellen Manfred Mautner Markhof (ein »Brauereibesitzer und Kunstmäzen«, heißt es im Film dann über ihn) – und läßt es dabei weder an Beflissenheit noch an Bestimmtheit fehlen:

»Sehr geehrter Herr Dr. Mautner Markhof,

darf ich Ihnen sagen, wie erfreulich mir unser Gespraech war, und wie dankbar ich fuer Ihre Bereitschaft bin, bei unserem Film ueber Oesterreich ›mitzuspielen‹.

Wie besprochen, werde ich am Montag, 11. Mai, mit dem Kamerateam in der Simmeringer Hauptstrasse auftauchen, etwa um 9 Uhr morgens, wenn Ihnen das recht ist. Ich weiss nicht, wann Sie gewoehnlich eintreffen, aber wir werden jedenfalls einige Zeit vorher fuer Zwecke des Lokalaugenscheins, Beleuchtung und dergleichen, brauchen. Ich bin unbescheiden genug zu hoffen, dass Sie mir ein gutes Stueck Zeit am Vormittag zur Verfuegung stellen koennen, damit wir in Ihrer Arbeits-Atmosphaere den wesentlichen Gespraechsteil bewaeltigen.

Um 2 Uhr nachmittags, eine Stunde vor der ›Party‹, die Sie mir so freundlich zusagten, wuerden wir dann in der Dittmanngasse erscheinen, um mit unseren Vorbereitungen rechtzeitig fertig zu sein. Wenn die Herren Wotruba und von Einem tatsaechlich da waeren, um so besser; und Ihre Frau Gemahlin hat hoffentlich nichts dagegen, der Kamera etwas vorzumusizieren.

Unsererseits wollen wir versuchen, nicht unangenehmer und stoerender zu sein, als Filmleute es nun einmal von Berufs wegen sind.

Mit bestem Dank, Ihr ergebener, Dr. Edmund Wolf«[7]

---

[7] Brief von Edmund Wolf an Manfred Mautner Markhof vom 25. April 1964. (NL Wolf, 1.4.1.2.)

Tags darauf schickt Wolf den nächsten Brief los, diesmal an einen alten Freund, den Schriftsteller Hans Flesch-Brunningen, der 1934 nach London emigriert, dort ebenfalls etliche Jahre lang für die BBC tätig und erst kürzlich wieder nach Wien zurückgekehrt war. Ihn spannt der Filmemacher dazu ein, doch bitte das Personal für einen Dreh im Hawelka zusammenzutrommeln, Wiens seinerzeit berühmtestem Literatencafé:

»Lieber Hans, Du wirst mich noch verfluchen – Ihr werdet mich noch verfluchen (warum das Futurum? Vielleicht verflucht Ihr mich schon!) – aber da bin ich schon wieder mit neuen Bitten.

Doderer: Wenn ich mich recht erinnere, ist Dienstag der geschlossene Tag im ›Hawelka‹, und waere daher am guenstigsten – Dienstag nach Pfingsten geht aber nicht, weil die Hawelkas von ihrer Englandreise noch nicht zurueck waeren, und spaeter faehrt Doderer nach Griechenland, nicht wahr? Ich moechte also doch gern versuchen, ob es nicht schon am Dienstag, 12. Mai, ginge, von 6 oder 7 Uhr Abends an? Darf ich Dir die ungeheure Muehe machen, Deinen Freund zu fragen, ob ihm dieses Datum passte – und die noch ungeheurere Muehe, falls er ja sagt, es auch den Hawelkas zu verpassen, und nebenbei auch mir zu schreiben? (›Ja‹ genuegt – aber mehr waere willkommener).

Herr von Tramin: Wirkte auf mich besonders angenehm (muss ihm nicht gesagt werden). Hoffentlich aristokratisiert er eifrig fuer mich. Wenn er etwas arrangieren kann (eine moeglichst kleine, aber moeglichst altaristokratisch-repraesentative Gruppe), waere Dienstag, 19. Mai, von uns aus der erste vollkommen (bis auf weiteres) verfuegbare Filmtag.

Martinkovits (oh herrliches Hendl!): Ich denke jetzt an Freitag, 22. Mai – und da muesst Ihr mir einfach raten. Der wackere Herr Martinkovits sagte, wie Du Dich vielleicht erinnerst, dass es besser waere, eine Tafelrunde zu dem Zweck zusammenzustellen. Aber es muss natuerlich echt sein und wirken (gar nicht anders, als der Tisch vor uns damals), keine Komparserie, keine Intellektuellen – ein paar aeltere Verfressene, ein paar Juengere. Wenn Du mir raten kannst, waer's schoen. Ich koennte auch dem geschmalzenen Martinkovits-Geiger Friedrich Borovec schreiben, der mir das wohl aus seinem Bekanntenkreis ueberzeugend zusammenstellen koennte.

Und somit, Hilden [Hilde Spiel] herzlich und ergebend gruessend, in neuer Dankbarkeit und alter Freundschaft …«[8]

In der konkreten Umsetzung schaut dann freilich alles ein bißchen anders aus. Mautner Markhof wird nicht an seinem Büroarbeitsplatz gezeigt, sondern auf dem Weg dorthin, im Hof der Brauerei, wo er sich bei einem älteren Angestellten »ganz zwanglos« nach dessen wertem Befinden seit seinem letzten Zahnarztbesuch erkundigt. Weniger bizarr, auch weniger ergiebig, sind die Szenen im Café Hawelka, in denen Peter von Tramin, der im Brief oben bereits erwähnte junge Schriftsteller, mit einem Journalistenkollegen diskutiert. Und schließlich besagte »Party« im Hause Mautner Markhof, ein erlauchter nachmittäglicher Salon, bei dem, außer den Gastgebern, noch Heimito von Doderer, Komponist Gottfried von Einem, Dirigent Karl Böhm sowie Bildhauer Fritz Wotruba und Frau zugegen sind. Man pflegt eine gediegene Konversation. Argumente pro und contra Habsburg werden ausgetauscht.[9] Doderer kaut an seiner Pfeife und sagt lange nichts, bevor er zu einem Vortrag über das Ende der Monarchie anhebt (1918 sei doch recht »ein gnädiges Schicksalsjahr Österreichs« gewesen); Wotruba, entschieden anderer Meinung, wechselt alsbald das Thema und ereifert sich über den mangelnden Kunstverstand der österreichischen Politiker. »Hochkultiviertes Wiener Patriziertum«, konstatiert Wolf und verkneift sich jeden Anflug von Ironie dabei.

Unsere Nachbarn: Die Österreicher kommt ohne die üblichen Postkartenansichten von Wien aus: kein Riesenrad, keine Hofreitschule, kein Schloß Schönbrunn. Statt dessen wartet der Film mit aktuellem Kulturschaffen, zwei Sequenzen von außergewöhnlicher Dichte auf. Die erste zeigt Eberhard Waechter auf der Bühne der Staatsoper während einer Probe zu Gottfried von Einems *Dantons Tod*: moderne Oper, ein, zwei Minuten am Stück (interpunktiert nur durch Seitenblicke auf den Regisseur Otto Schenk). Die zweite Christiane Hörbiger, blutjung noch, bei der Kostümprobe zu Arthur Schnitzlers *Abschiedssouper* am Burgtheater: in Großaufnahme, ohne Schnitt, anderthalb Minuten lang. (Draußen, mit Vollbart und schnittiger Limousine: Attila Hörbiger, »ein Vater wartet auf seine Tochter«.)[10] In diesen rein dokumentierenden Momentaufnahmen, scheint's, findet Edmund Wolf, findet sein Film ganz zu sich.

Wolf ist ein Mann mit vielseitigen Interessen – das belegen seine Fernseharbeiten, jede für sich und alle zusammen, äußerst eindrucksvoll. Manches, dem er sich bereits als Journalist in seinen Kolumnen für DIE ZEIT oder in der Süddeutschen gewidmet hat,[11] beschäftigt ihn nun auch als Filmemacher: das britische Gesellschaftssystem, der Nordirland-Konflikt, die Unabhängig-

---

8 Brief von Edmund Wolf an Hans Flesch-Brunningen vom 26. April 1964. (NL Wolf, 1.4.1.2.)
9 Wiewohl Otto Habsburg zwei Jahre zuvor auf jeden Herrschaftsanspruch verzichtet hatte, kam es 1963 rund um ein Einreiseersuchen des Kaiserenkels zur sogenannten Habsburg-Krise, die das österreichische Parlament beschäftigte und offensichtlich immer noch ein Thema war.

10 Wolf hatte Attila Hörbiger bereits 1936 kennengelernt, als dieser am Deutschen Volkstheater in Wien die Hauptrolle in seinem Stück »Treff-As« übernommen hatte.
11 Siehe dazu den Beitrag von Barbara Weidle in diesem Band, S. 76.

Die jungen Nachtwandler, London 1967

keitsbestrebungen der afrikanischen Staaten, der Überlebenskampf Israels in der arabischen Welt, später die Bürgerrechtsbewegung in den Vereinigten Staaten und natürlich der Krieg in Vietnam. Davon abgesehen jedoch nimmt Wolf auch noch ganz andere Phänomene als gesellschaftlich relevante Themen wahr, die aufzuzeigen und dokumentierenswert sind.

Ein gutes Beispiel dafür ist *Die Gastarbeiter,* ein Film von 1970, in dem Wolf anhand einer italienischen, einer türkischen und einer griechischen Familie, deren Mitglieder zum Teil seit Jahrzehnten bei der Maschinenfabrik M.A.N. oder der ebenfalls in Augsburg ansässigen Kammgarn AG arbeiten, eine der größten Migrationsbewegungen der zweiten Hälfte des 20. Jahrhunderts nachzeichnet. Auch 40 Jahre nach seinem Entstehen ist dieser Film von schier ungebrochener Aktualität. Das gilt auch und vor allem für eine Stammtischszene, die von hellhörigen Kritikern schon damals ausführlich gewürdigt wurde: »Die anständigen Bürger äußerten freimütig und würdevoll ihre Meinung über die fremden Gäste; binnen weniger Worte türmte sich auf dem Biertisch ein Riesenberg aus stinkenden Vorurteilen – eine unerschöpfliche Dokumentenquelle für einen Psychoanalytiker: Futterneid, Platzneid, Geschlechtsneid, gepaart mit den entsprechenden Ängsten. Ein bebrillter Herr sprach es sehr

bestimmt und scharf akzentuiert aus: ›Diese niedrigen Schichten assimilieren sich nicht.‹ Das war die Sekunde der Wahrheit, der bourgeoisen Wahrheit: Die Fremden sind nicht nur Fremde, die Ausländer nicht nur Ausländer, die Gastarbeiter sind Angehörige ›niedriger Schichten‹. Es klang wie eine Rezitation aus einem alten Bilderbuch des Klassenkampfes.«[12]

Berichte über staatliche Bildungseinrichtungen oder die sich verändernde Arbeitswelt haben im englischen Dokumentarkino seit jeher Tradition; mit Filmen wie *Die Mauern von York. Aus dem Leben einer englischen Provinzstadt* (1965), *Die Tore schließen um Mitternacht. Porträt eines College in Oxford* (1969) oder *Die ersten und die letzten Arbeiter* (1974), einem Bericht über die Kraftprobe zwischen der Gewerkschaft der Bergarbeiter von Yorkshire und der erzkonservativen Regierung in London, trägt Wolf gleichsam exterritorial sein Scherflein zu diesem typisch britischen Genre bei. Ähnlich breiten Raum nimmt die »Jugendkultur« in seinen Filmen ein. Auf den Boom der Beat-Musik aufmerksam geworden, gestaltet er Anfang 1964 für *Report* (Folge 61) ein kurzes Porträt über die Beatles, die gera-

---

12 Eckart Kroneberg: »Versuche über arbeitende Gäste«. In: epd (Evangelischer Pressedienst), o. D.

de ihre Konzerttournee in der Bundesrepublik antreten; John Lennon hegt Zweifel, wie lange ihr Erfolg noch vorhalten wird, Ringo Starr die Hoffnung, eines Tages seine eigene Kette von Frisiersalons (sic!) zu eröffnen. Ein paar Jahre darauf nimmt Wolf das *London unter 21* in Augenschein und begibt sich ins Marquee, einen der am meisten angesagten Clubs der Stadt. Doch mehr als für den Auftritt von Pete Townshend und The Who interessiert Wolf sich für das Publikum: Dafür, wie *Die jungen Nachtwandler,* so der Untertitel dieses 1967, am Höhepunkt der Swingin' Sixties realisierten Films, tagsüber als Fotomodels oder Verkäuferinnen ihren Lebensunterhalt bestreiten – und sich wie Hillary, eine der Protagonistinnen, nebenher gar noch als Freiwillige in der Altenbetreuung betätigen.[13]

»Fotogen durch die Nacht« lautet, Jahre später, der Titel einer Rezension seines Films *Scotland Yard: Londoner Bobby* (1976), die, über den Anlaß hinaus, auf eine generelle Kritik an dem erstaunlichen Output des Filmemachers, seiner Umtriebigkeit abzielt: »Edmund Wolf kann alles, kennt alles und redet für sein Leben gern. Vom Nahen Osten bis Amerika ist ihm kein Problem zu heiß, keine Person zu hoch, daß er sie nicht vor die Kamera brächte, er porträtiert, reportiert, kolportiert, kommentiert, schnell, effektvoll und eloquent. Seine Filmberichte sind widerstandslos – nie hat man das Gefühl, daß sich Edmund Wolf, dem Weltenbürger, etwas entzieht, daß er Schwierigkeiten hätte, ein Thema darzustellen. Eins fügt sich ins andere, als müßte das so sein. Aber ganz selten vermitteln Wolfs Reportagen den Eindruck, daß hier etwas ausgelotet wird. Der Effekt besticht, die Mache desgleichen, und es bleibt ein schaler Geschmack.«[14]

Tatsächlich kann man sich von der Fülle an Information und Material, die Wolf liefert, mitunter wie erschlagen fühlen. Durchschnittlich bestehen seine Features aus rund 60 Sequenzen, von denen sich jede wieder aus einer Vielzahl von einzelnen Einstellungen zusammensetzt. Konterkariert wird dies forcierte Tempo, bei dem sich fürwahr eins ins andere zu fügen scheint, zum einen durch die sorgfältig ausgearbeitete Dramaturgie der Filme, wobei Wolf, wie auch in seinen Kommentaren, stets auf Ambivalenzen bedacht ist; zum anderen durch die Be-

---

13 Bedauerlicherweise ist der Film nur mehr in einer Fassung mit internationaler Tonspur überliefert – also ohne Wolfs gewiß vielschichtigen Kommentar zu dem Geschehen.

14 Tsr.: »Fotogen durch die Nacht«. In: Hannoversche Allgemeine Zeitung, 30. April 1976.

Die Tauben und die Falken, **1968: Dem kalifornischen Gouverneur Ronald Reagan geht das Pferd durch.**

harrlichkeit, mit der er sich bestimmten Themen widmet, oder mit der er gelegentlich Personen bzw. deren Aussagen in früheren Filmen wieder aufgreift.

So etwa beginnt *Weiß in Rhodesien* mit einem Ausschnitt aus seinem zehn Jahre vorher gedrehten Film *Rhodesien* (1966), in dem Premierminister Ian Smith ein für allemal ausgeschlossen hatte, daß es zu seinen Lebzeiten eine schwarze Mehrheitsregierung in Rhodesien geben werde. Nun, meint Wolf, der Smith seinerzeit als »gottesfürchtigen Mann, mit einem redlichen Lächeln« beschrieben hatte,[15] dafür, daß sich das baldige Ende der weißen Vorherrschaft abzeichne, schaue dieser noch erstaunlich gesund aus. In der Folge versucht Wolf abzuwägen, wie ein neues Rhodesien, nunmehr Simbabwe geheißen, aussehen könnte, ohne wie zuvor Angola oder Mosambik in einem Blutbad zu versinken. Freilich muß er die Antwort darauf schuldig bleiben, aber der Film endet pessimistisch, mit dem Begräbnis eines kleinen weißen Mädchens, das bei einer Autofahrt mit seinen Eltern von herumziehenden Freischärlern erschossen wurde. »Ob Simbabwe im Frieden entsteht, wie in

Pretoria vorgezeichnet, ist, gelinde gesagt, ungewiß«, so der Schlußkommentar: »Daß den einzelnen Gräbern des Guerillakrieges Massengräber folgen werden, ist, mit Schauern gesagt, nicht unmöglich.« Dann folgen die Abspanntitel. Währenddessen schaufeln zwei Männer in blütenweißen Hemden die schmale Grabstatt mit roter Erde zu.

Doch auch wo es für sein Argument nicht unbedingt zwingend ist, greift Wolf hin und wieder auf sein Archiv, auf Begegnungen und Schicksale, die ihm nahegehen, zurück, und schafft so sein ganz eigenes, werkimmanentes System von erinnerten Bildern und Querverweisen. Das gilt zum Beispiel für Bob Simmons, einen zentralen Protagonisten seines ersten Vietnamfilms. 1968, in *Die Tauben und die Falken,* wird Simmons zum Militär einberufen; am Beginn seines zweiten, *God Bless America – Heimkehr in ein zerrissenes Land* (1970), sieht man Bob kurz wieder, der gerade aus dem Krieg zurück ist.

»Lassen Sie sich von der journalistischen Aufmachung nicht abschrecken«, entschuldigt sich Wolf bei einem seiner Gewährsleute in Washington, Seth Tillman vom U.S. Senate Commitee on Foreign Relations; »natürlich ist es meine Absicht, die große Debatte über den Vietnamkrieg so ernsthaft und verantwortungsbewußt zu ergründen, wie dies in einem Dokumentarfilm

---

15 Edmund Wolf: »Im Schatten der Furcht. Rhodesien lebt zwischen Utopie und Wirklichkeit«. In: DIE ZEIT, 13. Mai 1966.

überhaupt möglich ist – und zwar sowohl in den Korridoren der Macht als auch der Nation allgemein; der Film, der am 10. Januar zur Hauptsendezeit ausgestrahlt wird, sollte eine gewisse Wichtigkeit haben – soweit das Fernsehen halt wichtig ist.«[16]

Die Tauben und die Falken beschreibt zwei gegenstrebige Bewegungen, Anfang und Ende bilden eine dramaturgische Klammer. Eingangs, nach Archivbildern von einer Friedensdemonstration vor dem Pentagon, sieht man ein paar Vietnamveteranen, die in einem Spital versorgt und im Umgang mit ihren Arm- oder Beinprothesen geschult werden; gegen Schluß die Ausbildung von frischgefangenen Rekruten, die mit »Rollenspielen« (einige Kameraden von Bob Simmons müssen auf Vietkong machen: Sie tragen Strohhut und Sandalen, haben sich in Bambushütten versteckt und leisten im übrigen keinerlei Widerstand!) auf ihren bevorstehenden Einsatz im vietnamesischen Dschungel vorbereitet werden.

Dazwischen klärt Wolf über die Entwicklung und die Hintergründe des einst noch so fernen Konflikts (»Erst Präsident Johnson machte den Krieg zu einem amerikanischen Krieg«) sowie die unterschiedlichen Positionen der »Tauben« und »Falken« in der US-Außenpolitik auf. Ronald Reagan, damals Gouverneur von Kalifornien, nimmt hoch zu Roß an einer Parade der mächtigen Veteranenvereinigungen teil. »We must save our humanity«, fordert hingegen Bürgerrechtler und Kriegsgegner Stokely Carmichael die Zuhörer bei einer Versammlung auf, ihre Einberufungsbefehle zu verbrennen und sich nicht zu »bezahlten Mördern« machen zu lassen. Und das im Hauptabendprogramm des Deutschen Fernsehens! Vor geschätzt 15 bis 20 Millionen Zuschauern landesweit!

Heute zählt *Die Tauben und die Falken* zu Wolfs bekanntesten, weil immer wieder gezeigten Filmen,[17] aber seine Erstausstrahlung provoziert vor allem erbitterte Kritik. »Der Berichterstatter verlor schon auf den ersten Filmmetern die Balance, um dann völlig ziellos und unordentlich denkend durch die Argumente zu taumeln«, kann man etwa im Hamburger Abendblatt darüber lesen: »Daß dieser rein journalistisch ungenügende Bericht durch die Redaktionen des Fernsehens schlüpfte, spricht nicht für Sorgfaltspflicht, die allen zeitbedingten Widrigkei-

---

16 Brief von Edmund Wolf an Seth Tillman, Esq. vom 21. August 1967. Im Original englisch. (NL Wolf 1.4.1.12.)

17 Zuletzt wurde der Film am 6. April 2008 auf 3sat ausgestrahlt.

Rhodesien, 1976

ten zum Trotz in dieser Branche immer noch geboten ist.«[18] Und der Rheinische Merkur setzt nach: »Schon der Titel von Edmund Wolfs Bericht über den Konflikt um den Vietnamkonflikt [war] irreführend. Wolf widmete sich in aller Breite den Argumenten und Emotionen der Vietnamgegner, der ›Tauben‹. Es ist unseriös, wenn verschwiegen wird, daß der Mehrheit der Amerikaner die Kriegführung in Vietnam zu zaghaft erscheint, und wenn zwar Antivietnam-Demonstrationen gezeigt, die Gegendemonstrationen jedoch nicht einmal erwähnt werden. Diese Sendung kann als Beispiel dafür dienen, wie aus Wirklichkeitspartikeln ein Pamphlet gedrechselt werden kann.«[19]

Wolfs direkter Vorgesetzter ist Clemens Münster, der Fernsehdirektor des Bayerischen Rundfunks. Wahrscheinlich nicht zuletzt unter dem Eindruck des massiven negativen Presseechos schreibt der bekennende Sozialdemokrat dem unter Beschuß gekommenen Mitarbeiter ein paar Tage später folgende Zeilen nach London: »Lieber Herr Dr. Wolf, vor wenigen Tagen habe ich *Die Tauben und die Falken* gesehen. Weil wir uns über den Gegenstand unterhalten haben, möchte ich Sie so schnell wie möglich wissen lassen, daß mich seine Behandlung in jeder, aber auch in jeder Hinsicht voll befriedigt hat! Wieder einmal ein Anlaß, Ihnen zu danken und der Freude Ausdruck zu geben, daß Sie bei uns sind!«[20]

In seinem zweiten Filmbericht zum Thema, *God Bless America*, trägt Wolf vor allem der innenpolitischen Situation in den Vereinigten Staaten Rechnung, die sich binnen der letzten

---

18 hjm: »Die Tauben und die Falken«. In: Hamburger Abendblatt, 4. Januar 1968.
19 P. D.: »Politik im Fernsehen«. In: Rheinischer Merkur, 12. Januar 1968.

20 Brief von Clemens Münster an Edmund Wolf vom 16. Januar 1968. (NL Wolf 2.1.4.2.1.) – Wie sehr Münster Wolf schätzte, läßt ein anläßlich des Endes von Münsters Dienstzeit beim Bayerischen Rundfunk geschriebener Brief vom 31. Januar 1971 erahnen, in dem er Wolf – vergeblich – dazu ermuntert, das Material zu seinen Filmen auch in Buchform zu veröffentlichen: »Es gibt Produktionen, die sich selbst genügen und für die es mit ihrer Ausstrahlung im Fernsehen sein Bewenden haben kann. Hinter Ihren Sendungen aber steckt mehr als in den Bildern und Texten der Fernsehproduktion enthalten ist, sehr vieles, das nicht mehr in der Ausstrahlung vergehen sollte.« (NL Wolf. Ebenda.)

zwei Jahre zusehends verschärft hat. »Ich sehe, daß Millionen zu zweifeln beginnen werden«, bekräftigt der US-Senator George McGovern, einer der schärfsten Kritiker der Nixon-Administration, »ob unser demokratisches System lebensfähig ist. Ich glaube, diesem Zweifel wird auf der Rechten wütende Repression entgegengesetzt werden.« Wolf zeigt einen katholischen Pazifisten, der wegen Wehrdienstverweigerung für 22 Monate hinter Gittern saß und dort zum Befürworter einer – wenn nötig auch bewaffneten – sozialistischen Revolution geworden ist; zeigt die Gleichgültigkeit, mit der Veteranen auf das Massaker von My Lai reagieren; und er zeigt Heimkehrer, die so bald wohl nicht mehr daheim, in der amerikanischen Gesellschaft ankommen werden: »Rauschmittel rauchen haben sie alle in Vietnam gelernt.« Aus diesen Worten spricht Bedauern und Befremden. »Aber wie«, fragt Wolf weiter, »sollen junge Menschen, welche Vietnam fühlenden Herzens erlebt haben, anders als kritisch reagieren?«

Zu den faszinierendsten Eigenarten seiner Filme gehört, daß Wolf seine Protagonisten vor der Kamera auch immer wieder einmal Deutsch sprechen läßt, wiewohl sie dieser Sprache offenkundig nicht mächtig sind. Über deren Sinn und Zweck kann an dieser Stelle nur spekuliert werden. Um einen »V-Effekt« à la Brecht dürfte es ihm kaum zu tun gewesen sein; eher vielleicht darum, besondere Erkenntnisse möglichst direkt, also ohne Voiceover, ans deutsche Publikum zu bringen. Oder eventuell ist es lediglich eine Reaktion Wolfs auf den von der Kritik wiederholt erhobenen Vorwurf, er komprimiere »Aussagen zu einem unkontrollierbaren, penetrant andauernden Kommentar, statt die Leute selbst reden zu lassen«.[21] Im vorliegenden Fall kommt diese Aufgabe einem aus Vietnam zurückgekehrten Leutnant namens Hank zu, der seine Offizierskarriere an den Nagel gehängt und sich einen Vollbart hat wachsen lassen, um in Greenwich Village auf der Straße nun selbstgefärbte Hippie-Hemden zum Verkauf feilzubieten. »Amerika war für mich Nummer eins«, sagt Hank in stockendem Deutsch. »Aber da in Vietnam ich habe gesehen den Unterschied zwischen was ist wirklich und was ist nur gesagt. Freiheit – wir vernichten ihr Land, wir vergiften ihre Brunnen, wir töten ihre Töchter und Söhne und Babys, und wir treiben sie hinter Stacheldraht wegen Vietkong. Hinter Stacheldraht für Freiheit und Demokratie. [Südvietnam] ist eine korrupte Militärdiktatur – wir nennen es Demokratie.«

Mit dem Film *Das Reich Gottes in Belfast* (1970) findet sich Edmund Wolfs Name erstmals auf der Liste der Nominierungen für den Adolf-Grimme-Preis, bald darauf wird das eindrucksvolle Feature *Auserwählt in Jerusalem. Vom Leben in einer heiligen Stadt* (1972) bei dem prestigeträchtigen Preis mit einer »ehrenden Anerkennung« bedacht. Seinen größten Erfolg – wiewohl nicht als Filmemacher, sondern nur als Drehbuchautor – feiert er Mitte der siebziger Jahre. *LH 615: Operation München* (1975), sein »dramatischer Bericht« um die Entführung einer Lufthansa-Maschine durch ein palästinensisches Terrorkommando im Jahr 1972, wird zum Triumph für den Autor und unter anderem mit Deutschlands damals wichtigstem Fernsehpreis, dem Bambi der Zeitschrift »Hör zu«, ausgezeichnet. Wolf, der im Vorfeld monatelang Recherchen betrieben, Gespräche mit vielen der in den spektakulären Fall involvierten Personen geführt und sogar noch die Protokolle des Funkverkehrs mit der Besatzung der entführten Boeing 727 studiert hat, rekonstruiert das Doku-Drama mehr oder weniger im Wortlaut und ergänzt es um kurze Stellungnahmen der Betroffenen sowie eine Rahmenhandlung, die die

---

21 Ludwig Metzger: »Mokieren hilft da wenig. Edmund Wolf, *Geboren: am 8. Mai 1945*. Dokumentarbericht«. In: Funk-Korrespondenz, 20/1969.

Aufnahmen im Fernsehstudio in Unterföhring zeigt.[22]

Der durchschlagende Erfolg indes ist keineswegs ausgemacht. Ganz im Gegenteil, die Entstehung von *LH 615* steht unter keinem allzu guten Stern. Der ursprünglich für die Regie vorgesehene Eberhard Itzenplitz, ein Routinier, der sich mit Fernsehadaptionen bekannter Theaterstücke wie *Sechs Personen suchen einen Autor* (1964) und brisanter Stoffe wie *Bambule* (1970) von Ulrike Meinhof einen Namen gemacht hatte, legt die Arbeit wegen der »antiarabischen Tendenz« der Vorlage nieder, noch bevor die erste Klappe fällt. An seiner Stelle wird Theo Mezger, der nach *Flug in Gefahr* (1964) und mehreren Folgen von *Raumpatrouille Orion* (1966) bereits über reichlich Flugstunden verfügt, als Regisseur vom Süddeutschen Rundfunk ausgeliehen. Der größte Teil der Dreharbeiten muß unter Polizeischutz stattfinden und die Ausstrahlung des Films schließlich aus politischer Rücksichtnahme – einmal wegen Henry Kissingers Nahost-Verhandlungen, ein andermal wegen des Jahrestags des arabisch-israelischen Krieges – mehrfach verschoben werden.[23]

LH 615 ist weder Wolfs erstes »Dokudrama« noch sein letztes. 1960 bereits hatte Otto Kurth *Die eiskalte Nacht* verfilmt, ein vier Jahre zuvor für den Hörfunk geschriebenes Stück über die Ungarnkrise. Jetzt sollten weitere Ausflüge ins Genre der szenischen Dokumentation folgen. Mag sein, daß Wolf, der von sich selbst glaubte, »von Geburt an ein Stückeschreiber gewesen«[24] zu sein, aus dieser Autorentätigkeit fürs Fernsehen jene Befriedigung zu ziehen hoffte, die ihm auf der Bühne letztlich verwehrt geblieben war – aber kaum eine seiner einschlägigen Arbeiten in den achtziger Jahren stößt bei der Realisierung nicht auf größere Schwierigkeiten.

Aus dem aktuellen Tagesgeschäft hat sich Wolf zu diesem Zeitpunkt schon weitgehend zurückgezogen. Seine letzten zwei Features für den Bayerischen Rundfunk, *Annapolis – Amerikas Macht und Ohnmacht* und *Es könnte eine Oase sein – Arm und Reich in Kenia* entstehen im Abstand eines Jahres und gehen im Oktober 1981 bzw. November 1982 auf Sendung. In der Folge scheint Wolf die meiste Zeit auf die Recherchen für *Geheime Reichssache* verwendet zu haben, sein Opus Magnum, einen ursprünglich auf zwölf Teile angelegten Film über die deutsche Generalität während der Zeit des Nationalsozialismus. Nach langem Ringen und mehreren vollständig überarbeiteten Drehbuchfassungen wird er 1987/88 (in Co-Produktion des Bayerischen mit dem Österreichischen Rundfunk) unter der Regie von Michael Kehlmann als Zweiteiler mit großem Staraufgebot realisiert.[25]

Ein anderer »dramatischer Bericht«, den Edmund Wolf mit Blick auf den im Februar 1984 bevorstehenden 50. Jahrestag des Bürgerkriegs in Österreich (also vermutlich 1982/83) in Angriff nimmt, dürfte über das Projektstadium nicht hinausgekommen sein. Das im Nachlaß erhaltene, knapp dreiseitige Exposé zu »Helden in Heiligenstadt. Eine österreichische Tragikomödie« gibt immerhin einigen Aufschluß über sein Vorhaben. Zur historischen Situation heißt es dort

---

22 Diese semidokumentarische Formsprache des Fernsehspiels wurde in Deutschland zuletzt vor allem von Heinrich Breloer (*Todesspiel*, 1996/97) und Roland Suso Richter (*Mogadischu*, 2008) kopiert.
23 Eine detaillierte Auseinandersetzung mit dem Film findet sich in Susanne Gföller: »Edmund Wolf. Auswirkungen des Exils auf das Lebenswerk eines Kulturschaffenden«. Diplomarbeit Universität Wien 1996, S. 78ff.

24 Birgit Weidinger: »Erfolgsrezepte für die mageren Jahre. Wie man das Publikum ›packt‹ – ein Besuch in London bei Edmund Wolf«. In: Süddeutsche Zeitung, 18. April 1989.
25 Siehe dazu den Beitrag von Stefan Maurer in diesem Band, S. 106.

einleitend: »In allen ›roten Festungen‹ von Wien, den grossen sozialdemokratischen Kommunalbauten, wurde gekämpft; besonders der Kampf um den grössten dieser Bauten, den Karl Marx-Hof, wurde legendär. Menschen, die im Karl Marx-Hof seit fünfzig Jahren leben (und es gibt so manche noch) nennen als ihre furchtbarste Erinnerung nicht den sechsjährigen Weltkrieg, sondern die drei Tage jener Erhebung, die von Anfang an hoffnungslos war und deren Planlosigkeit von keinem Heldenmut wettgemacht werden konnte. Wie einer, der damals mitkämpfte, sagte: ›Es war so a österreichische G'schicht.‹ Es war eine österreichische Tragikomödie, voll bitterster Ironie, wie so vieles Österreichische.«[26]

Schauplatz soll der Karl-Marx-Hof von heute sein. Die dramatischen Geschehnisse von einst plant Wolf, wo immer notwendig, durch Erinnerungen »von Männern, die damals mitkämpften – in einem Fall einer Frau, deren Mann, Johannes Haas, damals eine entscheidende Rolle spielte (er selbst ist heute schwer krank und nicht mehr redefähig, sie aber, eine Frau von 81 Jahren, ist voll Leben und Feuer)« zu verbinden. »Diese Erinnerungsmomente führen zu möglichst wahrheitsgetreuen Rekonstruktionen des dreitägigen Dramas, die schwarz-weiss gefilmt werden sollen. (Verwendung von Wochenschau-Material naheliegend.)«[27]

Die übrigen Personen der Handlung sind die Arbeiter Eigner, Lehner und Dölzel, die im Zuge der Kampfhandlungen kurzzeitig das Polizei-Wachzimmer im Heiligenstädter Bahnhof eroberten. Emil Svoboda, der nach der Erstürmung des Blauen Bogens am 13. Februar durch die Heimwehr zu fliehen versuchte, von einer Nachbarin denunziert, festgenommen und noch am selben Tag hingerichtet wurde, sowie dessen Freund Karl Mark. Weiters noch Johann Pacejka, ein Funktionär des Schutzbunds, der ebenfalls gefangengenommen, ins Polizeigefängnis auf der Rossauerlände verbracht, aber später wieder freigelassen – und im März 1938 Nazi wurde.

Exemplarisch für die Paradoxien und schier unlösbaren Widersprüchlichkeiten bei der Beschäftigung mit historischen Begebenheiten und den moralischen Verwerfungen des Individuums, auf die Edmund Wolf stets insistiert hat, ist hingegen der Fall von Karl Biedermann. Ihn, einen Hauptmann der Heimwehr, der bei der Niederschlagung der Schutzbündler an vorderster Front mit dabei war, stellt Wolf in den Mittelpunkt all seiner Überlegungen, denn »gerade seine Geschichte und sein Charakter enthalten eine besonders ironisch-heilsame Moral. Er, den wir zuerst noch vor der Erhebung kennenlernen, in Bereitschaft in der Heimwehrkaserne, dann im Einsatz gegen den Karl Marx-Hof bis zur Erstürmung des Mitteltrakts, und während der ›Säuberung‹, bei der sich die Heimwehr so wüst aufführt, ohne daß er dem Einhalt gebieten kann – dieser ›feige Scherge des Austro-Faschismus‹ – (die Regierung plante sogar, den Karl Marx-Hof Biedermann-Hof zu nennen) – er ist von allen, die mit den Kämpfen um den Karl Marx-Hof irgendetwas zu tun haben der einzige, der als Widerstandskämpfer gegen die Nazis hingerichtet wurde. Als Major Biedermann spielte er eine führende Rolle in einer Offiziersverschwörung gegen Baldur von Schirach und die Wehrmachtsführung in Wien, wurde wenige Wochen vor Kriegsende verraten, gefoltert, verurteilt und an einem Lichtmast aufgehängt, wo seine Leiche tagelang hing.«[28]

---

26 Projekt von Edmund Wolf: »Helden in Heiligenstadt. Eine österreichische Tragikomödie«. Unveröffentlichtes Typoskript. (NL Wolf 1.4.1.55.1.)
27 Ebenda.

28 Ebenda.

Isabel Mühlfenzl
Unser Freund Mundi.
Erinnerung an einen großen Kollegen

Eigentlich war er ein Wanderer zwischen zwei Welten – Deutsch war seine Muttersprache, und deutsch dachte er wahrscheinlich auch. Aber England war seine Wahlheimat, dorthin hat es ihn verschlagen, als er den Nazis entkam. Edmund Wolf arbeitete 25 Jahre für die ARD im Bayerischen Rundfunk und produzierte mehr als 80 Dokumentationen.

Irgendwann Anfang der siebziger Jahre habe ich ihn kennengelernt – meinen großen Kollegen, den ich sehr bewunderte. Ich habe viele seiner Fernsehreportagen und Dokumentationen gesehen und viel von ihm gelernt. Er wußte – wie keiner – Bescheid in der internationalen Politik und war eigentlich immer vor Ort, wenn dort etwas Entscheidendes passierte. Dank seiner Kenntnisse und seiner hervorragenden Kontakte waren seine Berichte Sensationen in der ARD und trafen immer den entscheidenden Punkt. Er konnte politische Ereignisse spannend schildern und zeigte Hintergründe und Zusammenhänge.

Mein Mann, Rudolf Mühlfenzl – damals Chefredakteur des Bayerischen Fernsehens –, hielt sehr viel von Edmund Wolf, weil er es schaffte, politische Fakten unterhaltsam, gelegentlich fast feuilletonistisch auf den Bildschirm zu bringen.

Mundi – so nannten wir ihn – war oft bei uns zu Hause. Mein Mann und er wurden Freunde. Die beiden saßen am Kamin und diskutierten über Gott und die Welt – stundenlang. Mundi steckte immer voller neuer Pläne und Ideen.

Es ging häufig um das Thema: Wie kann man die Zuschauer mit nüchternen Nachrichten fesseln. Sie diskutierten und entwickelten immer neue dramaturgische Formen und Effekte. Fernsehen muß informieren, aber die Information darf nicht schulmeisterlich präsentiert werden. Man muß die Zuschauer bilden und unterhal-

Isabel und Rudolf Mühlfenzl

ten – das war ihr Credo. Erst viel später habe ich erfahren, daß er auch Schriftsteller und Dramaturg war, daß eigentlich das Theater seine Welt war und daß er viele bedeutende Theaterstücke geschrieben hatte. Es war wohl sein dramaturgisches Talent, das seine Fernsehfilme so spannend machte. Da mein Mann auch als Dramaturg an einem Münchner Theater begonnen hatte und später das sogenannte »Fernseh-Feature« erfand, verstanden sich die beiden von Anfang an.

Einige seiner Dokumentationen sind unvergeßlich und machten Fernsehgeschichte Seine stärkste war wohl *LH 615: Operation München* über eine Flugzeugentführung, die er »ein dramatisches Portrait« nannte: das lebensecht nachgespielte Highjacking einer Lufthansa-Maschine am 26. Oktober 1972, Folge einer Geiselnahme israelischer Sportler durch ein palästinensisches Kommando während der Olympischen

Spiele in München. Dieser Film war eine dramaturgische und journalistische Meisterleistung – beklemmend wie ein Krimi, mit Gefühl für die Menschen und die menschlichen Schicksale, die hinter dieser Operation München steckten. Er beleuchtete den Fall von allen Seiten, aus allen Perspektiven, schilderte fast atemberaubend die Situation der Crew und zeigte die politischen Motive, die hinter der Aktion steckten. Edmund Wolf schilderte mit viel Verständnis das Schicksal der Palästinenser und der Israelis – Menschen, getrieben von Liebe und Haß; gleichzeitig dokumentierte er auch die Hintergründe der politischen Entscheidungen und die Interessen der Politiker und der Lufthansa. Ich habe mir den Film kürzlich noch einmal angeschaut und war wieder fasziniert von seiner journalistischen Unabhängigkeit und Klarheit.

Ein besonders geglücktes Beispiel war auch seine Dokumentation *Die Senatoren. Washington – im Konflikt mit Nixon.* Mundi schaute hinter die Fassade des Weißen Hauses, erklärte die nicht ganz einfach zu verstehenden Machtverhältnisse in der US-Politik und das von Europa so verschiedene Parteiensystem. Er zeigte aber auch die Menschen hinter den Kulissen der Politik. Dank seiner hervorragenden Kontakte bekam er Einblick ins Familienleben der Politiker.

Das sind nur zwei hervorragende Filme von Mundi, die mir in Erinnerung sind – aus einer Reihe von 150 Arbeiten, die allein in den Archiven des Bayerischen Fernsehens schlummern. Natürlich waren nicht alle seine Filme gleich gut. Aber Mundi konnte auch Kritik vertragen und hörte aufmerksam zu. Komplimente hörte er sich kommentarlos an und schmunzelte nur. Er war immer bescheiden und machte nichts aus sich – ein Mensch ohne Eitelkeit, ein passionierter Idealist.

Seine Frau, die wir auch sehr gern mochten, hielt die Zügel fest in der Hand – auch finanziell. Sie war eine glänzende Geschäftsfrau und hatte in London, als Häuser noch sehr preiswert waren, mit Immobilien ein Vermögen gemacht. Sie schilderte es gelegentlich mit viel Witz und Humor.

Einmal sagte Mundi zu mir: »Eigentlich bin ich ein schwerreicher Mann und müßte nicht arbeiten. Meine Frau erledigt alles, und ich muß mich um nichts kümmern.« Seine Welt war der Journalismus und das Theater – eine Welt, in der er lebte, während seine Frau sich mit der Realität befaßte, ihm ein finanziell sorgloses Leben bereiten konnte und ihm den Freiraum schuf für seinen Beruf, der gleichzeitig sein Hobby war.

Wir haben ihn einige Male besucht in seinem Haus in der Church Row in London Hampstead. Die Wohnung war geschmackvoll und von seiner tatkräftigen Frau sehr individuell gestaltet. Wir blieben Freunde fürs Leben. Auch meine Tochter war in ihren Londoner Jahren oft bei den Wolfs zu Gast und kannte seine Söhne.

Edmund Wolf war der Inbegriff eines guten Journalisten – er schilderte Fakten ohne persönliche Meinung. So mancher Kollege von heute könnte sich ein Beispiel nehmen an der unabhängigen, objektiven Berichterstattung – die perfekte Trennung zwischen Nachricht und Kommentar.

Stefan Maurer
»Nicht dramatisch genug?«
Von *Hitler und die Generale* zur *Geheimen Reichssache*

Edmund Wolf ahnte nicht, daß er mit der Zusage, den Themenkomplex *Hitler und die Generale* zu bearbeiten, eine Verpflichtung einging, die – bis zur tatsächlichen Realisierung – sieben Jahre seines Lebens in Anspruch nehmen würde. Der im Dezember 1988 unter dem Titel *Geheime Reichssache* im dritten Programm des Bayerischen Rundfunks und im ORF ausgestrahlte TV-Zweiteiler war nur noch ein Bruchteil des von Edmund Wolf geplanten »dokumentarischen Zeitdramas«[1] über die »hochdramatischen Generalsschicksale«.[2] *Geheime Reichssache*, das im Berlin zwischen 1937 und 1939 spielt, erzählt die Geschichte des Generalfeldmarschalls Werner von Blomberg (1878–1946) und des Oberbefehlshabers der Wehrmacht Werner von Fritsch (1880–1939), die sich beide – während Adolf Hitlers geheime Kriegsvorbereitungen liefen – den Absichten des »Führers« widersetzten. Ursprünglich war eine längere Reihe geplant gewesen, in der es »nicht um die Norm der »Führer, wir folgen«-Generale, sondern um die Ausnahmen«[3] gehen sollte. Das gesendete »Endprodukt« stand in keinem Ver-

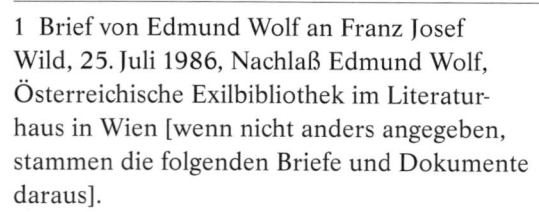

Geheime Reichssache, Michael Degen, Franz Böhm

hältnis zu dem von Wolf geleisteten Recherche- und Arbeitsaufwand und folgte auch in Struktur und Handlungsverlauf nur noch marginal seiner tatsächlichen Vision. Obwohl der Erfolg der *Geheimen Reichssache* für sich sprach und der Zweiteiler von der Kritik gut aufgenommen wurde[4] – das dokumentarische Fernsehspiel erhielt 1989 den Fernsehpreis der Deutschen-Angestellten-Gewerkschaft[5] –, war Wolf mit dem

---

1 Brief von Edmund Wolf an Franz Josef Wild, 25. Juli 1986, Nachlaß Edmund Wolf, Österreichische Exilbibliothek im Literaturhaus in Wien [wenn nicht anders angegeben, stammen die folgenden Briefe und Dokumente daraus].
2 Brief von Edmund Wolf an Helmut Oeller, Fernsehdirektion BR, 25. Oktober 1985. Helmut Oeller (geb. 1922) leitete zwischen 1971 und 1987 den Bayerischen Rundfunk als TV-Direktor.
3 Brief von Edmund Wolf an Helmut Oeller, 24. Januar 1985.

4 Unter dem Titel »Zeitlose Brisanz« lobte z. B. eine Kritikerin die bewußt »Schritt für Schritt« gehende »dramaturgische Annäherungsform« des dokumentarischen Fernsehspiels: »Ein weiteres Verdienst ist die exakte Recherche und der genaue Dialog, der die einzelnen Szenenfolgen kennzeichnet; er enthält Spannungseffekte von kriminalistischer Qualität. (…) Was an der Schilderung der ›Geheimen Reichssache‹ fesselt, ist die Verbindung von zeitloser Brisanz und zeitgebundener Couleur«. Vgl. Birgit Weidinger: Zeitlose Brisanz. *Geheime Reichssache*. In: Süddeutsche Zeitung, 14. Dezember 1988.
5 In seinem Festvortrag meinte Herbert Nierhaus – der Vorsitzende der Jury –, daß der »politisch bildende Wert des Fernsehspiels« noch »durch die Tatsache verstärkt werde, daß der Autor es verstanden hat, das Geschehen

Mit Tatjana Blacher und Alexander Kerst

geschrumpften Endergebnis alles andere als zufrieden.

»Bei diesem Vorhaben darf es sich nicht um dialogisierte Didaktik handeln, sondern um Drama«

Im Dezember 1980 wurde Wolf von Franz Josef Wild (1922–1998) – der seit 1956 als Leiter der Abteilung Fernsehspiel des Bayerischen Rundfunks fungierte und mit dem Wolf bereits bei vorangegangenen Projekten zusammengearbeitet hatte – »dazu überredet (…) Szenarios unter dem Arbeitstitel *Hitler und die Generale* zu entwickeln«.[6] Wolf unterzeichnete im März 1981 einen Vorvertrag, der festhielt, er solle den »Themenkomplex (…) in Angriff nehmen«. Die zu schreibenden Drehbücher hatten die Aufgabe, den Zuschauern die zeitgeschichtlichen Zusammenhänge »nicht nur als Retrospektive, sondern in unmittelbarem Bezug auf heute höchst brisante und wichtige Themen, so da sind Fahneneid, Treuegelöbnis, Militärische Führung und Verantwortung«[7] nahe zu bringen.

Als *dramatis personae* sollten der Generalmajor und Widerstandskämpfer Henning von Tresckow (1901–1944), Werner von Blomberg, Werner von Fritsch, Walther von Seydlitz-Kurzbach (1888–1976), die Generalfeldmarschälle Erwin Rommel (1891–1944) und Friedrich Paulus (1890–1957) sowie der Offizier und Widerstandskämpfer Claus Schenk Graf von Stauffenberg (1907–1944) fungieren.

Tresckow – der sich nach dem »Röhm-Putsch« 1934 auf Distanz zum Nationalsozialismus begeben und sich nach den Novemberpogromen 1938 vollends vom Regime abgewandt hatte – war mit seinem ersten Attentatsversuch auf Hitler im März 1943 gescheitert und beging nach der »Operation Walküre«, dem Attentat am 20. Juli 1944, Selbstmord. Tresckow zählte für Wolf zu den »Besten der ›Gerechten‹ in jenem dunkelsten Deutschland«.[8] Er fand »sei-

---

spannend nach der Art des Kriminalstücks – das es zu großen Teilen ja auch wirklich ist (…) – über die relativ lange Dauer des Fernsehspiels hinweg darzustellen und dadurch das Interesse der Zuschauer bis zum Ende wachzuhalten«. Vgl. Deutsche Angestellten-Gewerkschaft (Hrsg.): *Fernsehpreis 1989*. DAG-Hausdruck 6/1989, S. 27.
6 Brief von Edmund Wolf an Helmut Oeller, Fernsehdirektion BR (Anm. 2).

7 Brief von Franz Josef Wild an Edmund Wolf, 19. März 1981 [Vorvertrag].
8 Brief von Edmund Wolf an Helmut Oeller, 24. Januar 1985.

Geheime Reichssache, Michael Degen

ne Geschichte schlüsselhaft dramatisch«.[9] Als eine für das Vorhaben zentrale Figur entwickelte sich Generalfeldmarschall von Blomberg, der, ab 1935 Reichskriegsminister und Oberbefehlshaber der Wehrmacht, am 4. Februar 1938 wegen »unstandesgemäßer Heirat« entlassen worden war und während der Nürnberger Prozesse in der Haft verstarb. Der Fall des Generaloberst Fritsch, der für Wolf mit »der bodenlosen Intrige, mit der er in den Tod getrieben [wurde], alles Folgende wie in einem fürchterlichen Kern«[10] enthielt, sollte ebenfalls behandelt werden. Fritsch, im Mai 1935 zum Oberbefehlshaber des Heeres ernannt, wurde im Februar 1938 wegen seiner Opposition gegen Hitlers forcierte Kriegspolitik gestürzt, indem man ihn wegen Homosexualität anklagte. Er fiel später im Polenfeldzug.

Eine weitere historische Figur, deren Schicksal Wolf näher beleuchten wollte, war der Kommandeur des Westfeldzugs der 12. Infanterie-Division, Walther von Seydlitz-Kurzbach, der im Januar 1943 bei Stalingrad in sowjetische Kriegsgefangenschaft geriet und dort an der Gründung des »Bundes Deutscher Offiziere« beteiligt war.

Am Beginn eines Treatments charakterisiert Wolf die Reihe folgendermaßen:

»Die Reihe beginnt im Februar 1938 – als Hitler zur Durchführung des von ihm längst beschlossenen Krieges durch zwei sensationelle Intrigen im Laufe weniger Tage die totale, direkte Befehlsgewalt über die Wehrmacht erreichte; sie endet 1955 mit der Rückkehr des Generals von Seydlitz, nach 13 Jahren in russischen Gefangenenlagern und Kerkern. Er kehrt zurück in ein materiell wieder aufblühendes Westdeutschland und Westeuropa – aber die Folgen des Krieges, der Europa zerschlagen hat, wirken unüberwunden weiter. Bis auf den heutigen Tag.«[11]

Anhand der Einzelschicksale der Generale wollte Wolf mit »dokumentarischer Genauigkeit« aufzeigen, »mit welcher korrupten Bedenkenlosigkeit Hitler [sich] über Sachkenntnis, Kritik und professionelle Handlungsweise seiner Generale hinwegsetzte«.[12] Der dramatische Spannungsbogen sollte umfassen, wie Hitler »im Handstreich den Oberbefehl über die Ar-

---

9 Brief von Edmund Wolf an Helmut Oeller, 23. Dezember 1981.
10 Brief von Edmund Wolf an Helmut Oeller, 24. Januar 1985.

11 *Hitler und die Generale,* eine Reihe von 12 einstündigen Fernseh-Sendungen von Edmund Wolf, S. 2. [Treatment].
12 Brief von Franz Josef Wild an Edmund Wolf (Anm. 7).

mee an sich gerissen und sie mit größenwahnsinnigem Dilettantismus in den Untergang geführt hat«. Auch der »Widerstand der Generale, das mißglückte Attentat auf Hitler und schließlich das schmähliche Ende in Nürnberg« sollte in den einzelnen Folgen gestaltet werden. Das Endprodukt war aber nicht als »Dokumentation gedacht«, sondern als eine Reihe »voll dramatisierter Stücke«.[13]

Bereits nach ersten Recherchen zum Thema gegen Ende des Jahres 1981 empfand Wolf »unvergleichlich viel stärker« als bei seinen vorangegangenen Dokumentardramen – *LH 615: Operation München* (1975) oder *Trauer um einen verlorenen Sohn* (1980) –, daß diese »dramatische Serie einen geradezu unabweisbaren Anspruch auf Gestaltung und die größte Chance hat, Weltinteresse [zu] erregen«.[14] Mit den beiden genannten Fernsehspielen hatte er bereits große Erfolge verzeichnen können. Denn Wolf war davon überzeugt, daß diese »Spielform den Zuschauer packt«, wobei alles »sorgfältig und genau in Szene gesetzt sein (...), die Recherche stimmen [muß und] es guter Schauspieler, sorgfältig ausgearbeiteter Dialoge und Drehbücher

13 Ebenda.
14 Brief von Edmund Wolf an Helmut Oeller, 23. Dezember 1981.

[bedarf], die streng an der historischen Wahrheit orientiert sind«.[15]

Im April hatte Wolf einen Arbeitsplan aufgestellt, den Arbeitsbeginn setzte er mit dem 1. Juli 1981 fest und wollte bereits »zu Jahresende oder am Jahresbeginn 1982« die Exposés vorlegen: »Vom 1. Januar 1982 werde ich sofort mit Vorarbeiten für das Thema beginnen«.[16] In der Folge befaßte sich Wolf mit immer größer werdender Faszination und Begeisterung mit dem Thema, da ihm »ein Stoff nach dem andern, bei größter Treue zur historischen Wahrheit, so aufregend geriet, so im höchsten aristotelischen Sinn Mitleid und Schrecken erregend, daß ich mich auch in meinen Nächten davon nicht trennen konnte. Ich spreche nicht von Aufarbeitung der Vergangenheit; ich spreche von den aufregenden dramatischen Stoffen, die irgendeinem Dramatiker unterkommen können, voll von Weltschicksal und voll von Menschlichkeit.«[17]

In regelmäßigen Abständen sandte Wolf ausführlichste Treatments an die Fernsehspielabteilung des BR, ehe er am 30. Juli 1982 einen Vertrag unterzeichnete und sukzessive, bis Ende Oktober 1983, alle zwölf in Auftrag gegebenen Drehbücher, die mit jeweils einer Stunde Spielzeit im Fernsehen veranschlagt waren, fertig ausgearbeitet hatte.

»Mein Treatment ist voll von allerneuesten Forschungsergebnissen«

Wolf trieb die Arbeiten zu diesem Themenkomplex mit skrupulöser Recherche und der Akribie eines Historikers voran. Vom ersten Moment an

15 Birgit Weidinger: »Erfolgsrezept für die mageren Jahre«. In: Süddeutsche Zeitung, 18. April 1989.
16 Brief von Edmund Wolf an Helmut Oeller, 10. April 1981.
17 Brief von Edmund Wolf an Helmut Oeller, 23. Dezember 1981.

war er um Authentizität bemüht, von der er sich auch später – als ihn der BR zur Umarbeitung des Stoffes zwang – nicht abbringen ließ. Beredte Auskunft über die ausufernden Recherchen gibt Wolfs Nachlaß, bei dessen Sichtung man sich an das Diktum Michel Foucaults, »man sollte alles lesen, alles studieren«, erinnert fühlt. Beinahe ein Drittel des gesamten Nachlasses beansprucht das Projekt mit Recherchematerialien, Entwürfen, Vorarbeiten, Treatments und Drehbüchern. Wolf legte eine umfangreiche Sammlung zeithistorischer Quellen an – sowohl gedruckter als auch ungedruckter. Er überließ beim Schreiben dieses »brisanten, zeithistorischen Stoffes«[18] nichts dem Zufall. In der Zeit bis 1982, die er mit Vorstudien verbrachte, widmete er sich vor allem der einschlägigen Fach- und Sekundärliteratur. Über 50 Bücher mit thematischem Bezug finden sich in der Arbeitsbibliothek und über 100 weitere Werke in Form von Kopien. Diese reichen von Standardwerken wie *Hitler and his Generals,*[19] des amerikanischen Militärhistorikers Harold C. Deutsch, *Widerstand Staatsstreich Attentat,*[20] *Aufstand der Generale*[21] oder *Der Fritschprozess 1938,*[22] bis hin zu Biographien, wie z. B. jene über Henning von Tresckow.[23]

Wolf begnügte sich aber keineswegs nur mit gedruckten Quellen, sondern ließ sich auch durch das Studium von Originaldokumenten leiten. Seine Nachforschungen erstreckten sich vom Institut für Zeitgeschichte in München, dem Bayerischen Hauptstaatsarchiv bis hin zum Bundesfilmarchiv Koblenz und dem Nationalarchiv Washington, wo er historisches Filmmaterial recherchierte. So finden sich z. B. Kopien der »Aufzeichnungen« des Generaloberst Werner Freiherr von Fritsch, »geschrieben zwischen Februar und September 1938«, in seinen Recherchematerialien wie auch die Abschrift eines »Auszugs aus dem Kriegstagebuch der 12. Division«, der Bericht des Leutnants der Reserve Rosenhagen des Artillerie-Regiments 12 »über den Soldatentod des Herrn Generaloberst Freiherrn von Fritsch am 22. 9. 1939« und das Telegramm Adolf Hitlers, welches er nach dem Tod ihres Sohnes an die Freifrau von Fritsch schrieb. Auch die unveröffentlichten Memoiren des Werner von Blomberg aus dem Bundes-Militärarchiv in Freiburg im Breisgau finden sich in Wolfs Sammlung. Vom Bundesarchiv Aachen ließ er sich Fotokopien einer »Wehrmachtgerichtlichen Akte« senden, der er den Ablauf eines Verfahrens vor einem Wehrmachtsgericht entnehmen konnte.

Das Schreiben der Drehbücher war für Wolf auch »an vielen Stellen entscheidend davon abhängig, welche der noch lebenden Zeugen der Zeit interviewt werden können«.[24] Die wichtigsten Personen, mit denen Ton- oder Filminterviews für *Hitler und die Generale* gemacht werden sollten, waren General Hans Speidel (1897–1984), der »86 Jahre alt und seit langem leidend ist, andererseits (…) auf das engste mit Rommel verbunden [war] und es muß ihm erklärt werden, daß wir unsere Rekonstruktion weitgehend auf seinem, Speidels Buch über Rommel und die

---

18 Brief von Edmund Wolf an Helmut Oeller, 30. Januar 1985.
19 Harold C. Deutsch: *Hitler and his Generals. The Hidden Crisis, January–June 1938.* Minneapolis 1974.
20 Peter Hoffmann: *Widerstand Staatsstreich Attentat. Der Kampf der Opposition gegen Hitler.* 3. überarb. Aufl. München 1979.
21 Wilhelm von Schramm: *Aufstand der Generale. Der 20. Juli 1944 in Paris.* München 1977.
22 Johann Adolf Kielmansegg: *Der Fritschprozess 1938: Ablauf und Hintergründe.* Hamburg 1949.
23 Bodo Scheurig: *Henning von Tresckow. Eine Biographie.* Oldenburg 1973.

24 Franz Josef Wild an Helmut Oeller, 4. März 1982.

Invasion²⁵ aufbauen. (...) Speidel ist der wichtigste von allen«. Auch ein Gespräch mit Freifrau Erika von Tresckow sollte ermöglicht werden: »Sie ist 78 Jahre alt [und] hat am Walküre-Plan ihres Mannes tätig teilgenommen«.²⁶

Dem Historiker Karl Otmar Freiherr von Aretin (geb. 1928), dem der Bayerische Rundfunk Wolfs Drehbücher 1984 zur Überprüfung vorgelegt hatte, schien die geplante Reihe ein »außerordentlich wichtiger Beitrag zur Erfassung der Geschichte des Dritten Reiches« zu sein, und er meinte, daß »hier ein wirklich wichtiges und gar nicht so leicht zugängliches Material historisch sauber aufgearbeitet« worden sei. Aretins Urteil zufolge habe Wolf die »sehr breit angelegte Forschung« zu dieser Thematik in historische Szenen umgesetzt, die »einen Einblick in die Geschichte und in die Problematik des Verhältnisses von Hitler und den Generalen vermittelt«.²⁷

»Immer wieder wurde ich zum Umschreiben getrieben – aus wie törichten Gründen!«

Wolfs Drehbücher wurden vom Bayerischen Rundfunk jedoch alles andere als gut aufgenommen. Wie ein Protokoll eines Gesprächs zwischen Franz Josef Wild und den Koproduzenten SFB und NDR vom 14. März 1984 festhält, sollte die »Frage des Gesamtumfangs von *Hitler und die Generale*, wie auch (...) Länge und Anzahl der einzelnen Folgen noch einmal überdacht werden«. Wolfs Konzept wurde umgestoßen, das im »Titel der Reihe ausgedrückte Gesamtthema« sollte gegenüber den Einzelschicksalen der Generale mehr in den Vordergrund rücken. Auch die Gewichtung der historischen Ereignisse wurde kritisiert, die »bei einem Publikum, das nur unzureichende Vorkenntnisse besitzt, falsche Eindrücke und Rückschlüsse« zulasse.²⁸ In einer Notiz zur Gewichtung der Serie notierte Wolf, daß er vor allem mit seinen Drehbüchern über die Generale Fritsch und Blomberg einen der »sensationellsten, bis heute nie behandelten Prozeß der Weltgeschichte« ausgearbeitet habe, aus dem »der ganze Verlauf der kommenden Jahre herausgelesen werden konnte, die so entscheidend wichtig (...), alle protokollarisch belegt, an Dramatik u. an belehrender Dramatik, m. E. nicht zu übertreffen« seien. Resigniert hielt er fest: »Hätte ich nur dieses Stück geschrieben, wäre es längst produziert, längst ganz sicher mit großem Erfolg gelaufen u. an die Welt verkauft«,²⁹ und an anderer Stelle auf demselben Blatt heißt es, es sei »doch nicht meine Aufgabe Militärgeschichte durchzupauken, sondern dramatisch-tragische Konflikte darzustellen«.³⁰

In der Folge sollten »alle zwölf Stücke (...) weggeworfen [und] anstatt ihrer nur noch eine vierteilige, dialogisierte Historie geschrieben werden«.³¹ Obwohl Wolf das Argument vorbrachte, daß »ein geistig-künstlerisches Werk seinem inneren Gesetz folgt wie ein Gewächs« und man es ausreißen, aber nicht »aus zwei Bäumen einen machen« könne, erwog der Bayerische Rundfunk, die Reihe zunächst auf nur acht Episoden zu kürzen. Da Wolf »drei Lebensjah-

---

25 D. i.: *Invasion 1944. Ein Beitrag zu Rommels und des Reiches Schicksal.* Tübingen [u. a.] 1949.
26 Brief von Edmund Wolf an Franz Josef Wild, 3. März 1982.
27 Gutachten von Prof. von Aretin zu den Büchern *Hitler und die Generale* von Edmund Wolf, 23 Bl.

28 Vgl. dazu: *Hitler und die Generale.* Zusammenfassung der Gespräche mit NDR und SFB, München, den 14. März 1984, 4 Bl. [Protokoll von Franz Josef Wild].
29 Gewichtung, 2. Bl.
30 Ebenda.
31 Brief von Edmund Wolf an Helmut Oeller, 30. Januar 1985.

re (...) auf diese Arbeit verwendet hatte«, fand er die »Antiklimax der gegenwärtigen Situation nicht amüsant«.³² Schließlich wurde er von Helmut Oeller aufgefordert, »etwas ganz anderes zu schreiben, nämlich vier zweistündige Stücke, die mit dem Roehmputsch zu beginnen und mit Hitlers Tod zu enden hatten«.³³ So verfaßte Wolf »nach neuem Quellenstudium, das Equivalent von mindestens zwei zweistündigen, neuen Stücken«, obwohl er sich gegen den »historischen Didaktizismus, der nicht wirken wird«, verwehrte: »Wie vorausgesagt stellte sich die Arbeit als dramatische Totgeburt heraus«.³⁴ Edmund Wolf schlug vor, die Serie in »Vier Generale zu Führers Zeiten« umzubenennen, und arbeitete die zwölf Teile in vier Stücke von je zwei Stunden Dauer um.

Dem Vorschlag des Produzenten und Regisseurs Günther Rohrbach (geb. 1928), der Wolf riet, er solle seine Phantasie spielen lassen, setzte er entgegen, daß es ihm eben um »möglichst belegbar-wahre, dokumentarische-dramatische Arbeit« ginge. Wolf dachte dabei auch an die Zuschauer, die »auf die Verfälschung und Verbilligung der Ereignisse mit Wut und Verachtung reagiert hätten«.³⁵

Im Laufe der Umarbeitungen und Neuentwürfe wurden Wolfs »menschliche Beziehungen beim BR, in diesen Jahren der *Hitler und die Generale*-Tragikomödie, locker«,³⁶ und er fand es ein »unakzeptables Risiko, mich an das Umschreiben von Szenenkomplexen zu setzen, ohne absolute Gewähr, daß die Produktion nicht wieder ad calendas Graecas verschoben wird«.³⁷

In Michael Kehlmann (1927–2005) fand die stark gekürzte Version von *Hitler und die Generale*, die schließlich nur noch die Geschehnisse um die Generale Blomberg und Fritsch umfaßte, einen Regisseur,³⁸ der Wolf zufolge »dieselbe Sprache spricht wie ich«.³⁹ Kehlmann konzedierte den Stücken zwar »spannenden Inhalt«, meinte jedoch, daß die beiden übriggebliebenen Drehbücher »zwischen allen möglichen Stühlen und die heißen: Geschichte, Drama, Charakterisierungskunst, Spannung« säßen. Obwohl es laut Kehlmann den Drehbüchern »an Dramatik, an Geschichte, an Vorgeschichte« fehle, bezeichnete er den Stoff um »Hitler und die Generale« als »wirklich angewandten Shakespeare«.⁴⁰ Wolf verteidigte seine Drehbücher als »Stoffe von solcher Dramatik, daß nur eine Frage zu Recht gestellt werden kann: Warum hat sie kein deutscher Autor vor mir geschrieben?« Die »dramatischen Windungen, die immer neuen explosiven Überraschungen im Fall Fritsch« wirkten auf ihn deshalb so stark, »weil an diesem Einzelfall vorexerziert« wurde, was »die Welt dann furchtbar erlebte«, nämlich die »Hybris des Nationalsozialismus, die jede mörderische Mogelei für selbstverständlich gestattete, und jede noch so schamlose Dummheit für klug genug hält«. Wolf sei auch »kein historisches Komplott« bekannt, das

---

32 Brief von Edmund Wolf
an Helmut Oeller, 1. Februar 1984.
33 Brief von Edmund Wolf
an W. K. Ziegaus, 14. August 1985.
34 Brief von Edmund Wolf
an Helmut Oeller (Anm. 2).
35 Brief von Edmund Wolf
an Helmut Oeller (Anm. 31).
36 Brief von Edmund Wolf
an Clemens Münster, 9. Februar 1987.

37 Brief von Edmund Wolf
an Franz Josef Wild, 25. Juli 1986.
Alle folgenden Zitate ebenda.
38 Zuvor waren u. a. die Regisseure Wolfgang Petersen (geb. 1941) und Michael Verhoeven (geb. 1938) im Gespräch gewesen. [Liste mit zur Auswahl stehenden Regisseuren, 9. September 1986.]
39 Brief von Edmund Wolf
an Clemens Münster, 9. Februar 1987.
40 Brief von Michael Kehlmann
an Franz Josef Wild, 15. Juli 1986 [Abschrift].

Michael Kehlmann, Regisseur von *Geheime Reichssache*

diese »spezifische Mischung von Brutalität und Dummheit« enthält, und »an diesem Wesen ging dann einige Jahre später die Welt zu Grunde. Nicht dramatisch genug? Für mich doch«.[41] Wolf hatte jedoch schon zuvor begriffen, daß »jeder Versuch, den Fall Blomberg und den Fall Fritsch in einem Stück zu verschmelzen«, hätte mißglücken müssen und daß die »ursprünglichen Stücke in ihrem dokumentarisch-dramatischen Stil unvergleichlich die besten sind und bleiben«.[42]

Die Schauspieler des Zweiteilers, der am 10. und 11. Dezember 1988 im BR und kurz darauf im ORF lief, waren zum Teil, wie Hans Schulze (geb. 1930), der Darsteller des Fritsch, bereits durch zeitgeschichtliche Rollen in der Filmöffentlichkeit präsent. »Blomberg« Alexander Kerst (geb. 1924), ebenso wie »Heydrich« Dietrich Mattausch (geb. 1940), ein bekannter Fernsehdarsteller, hatte mit Michael Kehlmann und Helmut Qualtinger (1928–1986) das »Kleine Theater« im Wiener Konzerthaus gegründet. Sie vertreten ihre Figuren zwischen Gehorsam und Pflichterfüllung und deren Grenzen überzeugend. Michael Degen (geb. 1932), der – wie vor einigen Jahren bekannt wurde – als jüdisches Kind im Untergrund in Berlin überlebte, begann seine Karriere an Bertolt Brechts Berliner Ensemble und zählte in den achtziger Jahren zu den profiliertesten Darstellern im deutschen Fernsehen. Degen gab seine Interpretation der Figur Hitlers ohne Angebote für Faszination oder Karikatur.

Michael Kehlmann sollte später auch Wolfs

---

41 Brief von Edmund Wolf an Franz Josef Wild (Anm. 37).
42 Brief von Edmund Wolf an Helmut Oeller, 25. Oktober 1985.

Partner für ein weiteres zeithistorisches Filmprojekt im Kontext des Totalitarismus mit dem Arbeitstitel *Sie nannten ihn Lenin* oder *Lenin sein*. Anfang 1993 hatte Wolf begonnen, für dieses »historisch-dramatische Protokoll« Literatur zu sammeln, Notizen und Szenenentwürfe sowie ein Treatment auszuarbeiten.

»Ich habe guten Grund, an die Wichtigkeit des Stoffes zu glauben«, schreibt er 1993 aus London an Kehlmann.[43] »In Rußland gibt es keine kommunistische Partei mehr, aber der längst tote Lenin scheint noch stärker zu sein als Jeltsin. In der BRD leben jetzt Millionen von Menschen, die in der ehemaligen ›Zone‹ nichts lernten, als Glaube an Lenin.« Als zentrale Episode schwebten Wolf die dramatischen Ereignisse rund um die russische Konstituante vor, jene demokratisch gewählte verfassunggebende Versammlung, die im Januar 1918 durch die Regierung der Bolschewiki gewaltsam aufgelöst wurde. Wie es Wolfs bevorzugtem literarischen Verfahren entsprach, setzte er nicht auf einen fiktiven Erzähler, sondern auf historisch belegte Figuren wie die Anarchistin und angebliche Lenin-Attentäterin Fanny (Fanja) Kaplan (1890–1918) und nach deren Hinrichtung auf Maxim Gorki (1868–1936) als Sprecher. »Durch zwei solche Gestalten«, meint Wolf in einem Brief an Kehlmann, »kann Dramatik eingeführt werden, wo die Bilder uns fehlen«, und berichtet von seinem Plan sich in Deutschland nach ansprechbaren »Intendantenpersönlichkeiten« umschauen zu wollen: »Es wird nicht leicht sein, aber ich bin nicht begeistert darüber, wenn wir das einfach abschreiben wollen.«

Wie der Großteil des Hitler-Projekts blieb auch die Lenin-Dokumentation unvollendet, ein Torso, heute abgelegt in der Box 68 des Nachlasses. Ebenso wie die fast unüberschaubare Fülle an Materialien zu *Hitler und die Generale* eine Inspirationsquelle für Forschende späterer Zeiten und verschiedener Disziplinen sein kann, liegt auch in dieser Archivschachtel etwas, das, frei nach Tucholsky, wie ein Suppenwürfel von Lubarsch ist: Man kann ihn nicht essen, aber es werden noch viele Suppen daraus gekocht werden.

---

43 Brief von Edmund Wolf an Michael Kehlmann, 27. Mai 1993, die folgenden Zitate ebenda.

Oliver Rathkolb
Zeitlose Brisanz – zeitgebundene Couleur.
Anmerkungen zur Rezeption des Fernsehfilms *Geheime Reichssache*

Wie in dem Beitrag von Stefan Maurer ausführlich dargestellt, wurde erst im Dezember 1988 der »Rest einer groß angelegten Dokumentationsserie von Edmund Wolf ausgestrahlt«. Ursprünglich war geplant gewesen, eine zwölfteilige einstündige Serie auf Sendung zu bringen, die im Februar 1938 beginnen und mit der Rückkehr des General von Seydlitz aus der russischen Kriegsgefangenschaft enden sollte.

Wolf versuchte anhand einer minutiösen Rekonstruktion der Einzelschicksale von zentralen militärischen Entscheidungsträgern – Generalen –, den Aggressionskrieg Hitlers und Ansätze von Widerstand oder gescheiterten Widerstandsaktivitäten zu erfassen. Bereits Ende Oktober 1983 waren alle beauftragten zwölf Drehbücher fertig – trotz sehr akribischer Recherchevorarbeiten, die sich an den Erinnerungen von Militärs und einzelnen Widerstandsaktivisten und -aktivistinnen orientierten und – zeittypisch – in der Perspektive auf die »kritischen militärhistorischen Analysen« beschränkt waren.

Die Handlung verblieb in der Welt der »großen Männer«.

Mit der Eliminierung der beiden zentralen Wehrmachtsgenerale Werner von Fritsch und Werner von Blomberg wurde Hitlers Weg freigekämpft, selbst den Oberbefehl über die Wehrmacht zu übernehmen – wobei von Blomberg trotz seiner Entmachtung noch bei der öffentlichen Übergabe der Führung der Wehrmacht mitspielte.

Bekanntlich ist Wolfs ursprüngliche Drehbuchfassung von Michael Kehlmann bearbeitet worden, um eine stärkere Dramatisierung für das Medium Fernsehen zu gewährleisten. Als der Zweiteiler erstmals im Bayerischen Rundfunk und dann im ORF ausgestrahlt wurde, waren die Reaktionen vorsichtig zustimmend. Die deutsche Berichterstattung, beispielsweise in der Süddeutschen Zeitung vom 13. Mai 1989, konzentrierte sich auf die ungewöhnliche Form der zeithistorischen Auseinandersetzung: Hitlers Konfrontation mit führenden Militärs, um für seinen Aggressionskriegsplan freie Hand zu haben.

Erst mit der Verleihung des DAG-Fernsehpreises in Silber 1989 erhielt die Serie die mediale Unterstützung, um auch in der ARD ausgestrahlt zu werden. Übrigens betonten alle Festredner bei der Preisverleihung den Beitrag dieses Films zur »Politischen Bildung« – so auch die Präsidentin des Deutschen Bundestages, Rita Süßmuth. Dabei stand vor allem auch die Kritik an dem »blinden Gehorsam« der aristokratischen Armeeführung im Zentrum der Darstellung, insbesondere von Blomberg wurde als Typ eines Offiziers genannt, der »Gott sei Dank in der Armee unseres Staates nicht mehr vorzufinden« ist.

In typischer Weise für diese vergangenheitspolitische Phase konzentrierte sich die mediale Berichterstattung auf die zentralen Akteure als Spielfiguren: Michael Degen als Hitler, Alexander Kerst als Werner von Blomberg und Hans Schulze als Werner von Fritsch.

In Österreich entschloß sich der ORF nur zögernd, die *Geheime Reichssache* zu senden. Im Kontext von Waldheim-Debatte 1986 und Jubiläumsjahr 1988 (50 Jahre »Anschluß«) suchte die Sendeleitung einen Platz außerhalb der besten Sendezeit, obwohl der Zweiteiler vom Leiter des ORF-Fernsehspiels selbst bearbeitet worden war. Daher wurde die inzwischen in Deutschland erprobte Dokumentarserie am 15. und 16. Dezember 1988 zu fast nachtschlafender Zeit um 21:55 bzw. 22:05 Uhr den »historisch aufgewühlten« österreichischen Zuschauern »zugemutet«: Vergangenheitspolitik in kleinen Schritten.

Verblüffend und irritierend ist die Tatsache, daß die Rezeption von *Geheime Reichssache* beispielsweise in der Tageszeitung Die Presse (19. Dezember 1988) durch Ilse Leitenberger höchst positiv war. Dazu muß vorausgeschickt werden, daß Ilse Leitenberger in der Presse einen extrem kritischen bis negativen Diskurs über NS-Themen führte, was offensichtlich mit ihrer eigenen Biographie zusammenhängt, aber auch mit ihrer beruflichen und persönlichen Nähe zu Otto Schulmeister, dem Herausgeber der Zeitung, der hier eine rigide Politik gegen etwaige antifaschistische Darstellungen verfolgte.

Warum die Spiel-Dokumentation, in der die Nazigrößen Hitler, Göring und Himmler als *dramatis personae* auftreten, so positiv gesehen wurde, hängt sicher damit zusammen, daß hier ein kaum bekannter Machtkampf innerhalb der Wehrmacht noch einmal rekonstruiert wurde. Außerdem gab es eine positive Heldenfigur. Generaloberst von Fritsch, der homosexueller Verfehlungen beschuldigt und seines Amtes enthoben wurde, paßte perfekt in die kritische deutsche Vergangenheitspolitik und schien auch das deutsche Offiziersideal zu verkörpern: Nach kurzfristiger Rehabilitierung suchte er den »Heldentod« an der Front vor Warschau. Diese Darstellung erfüllte offensichtlich jene Vorstellung von geschichtspolitischer Auseinandersetzung, die das Hauptaugenmerk auf zentrale Akteure lenkte und auf Täterfiguren wie Hitler oder Göring fokussierte.

Es ist kein Zufall, daß in der Kurzrezension von Ilse Leitenberger die *Geheime Reichssache* ebenso wie der Film *Weiße Rose* als »bester TV-Film über ein Thema des schrecklichen Anfangs des Deutschen Untergangs« skizziert wurde (Die Presse, 19. Dezember 1988). In ihrer Formulierung zeigt sich, daß Ilse Leitenberger, wie viele andere Angehörige der Wehrmachtsgeneration, noch immer auf der Suche nach »großen« Schuldigen des Zweiten Weltkriegs ist. Gleichzeitig ist sie nicht imstande, die gesellschaftliche Verantwortung dieser Generation für den Zweiten Weltkrieg und schon gar nicht für die Shoa zu thematisieren. Am Rande sei vermerkt, daß Leitenberger NSDAP-Mitglied und Schriftleiterin im Nachrichtenbüro des Goebbels-Ministeriums gewesen war und es nach 1945 bis zur stellvertretenden Chefredakteurin der Presse gebracht hatte.

Bei den Reaktionen auf die Ausstrahlung von *Geheime Reichssache* in Österreich muß der Regieansatz von Michael Kehlmann berücksichtigt werden: daß es nicht so sehr darum gehe, »ein historisches Phänomen zu durchleuchten«, sondern »vor allem zu zeigen, wie das NS-Regime mit Menschen umgegangen ist, gezielt und ohne Rücksicht«. Das heißt, es wurde auch jener Gruppe von Zuschauern, die der gleichen Generation angehörten wie die Protagonisten des Films, die Möglichkeit geboten, sich mit diesen zentralen Handlungsfiguren – dem Reichskriegsminister und dem Oberbefehlshaber – zu identifizieren, ohne sich von den zeitgleich laufenden kritischen vergangenheitspolitischen Debatten in der Öffentlichkeit betroffen fühlen zu müssen.

Die Stuttgarter Nachrichten (16. Mai 1989) bringen diesen exkulpierenden Faktor in der Besprechung »›Geheime Reichssache‹ gekonnt aufgeschlüsselt« auf den Punkt: »Bloße Anständigkeit konnte gar nicht ausreichen, um gegen das Nazi-typische Gemisch aus Wahn (…) und krimineller Bosheit zu bestehen.«

Identifikationsangebote mögen auch über die literarisierte Form des Stoffes als Doku-Drama mit Krimi-Untertönen gelaufen sein. So schreibt Die Welt am 16. Mai 1989: »›Spiel‹ im Fernsehen, auch zeitgeschichtliche Vergnügungen, genießen wohl schrankenlose Freiheit. Was sich de facto teils als makabre Posse, teils als kriminelle Aktion gegen einen Ehrenmann darbietet, ist zur Kolportage geraten.«

In der ersten Kritik der Süddeutschen Zeitung (14. Dezember 1988) wird die Spielform wiederum eher positiv gesehen, auch die exakte Recherche des Autors bleibt nicht unbemerkt,

Edmund Wolf in seinem Arbeitszimmer, 1991

beides zusammen ergebe »die Verbindung von zeitloser Brisanz und zeitgebundener Couleur«.

Edmund Wolfs dokumentarisches Fernsehdrama zur deutschen Vergangenheit ist, wie seine Genese mit den ewiglangen Produktions- und Kürzungsphasen zeigt, offensichtlich als brisant eingestuft worden. Wie vor allem die österreichische Rezeption zeigt, wurden jene Deutungsmöglichkeiten des Stückes gern angenommen, die eine Identifikation mit den Hauptakteuren, zwei widerständigen Generalen der Wehrmacht, als Opfer des Regimes erlauben.

Edmund Wolfs Verdienst ist es, eine Facette des NS-Systems mit der ihm eigenen Ernsthaftigkeit und Verantwortung recherchiert, beschrieben und medial umgesetzt zu haben, einen Aspekt, der den Konsumenten der Hauptabendprogramme gewiß nicht bekannt war. Die großen Kontroversen darüber fanden nicht statt. Denn über die Verantwortung für Nationalsozialismus und Holocaust wurde, als *Geheime Reichssache* endlich ausgestrahlt werden konnte, schon so laut diskutiert, daß sich die Gesellschaft nördlich und südlich des Inn ohnehin nicht mehr entziehen konnte. Spätestens 1995, als die Ausstellung des Hamburger Instituts für Sozialforschung »Vernichtungskrieg. Verbrechen der Wehrmacht 1941–1944« in Deutschland und Österreich gezeigt wurde und den Mythos von der »sauberen« Wehrmacht öffentlich demontierte, war das Doku-Drama in der Wirklichkeit angekommen.

Gernot Friedel
Dialoge wie Musik.
Zur Entstehung des Fernsehfilms
Am dreizehnten Tag

Michael Kehlmann, seinerzeit Chef der Fernsehspielabteilung beim Österreichischen Rundfunk, rief mich kurz nach Neujahr 1990 an und sagte: »Wir müssen uns in den nächsten Tagen treffen, ich möchte mit dir über ein neues Projekt reden. Gehen wir doch essen, ich kenne ein ausgezeichnetes Beisl in der Margaretenstraße, im 4. Bezirk, mit böhmischer Küche: Den besten Karpfen, den du je gegessen hast, und vorher saure Linsen, Linsen zum Jahreswechsel bedeuten Geld, und Geld kann man doch immer brauchen.«

Wir trafen uns dort. Der Wirt war ein Freund von ihm. Zuerst ging's um Budweiser-Bier und wie man es richtig zapft, damit es einen ordentlichen ›Firm‹ bekommt, dabei handelt es sich um die Schaumkrone, die am Ende des Glases, wie ein Schneeberg, über den Rand in die Höhe steigen muß, und danach um die Zubereitung von Powidl, der ja bekanntlich in Wien immer viel zu süß ist, und so weiter und so weiter.

Die Bestellung war endlich aufgegeben, das Bier auf dem Tisch, da sagte Michael: »Ich muß weit ausholen, ich habe einen Freund, einen älteren Freund, und es ist nicht nur, weil ich ihm etwas schuldig bin, das ist etwas anderes! Er ist auch Schriftsteller, lebt in London, hat eine entzückende Familie. Ich bewundere alte Ehepaare«, sagte er dann noch, »wenn sie nach schrecklichen Zeiten und ständigem Auf und Ab immer noch zusammenhalten wie Pech und Schwefel und deshalb unglaublich aufeinander eingespielt sind, das ist etwas Wunderbares. Du mußt auch seine Frau kennenlernen, eine ganz besonders feine, kleine Dame. Du mußt sie kennenlernen! Er hat jetzt ein Drehbuch fertig. Ich wollte es eigentlich selber inszenieren, aber ich habe, wie du ja weißt, zu viel am Hals, und da bist du mir eingefallen.« An dieser Stelle machte er eine kleine Pause, und ich fragte: »Wie heißt denn dein Freund?« »Edmund Wolf«, war die Antwort. »Du wirst sehen, das ist ein wirklich lieber Mensch, kein verbitterter Greis, was auch nicht wunderlich wäre, und dann gibt es noch seine Frau. Du mußt nach London fliegen und mit beiden reden.«

»Was ist denn das Thema von diesem Drehbuch?« fragte ich vorsichtig, er darauf: »Ach ja, das Drehbuch!«

»Du hast vorhin gerade gesagt, dein Freund hat ein Drehbuch fertig!«

»Ja, ja, sicher, aber ich muß dir vorher noch etwas über Edmund Wolf erzählen: Er war auch einmal Dramaturg am Volkstheater hier in Wien und kein schlechter! Du weißt, ich habe Vorurteile gegenüber diesen Besserwissern, die sich in den Hintergründen vielleicht auskennen, aber von der Umsetzung eines Stückes keine Ahnung haben. So einer ist er nicht!«

»Trotzdem würde mich das Thema dieses Drehbuchs interessieren!« blieb ich standhaft. Dann kamen zwei frische Budweiser auf den Tisch, mit einem ausgezeichneten ›Firm‹, der so prächtig war, daß man nach dem ersten Schluck Schaum auf der Nase hatte, wie es sich gehört, und nachdem er sich diesen weggewischt hatte, sagte er: »Das Thema heißt ›Masaryk‹, und zwar handelt es sich nicht um den Vater, den tschechischen Staatsgründer, sondern um den Sohn, den Außenminister Jan Masaryk, den hat man umgebracht, aus dem Fenster geschmissen! Nicht gerade die feinste Art, Politik zu machen! Oder? Was sagst du dazu?«

Ich sagte: »Grauenhaft!«

»Der Sohn des alten Masaryk, der spätere Außenminister, war ja während des Krieges auch in London, die ganze tschechische Exilregierung war in London! Die kamen alle erst nach dem Zweiten Weltkrieg wieder nach Prag. Fensterstürze haben Tradition in Prag. Übrigens wußtest du, daß der Masaryk eine amerikanische Freundin hatte?«

Am dreizehnten Tag, Beatrice Kessler und Werner Kreindl, 1991

»Welcher jetzt?«

»Na, der junge Masaryk!«

»Laß es mich doch lieber lesen, dieses Drehbuch. Hast du es mitgebracht?«

»Nein«, sagte er, »ich wußte ja nicht, wie dieses Gespräch mit dir ausgehen würde. Komm doch morgen in mein Büro am Küniglberg, dann bekommst du es! Aber du mußt bald nach London fliegen! Es wird dir dort gutgehen, die Frau Wolf bäckt nicht nur einen ausgezeichneten Kuchen.«

Dann kam das Essen, und der Wirt verließ unseren Tisch nicht mehr, bis wir alles verzehrt und auch dementsprechend gewürdigt hatten. Danach eilte Kehlmann zu seinem nächsten Termin.

Ich habe mir das Manuskript am nächsten Tag, schon am Morgen, geholt. Es hieß *Am dreizehnten Tag*. Ich habe es sofort studiert und bin dann gleich wieder zu ihm hinauf auf den Küniglberg gefahren, hinein in sein Zimmer, er las gerade Kritiken, unterbrach aber diese Tätigkeit und sagte: »Du bist dran an der Sache, das gefällt mir! Wie findest du das Buch?«

»Sehr interessant, detailreich! Aber sollte man nicht noch die Auswirkungen des grauenhaften Schreckensregimes im Dritten Reich, auch die Vertreibung der deutschen Bevölkerung und die Beneš-Dekrete unterbringen?«

»Das kannst du dir gleich abschminken! Edmund ändert nichts mehr! Das hat er nie, sagen wir äußerst selten, getan! Ich möchte dich bitten, auf so etwas nicht zu bestehen! Bitte! Was du vorschlägst, sind auch nur Nebenthemen. In diesem Film geht es um den Umsturz der Kommunisten unter diesem Verbrecher Gottwald und den Mord an Jan Masaryk, das ist aufregend genug. Flieg nach London, aber mach keine Änderungsvorschläge! Ich weiß, es wird dir schwerfallen, aber tu mir den Gefallen! Mein Büro hat schon alles arrangiert.«

Ich flog nach London, fuhr in die Vorstadt, in ein typisch englisches Haus, und traf dort Herrn und Frau Wolf, zwei entzückende ältere Herrschaften. Er war sehr stolz auf sein Drehbuch, an dem er lange gearbeitet haben mußte, denn in diesem Gespräch beschrieb er mir auch Szenen, die in dem Buch, das ich gelesen hatte, gar nicht vorkamen, und so fragte ich ihn nach diesen Szenen, und er sagte mir darauf: »Es ist mir sehr schwergefallen, sie zu streichen, aber das Zeitlimit von neunzig Minuten! Ich habe aufgrund des Kompromisses, den mir Michael abgerungen hat, viele Tage nicht schlafen können! Es ist eigentlich unzumutbar!« Dann kam übergangslos noch der Satz: »Ich hasse Filmmusik, die lenkt vom Dialog ab, das ist etwas für Amerikaner!«

Daraufhin sagte seine Frau: »Aber es gibt so wunderbare tschechische Musik!«

»Bitte, das ist doch etwas ganz anderes! Ich habe so lange gefeilt an diesen Dialogen, die sind auch schon so etwas wie Musik!«

»Naja«, sagte sie besonders freundlich darauf, und er wechselte das Thema, fragte, ob ich in letzter Zeit in Prag gewesen sei und ob der alte Tempel und der jüdische Friedhof wohl nicht renoviert worden seien? Beides konnte ich verneinen. Daraufhin übergab er mir eine Motivliste von Prag und sagte: »Sie müssen sich das Palais Czernin auf der Loretánská anschauen, ein riesiger alter Kasten, dort ist der mörderische Sturz aus dem Fenster passiert, und zwar im ersten Innenhof, und bedenken Sie dabei, wie hoch es ist vom zweiten Stock, wo seine Wohnung war, bis hinunter.«

Ich sagte: »Das werde ich ganz bestimmt tun.«

Es kam ein duftender warmer Kuchen auf den Tisch, und Frau Wolf wiederholte: »Es gibt wirklich wunderbare tschechische Musik!« Und Herr Wolf antwortete sehr lieb: »Mir gefällt sie auch, aber ...« Frau Wolf drehte sich dabei sehr rasch zu mir und sagte: »Jetzt müssen Sie aber ein Stück Kuchen probieren!«

So begann die Arbeit an einem Film über das Schicksal des jungen Masaryk, der erster Außenminister der neuen Tschechoslowakei war und nach dem kommunistischen Putsch aus einem Fenster des Palais Czernin, des damaligen Außenministeriums, geworfen wurde.

Zu einer Rohschnittvorführung nach den Dreharbeiten kamen dann beide, Herr und Frau Wolf, nach Wien geflogen, und Michael Kehlmann brachte sie persönlich in die Filmfirma.

Herr Wolf sagte, als das Licht nach der Vorführung im Raum wieder anging: »Es hat mir erstaunlich, erstaunlich gut gefallen«, und seine Frau ergänzte: »Besonders gut war die Musik! Wirklich sehr gelungen.«

Danach wurde böhmisches Bier, leider aus Dosen, ausgeschenkt, was wiederum Herrn Kehlmann nicht besonders schmeckte, aber der Wein aus der Wachau, den man daraufhin schnell aus einem Nebenraum brachte, stellte dann alle zufrieden.

Am dreizehnten Tag (D/Ö 1991, **R** Gernot Friedel, **D** Edmund Wolf, Musik: Leoš Janáček) war eine Produktion des NDR, Hamburg, mit dem ORF; Erstsendung: ORF, 27.10.1991.

Jan Masaryk wurde von dem österreichischen Schauspieler Werner Kreindl (1927–1992) verkörpert, der als Darsteller in zeitgeschichtlichen Fernsehspielen wie *Die rote Kapelle* (1972) oder *Holocaust* (1978) und in Verfilmungen von Exilautoren (Hochwälder, Torberg) bekannt geworden war, populär ab 1978 als Kommissar der Krimiserie *Soko 5113*. Der im März 1948 durch den sogenannten Dritten Prager Fenstersturz zu Tode gekommene tschechische Außenminister war Kreindls letzte Filmrolle, *Am dreizehnten Tag* das letzte realisierte Drehbuch von Edmund Wolf.

Briefe und Texte von Edmund Wolf

»Daran müssen Sie denken, wenn Sie mir Fragen stellen.«
Erinnerungen an Alfred Andersch[1] in Briefen an Stephan Reinhardt[2] (1988/89)

Herrn
Dr. Stephan Reinhardt
gegenwärtig: Bocca di Magra, Toskana
11. 8. 1988
Sehr geehrter Herr Dr. Reinhardt,
Ihr Brief hat mich mit grosser Verspätung hier erreicht, und es steht nicht fest, wann ich wieder in London sein werde. Sobald ich kann, werde ich von mir hören lassen und Ihnen zur Verfügung stehen. Das Wichtigste für Sie wäre Korrespondenz, die ich heraussuchen müsste, was nicht leicht sein wird; aber irgendetwas müsste sich dabei ergeben. An den Grund, warum es zwischen uns dann »stiller wurde«, erinnere ich mich genau; er war an sich von geringer Bedeutung, aber ich werde Ihnen gern davon erzählen, wenn und wann wir zusammenkommen.

Wenn Sie mit Annette Andersch[3] in Verbindung stehen, lassen Sie sie herzlich von uns grüssen; ich habe sie nicht vergessen.

Zu gegebener Zeit lasse ich von mir hören.
Mit freundlichen Grüssen und guten Wünschen für Ihre Arbeit,
Ihr Edmund Wolf

22. 11. 1988
Sehr geehrter Herr Reinhardt,
ich bin gern bereit, Ihnen Ihre Fragen zu beantworten, womöglich in einem Aufwaschen, vermutlich in London, wenn Sie mal herkommen; da ich beschlossen habe, keine ARD-Dokumentationen mehr zu machen, werde ich in Zukunft weit seltener in München sein als bisher. Brieflich ist es einfach zu zeitraubend für mich. Ihr Brief hat mich veranlasst, *Efraim*[4] noch einmal zu lesen, aber »ein grosser Aufwand ward schmählich vertan«, weil mein diesmaliger Eindruck noch intensiver kritisch ist als mein ursprünglicher.

---

1 Alfred Andersch (1914–1980), der bedeutende Schriftsteller, Kulturjournalist und Förderer jüngerer Autoren (Bachmann, Heißenbüttel, Enzensberger, Walser, Arno Schmidt) im Nachkriegsdeutschland, war von 1948 bis 1958 Rundfunkredakteur, u. a. für den Süddeutschen Rundfunk. Er leitete dort die Redaktion Radio-Essay. 1958 zog er sich aus dem bundesdeutschen Kulturbetrieb zurück und lebte als freier Schriftsteller im Tessin. – Alfred Andersch und Edmund Wolf hatten sich durch ihre Arbeit für den Rundfunk kennengelernt und angefreundet. Die Briefe Wolfs an Stephan Reinhardt befinden sich in der Österreichischen Exilbibliothek im Nachlaß von Edmund Wolf: Nl. Wolf, Signatur N1-EB.36/2.1.2. Wir danken Stephan Reinhardt für die freundliche Genehmigung zum Abdruck.
2 Stephan Reinhardt: *Alfred Andersch. Eine Biographie*. Zürich 1990. – Stephan Reinhardt ist Literaturwissenschaftler und Literaturkritiker und war von 1975 bis 2007 Jury-Mitglied der SWR-Bestenliste.
3 Die Tochter von Alfred Andersch.
4 Der Roman von Alfred Andersch, *Efraim*, erschien 1967 in Zürich. Es geht darin um den in Deutschland geborenen jüdischen Journalisten George Efraim, der als Kind in England adoptiert wurde. Als Erwachsener im Berlin der Nachkriegszeit muß er feststellen, daß es in der jungen Bundesrepublik immer noch Antisemitismus gibt. Er versucht, den Journalismus aufzugeben und Schriftsteller zu werden. Anderschs im Kontext der Auschwitzprozesse entstandene Deutung einer deutsch-jüdischen Identitätssuche, abgebildet an der Erzählerfigur im Roman, Efraim, wurde sehr kontrovers aufgenommen, unter den schärfsten Kritikern war Marcel Reich-Ranicki.

Jetzt zu Ihren Fragen, hintereinander: Nein, ich war keine Londoner »Anlaufstelle« für ihn, und auch er war für mich keine »Stelle«. Wir waren zwei Menschen, die einander beruflich kennenlernten, so wie ich als Programmdirektor des deutschen Sendedienstes für die BRD viele andere wesentliche Mitarbeiter deutscher Rundfunkanstalten kennenlernte und immer wieder traf. Andersch, und »unter ihm« Enzensberger,[5] waren damals das dritte Programm des SDR, wir machten gemeinsame Programme, so wie ich mit andern Anstalten Gemeinschaftsprogramme einführte – (von denen noch heute die einen oder andern im alten Format und unter den alten Titeln laufen). Von allen diesen Bekanntschaften wurde nur Alfred Andersch zum persönlichen Freund, nur in diesem Fall befreundeten sich die Familien – (er hatte, wie Sie wohl wissen, eine Frau[6] von grosser Form, eine Malerin von ehrlicher Bedeutung). Wenn er in London war, war er bei uns, wie wir auch bei ihnen in Berzona waren, wenn unser Sommerweg uns nach Italien führte. Mein Fernsehspiel, nach dem Sie fragen, hiess *Die eiskalte Nacht,*[7] behandelte ein Thema, das mit der ungarischen Erhebung von 1956 zusammenhing und sowohl vom Funk (SWF), wie auch vom ARD-Fernsehen gesendet wurde; ich weiss nicht mehr, was Andersch dafür tat oder tun wollte. Er war nie für mich ein »Kontakt«, genausowenig wie ich für ihn. Ich führte ihn bei meinen Freunden ein – ganz ohne berufliche Kalkulationen; er sprach sie genauso an wie mich. Er war einer der ganz wenigen Deutschen – (und das stimmt noch heute, nachdem ich die letzten fünfundzwanzig Jahre mehr unter Deutschen als unter Engländern verbracht habe) –, die »in sich ruhend« wirkten und es waren; er gehörte natürlich auch zu den verhältnismässig wenigen, die keine Spur der Mitverantwortung für das Hitlerreich hatten, noch auch – wie der von Ihnen zitierte Erich Fried[8] – mit dem Nach-Stalinismus fromm mitmarschierten. Natürlich kannte ich Erich Fried, der auf demselben Stockwerk im Bush House arbeitete wie ich – meine Beziehung zu Fried bestand im wesentlichen nur darin, dass ich ihm die Übersetzung von *Under Milkwood*[9] vorschlug und das ausgezeichnete Werk in meinem Bereich inszenieren liess.

Schliesslich *Efraim*: Ich schrieb A. A. damals, dass die Berliner Kapitel grossartig seien, bei Vater und Tochter Krystek stimmt jeder Atemzug, Anna Krystek ist genauer gesehen, genauer gehört, genauer abgetastet, als irgendein anderer Charakter in dem Buch. Jedes Wort, das sie sagt, haut hin. (»Tun'se das öfta?«)

In London dagegen stimmt nichts: Meg kenne ich nicht, will sie auch nicht kennen; und Keir Horne – dass ein so kluger und feinfühliger Mensch nicht spürte, wie er Lindley Fraser[10] missverstanden hat, das Original seines Horne, bis zu den verschlungenen Krawatten als Bauchbinde. Lindley Fraser, damals Head of the German Service, lernte er durch mich kennen und guckte ihm zur Not ab, »wie er sich räuspert und wie er spuckt«, auch das nie überzeugend. Und »konservativ« ist Keir Horne, aber ein Mann der so durch die Welt geht, mit so renitenten Posen Theater spielt, wie Lindley es tat und Mr. Horne es ihm nachtut, kann in Grossbritannien nie ein Konservativer sein. Andersch hat London ge-

---

5 Hans Magnus Enzensberger, geb. 1929.
6 Gisela Groneuer bzw. Andersch (1913–1987), Malerin, Graphikerin.
7 Vgl. dazu den Beitrag »Was machen wir als nächstes?« über den Journalisten und Hörfunkmacher Edmund Wolf in diesem Band, S. 76

8 Erich Fried (1921–1988), Emigrant aus Wien, Lyriker, ebenfalls im Deutschen Dienst der BBC tätig.
9 Das Hörspiel von Dylan Thomas *Under Milkwood* (1953), deutsch *Unter dem Milchwald* (1954).
10 Leiter des Deutschen Dienstes der BBC 1946–1963.

liebt, nur gekannt hat er es nicht; das wird nicht durch die Aufzählung von Strassennamen wettgemacht, auch nicht dadurch, dass man die Untergrundbahn »tube« nennt. In Berlin stinkt und duftet alles nach Leben, London ist gar nicht da – und doch wird es von diesem Efraim beschrieben, der da »dreissig Jahre« gelebt hat. Wieso weiss er so nichts über London zu sagen? Wo hat er denn früher gelebt, wo ging er zur Schule (eine noch immer entscheidende Frage in England), wieso ist er immer so allein – wenn er nicht gerade mit der nicht-existenten Meg allein ist, warum gibt es nie einen Freund, den er anruft oder auf der Strasse trifft, warum hat er so gar keine Beziehung zu dieser Stadt? Und zu England überhaupt?

Und was nun sein Judentum betrifft – gewiss, er ist ganz unreligiös, nun ja, ich bin auch ganz unreligiös. Aber wenn ich gerade in diesen Tagen »Israel« in der Zeitung lese, so drängt sich in mir im Nu eine dreitausendjährige Geschichte zusammen, nicht Namen und Jahreszahlen, sondern Bilder über Bilder und Töne über Töne, die Erstürmung der Jerusalemer Festung Antonia durch Titus vermischt sich mit dem Todeskampf des Ghettos von Warschau, und da hinein mischen sich die Gräber meiner Wiener Eltern in Israel mit dem Grab meiner Schwester in Israel, die während der Belagerung von Jerusalem 1948 dort eine geliebte, verehrte Ärztin gewesen war, und pausenlos das Todesröcheln im Zyklon-B-Gas der ungezählten nie Begrabenen – jawoll, prima Rasse, die Deutschen, wissenschaftlich jelöst, das Problem, erste Sorte! – und vielleicht der Gedanke, dass mein Stockwerk in unserem Haus in London genau so hoch ist wie das des heiligen, wahrhaft heiligen Primo Levi[11] in Turin, wo er sich übers Geländer warf und drei Stock tief zu Tode stürzte, weil er Auschwitz überlebt hatte und wusste, dass er den Tod mit all den andern teilen musste – ja, das läuft so gerade durch die Maschine dieses nicht religiösen Juden (bei dem es gerade zum Sprung übers Geländer reichen würde, aber nicht zum Sprung bis zur Demut des Hiob, der sagte: Der Herr hat es gegeben, der Herr hat es genommen, der Name des Herrn ... nein, nicht von mir wird er gelobt werden, der Name des Herrn!) So denkt ein Jude.[12] Efraim tüftelt über sein »Buch«.

Sie verstehen, was ich meine: Ich habe Alfred Andersch damals einen sehr schonenden Brief geschrieben, nichts von so krasser Deutlichkeit wie eben Ihnen – aber wenn ein Autor einen befreundeten Autor auffordert, auf ein neues Werk von ihm zu reagieren, so muss er auf eine redliche Antwort gefasst sein. Ich habe ihm redlich geantwortet, so schonend ich konnte: Berlin sei das Beste an seinem Buch, und von einem Juden entdecke ich nichts in Efraim. Das hat er mir nicht verziehen. Soweit ich mich erinnere, hat er auf diesen Brief nie geantwortet. Ich habe ihm durchaus, bis zum heutigen Tag, die Treue gehalten, habe niemals – weil ich es auch gar nicht empfinde – ein schlechtes Wort über ihn gesagt oder geschrieben.

So, das wär's. Wenn Sie noch etwas wissen wollen, müssen Sie versuchen, irgendwann eine persönliche Begegnung herbeizuführen.

Ihr Edmund Wolf

20.6.1989

Sehr geehrter Herr Reinhardt,
es tut mir leid, so spät zu antworten, aber unmittelbar nach meiner Rückkehr aus München war ich tief in Arbeit getaucht und bleibe es auf längere Zeit hinaus. Dies beantwortet, auf geraume Zeit hinaus, Ihre freundliche Frage, ob ich Lust

---

11 Der Turiner Schriftsteller Primo Levi (1919–1987) schrieb 1947 über seine Erfahrungen in Auschwitz das Buch *Ist das ein Mensch?* (deutsch 1958).

12 Vergl. dazu den Beitrag von Daniel Wolf »Make it real.« über seinen Vater in diesem Band, S. 15

und Musse für das betreffende SWF-Programm hätte. Sicherlich, zu meinem Bedauern, nicht die Musse.

Allerdings erinnere ich mich an die Zusammenkunft von Canetti[13] und Andersch bei uns; dies allerdings begab sich nicht in unserer gegenwärtigen Wohnung, in der wir schon dreiundzwanzig Jahre leben, sondern in dem Haus in Hampstead Garden Suburb, das wir vorher besassen. Wenn Sie ferner in Betracht ziehen, dass ich von Anfang 1964 an für die ARD Dokumentationen machte und mich selten genug in London befand, auch meine BBC-Verbindung zu Andersch nicht mehr bestand, ist es klar, dass diese kleine Party nicht Anfang der siebziger Jahre stattfand, sondern Jahre vorher. An das Datum erinnern sich weder meine Frau noch ich. Meine erste Begegnung mit Andersch mag durchaus in Stuttgart erfolgt sein. Er arbeitete nicht für Frankfurt, sondern für den SDR, wo er damals Leiter des Dritten Programms war; sein Assistent war Enzensberger, damals ein bemerkenswert interessanter und attraktiver junger Mann. In London kannte Andersch jedenfalls durch mich die interessanteren Leute im Deutschen Dienst, Robert Lucas, Heinrich Fischer, Flesch von Brunningen,[14] Erich Fried, und natürlich auch die Teilnehmer an unseren gemeinsamen Programmen (an die ich mich nicht mehr erinnere); er lernte durch mich meinen lebenslangen Freund Peter Stadlen und dessen Frau Hedwig kennen – (Peter war damals der führende Musikkritiker in London). Er lernte natürlich auch Engländer in der BBC kennen, Lindley Fraser eben, Tommy Thompson, Graham, vielleicht Owen – ich weiss es nicht mehr. Mein älterer Sohn, Martin, ist jetzt 43; mein jüngerer 41. Ich erinnere mich lebhaft an die im eiskalten Wasser irgendwo im Wald in der Nähe der Anderschen Bergfeste in der Schweiz schwimmenden Kinder, Anderschkinder und Wolfkinder. Damals war Martin zwölf oder dreizehn. Und das war die Zeit meiner wärmsten Beziehung zu Andersch. Daran müssen Sie denken, wenn Sie mir Fragen stellen.

Mit freundlichen Grüssen und guten Wünschen für Ihre Arbeit –
Edmund Wolf

---

13 Elias Canetti (1905–1994), lebte im Exil in London.
14 Hans Flesch-Brunningen (1895–1981), österreichischer Schriftsteller und Übersetzer, Emigrant in London. U. a. Sprecher bei der österreichischen Abteilung der BBC.

DIE ZEIT Nr. 35, 31. August 1962, S. 9

Edmund Wolf
Zum Lachen oder Weinen?

Wenn es wahr ist, wie man so oft liest und hört, daß wir in diesen Tagen die Todeszuckungen des Filmstar-Systems erleben, so erleben wir das Ende einer Geschichte, die vor genau fünfzig Jahren mit einem Württemberger namens Carl Lämmle begann.

Lämmle wanderte mit siebzehn Jahren nach Amerika aus und gründete dort im Sommer 1912 die erste große Filmgesellschaft.

Bei der Gründungsversammlung in New York suchte man stundenlang vergeblich nach einem Namen. Lämmle stand beim Fenster, drehte sich plötzlich um und sagte: »Universal.« Als man ihm zu der Inspiration Glück wünschte, wehrte er ab: er hatte einen Lieferwagen unten vorbeifahren gesehen, mit der Aufschrift: »Universal-Leitungsrohranlagen«.

Lämmle zog mit Universal nach Kalifornien. Mit ihm und Universal begann Hollywood. Er begriff, worauf es für die universelle Wirkung der neuen Industrie vor allem ankam, und war der erste Schöpfer von Welt-Wunschbildern, mit deren Hilfe die Masse Mensch überall ihre Emotionen abreagieren konnte.

Der Einfall, um nicht zu sagen Schwindel, mit dem das Starsystem bezeichnend begann, betraf eine junge Dame namens Florence Lawrence, für die Lämmle bereits viel Reklame gemacht hatte. Da aber die erhoffte durchschlagende Reaktion noch ausblieb, wurde vor dem Erscheinen eines neuen Films ein Gerücht in Umlauf gesetzt, sie sei bei einem Straßenunfall umgekommen. Dann, gleichzeitig mit dem Erscheinen des Films, wurde die wunderbare Kunde bekanntgegeben, sie sei nicht tot, sie könne im Kino nicht nur auf der Leinwand, sondern auch lebendig und leibhaftig bestaunt werden. Ihre Auferstehung von den Toten war eine Sensation. Das Mädchen wurde der erste Star.

Aber auch Carl Lämmle konnte nicht ahnen, wie machtvoll die Geister wirken sollten, die er rief – daß es möglich sein würde, Universalprojektionen zu schaffen, die als Valentino oder Lillian Gish, als Cary Grant oder Marilyn Monroe Weiße und Schwarze, Braune und Gelbe, Menschen unter zivilisiertesten und unter primitivsten Umständen in ganz die gleiche Verzückung versetzen konnten. Ohne »die Stars« wäre in Hollywood nie eine Weltindustrie entstanden.

Durch sie aber, sagt Hollywood heute, wird die Industrie zerstört. Geschäftsgewaltige beklagen sich bitter über die ruinösen Wahnsinnsallüren der Großen wie Marlon Brando, Elizabeth Taylor – und bis zu ihrem Tod natürlich auch Marilyn Monroe. Das Unglück sei, daß die Stars alles diktierten, ihre eigenen Produktionen aufziehen – kurz: daß »das Irrenhaus jetzt in der Hand der Geisteskranken« sei.

Es waren allerdings diese »Geisteskranken«, von denen die Geschäftsgewaltigen Rettung aus Fernsehnöten erhofften; sie und eine Breitwandmixtur von Bibel, Busen und Blut.

Metro-Goldwyn-Mayer hoffte auf Marlon Brandos Neuproduktion des alten See-Spektakels »Die Meuterei auf der Bounty«. Brando wurde eine Gage von einer Million Dollar zugesichert, der Film sollte sechs Millionen kosten, ein hoher Betrag selbst für Hollywood. Nach ungezählten Krisen hat der Film bisher zwanzig Millionen gekostet, und wenn Brandos Name genannt wird, bekreuzigt man sich in Hollywood.

Spyros Skouras, der Geschäftsgewaltige der 20th Century Fox, erhoffte das Mirakel von »Cleopatra« mit Elizabeth Taylor. Als Mindestgarantie ihrer Gewinnbeteiligung mußten ihr 1.300.000 Dollar zugesichert werden. (Bei einem Wocheneinkommen von etwa 200.000 D-Mark braucht man wohl Geist und Gemüt von ganz besonderer Widerstandskraft, um normal zu bleiben!) Als die Produktion, die ursprünglich mit drei Millionen Dollar veranschlagt war, nach jahrelanger Verschleppung dreißig Millionen Dollar kostete, wurde Spyros Skouras davongejagt.

Aber wenn man auch die Stars anklagt, so will man doch gerade in Hollywood nicht glauben, daß das Starsystem stirbt – oder sterben sollte.

Kleinere Produktionsgesellschaften können ohne solche Welt-Wunschbilder bestehen, in Frankreich oder in Italien, in Polen oder in Japan. Aber deren Filme – *art films,* wie man sie in Amerika charakteristisch nennt – berühren kaum die Masse Mensch in aller Welt. Welt-Filmunterhaltung wird auch heute noch nur im Zeichen Hollywoods hergestellt (wenn auch die Jahresproduktion von dreihundert großen Filmen auf etwa hundert geschrumpft ist und wenn auch viele davon gar nicht in Amerika erzeugt werden); sie kann ohne Carl Lämmles Star-Hexerei nicht auskommen.

Kein Mann hat unter Elizabeth Taylor mehr gelitten als der »Cleopatra«-Produzent Walter Wanger, der die 20th Century Fox zu dem Abenteuer überredet hatte. Nach Elizabeth Taylors Krankheitsrekorden, nach dem Produktionsdebakel in London weigerten sich die Versicherungsgesellschaften, weiter mitzumachen. Einen Film, der so viel Geld verschlungen hat, ohne Versicherung zu drehen, muß den stärksten Mann erschüttern. Nacht für Nacht fand sich Wanger in Angstschweiß gebadet.

Und was sagt er heute? Verflucht er sein Schicksal? Überliefert sind von ihm die folgenden Sätze: »Nichts ist so kostspielig wie ein billiger Durchfall. Nichts ist so einträglich wie ein teurer Erfolg. ›Cleopatra‹ wird vierzig Jahre lang gezeigt werden und ein Vermögen einbringen.«

Lämmles Nachfolger glauben so fest an die Notwendigkeit von Stars wie der erste Hexenmeister. Einer der erfolgreichsten neuen Filmmoguln, Ray Stark von Seven Arts (der Konzern, der unter anderem »Lolita« drehte), reduziert sein Bekenntnis zum Starsystem auf folgende Ziffern: »»Die Welt der Suzie Wong‹ mit William Holden wird fünfzehn bis sechzehn Millionen Dollar einbringen. Ohne William Holden wären es höchstens dreizehn bis vierzehn Millionen gewesen.«

So einfach ist das. Das Starsystem wird erst dann sterben, wenn eine Differenz von zwei Millionen Dollar zum Lachen ist!

Nachwort – oder: Noch etwas zum Lachen. Bevor Lämmle seine ersten Stars in der Retorte erzeugte, versuchte er es mit Berühmtheiten, die es schon gab. Er beschäftigte die Pawlowa. Er beschäftigte Sarah Bernhardt. Als er sie aber zu richtigen Berühmtheiten machen wollte, mit jener Hexerei, die sich bei jenem Mädchen später so bewährte, da sagten diese Damen, eine wie die andere: »Danke schön, aber das ist unter meiner Würde.«

DIE ZEIT Nr. 47, 23. November 1962, S. 9

Edmund Wolf
Zum Lachen oder Weinen?

»So sieht eine Zivilisation aus, die an ihrer Paranoia zugrunde gehen wird.« So gesagt von Wolfgang Koeppen in seiner Büchner-Rede in Darmstadt. Es scheint, daß Koeppen für die vom Fernsehen verhexte Menschheit keine Hoffnung sieht, »wenn nicht der Schriftsteller, wenn nicht der Dichter, wenn nicht eine kommende Generation von Dichtern sich der menschenverwirrenden Apparate annehmen wird.«

Man darf und muß beklagen, daß das Fernsehen in Entwicklungsländern durch billigen Ankauf reißerischer amerikanischer Serienware »versorgt« wird. Man darf und muß die Wirkung von Jugendprogrammen auf das junge Publikum immer wieder prüfen, sorgfältig und sachlich – das heißt, ohne vorgefaßte Meinungen. Eins aber darf man nicht: Man darf nicht mit bereitwilliger Verachtung menschlichen Geistes voraussetzen, daß der Durchschnittsmensch zivilisierterer Gemeinschaften (ich erlaube mir, die Wendung ohne Ironie zu verwenden) nicht sehr wohl imstande wäre, vom Fernsehen genau das zu nehmen, was ihm taugt.

Es gab eine Phase der Kinderpsychologie, in der vor der furchtbaren Wirkung von Volksmärchen gewarnt wurde; die Brüder Grimm waren an allem schuld. Diese Phase liegt lang zurück. Ich habe auch nie geglaubt, daß Kriege ausbrechen, weil es Zinnsoldaten gibt. Aber wahr ist es natürlich, daß sich das Leben der Menschen durch den neuen »Zauberspiegel« in gewisser Weise verändert. Die Wahrheit ist zum Beispiel (wie die Zeitschrift »Kirche und Fernsehen« feststellt): »Die unerwartete Entwicklung der Programmtendenzen im amerikanischen Fernsehen, die von Show und Western wegstreben und die Bereiche der Bildung und Information mehr in den Vordergrund rücken, hebt sich immer deutlicher ab.«

Ja, unerwartet sind solche Tendenzen eigentlich nur für jene, die der »Masse« gesunden Menschenverstand nicht zutrauen (man selbst zählt sich ja bekanntlich nie zur »Masse«). Es gibt, besonders in Amerika und England, eine Fülle sorgfältiger soziologischer Untersuchungen über die Wirkung des Fernsehens. Eine Untersuchung der Universität Coventry erklärt am Schluß einer solchen: »Der durchschnittliche britische Fernseh-Zuschauer besitzt weit mehr gesunden Menschenverstand, als viele TV-Kritiker ihm zutrauen.« Was für den Engländer stimmt, dürfte auch für den Deutschen stimmen.

So manche Untersuchung (wie die schon erwähnte in Coventry) deutet auf eine Stabilisierung und Bereicherung des Familienlebens und eine Aktivierung des Interesses an neuerschlossenen Gebieten. Solche Evidenz ist zwar noch nicht voll beweiskräftig. Aber gewiß sind in den Fernsehanstalten nicht überall Narren und Halunken am Werke, sondern viele gewissenhafte und manche fähige Männer. Ebenso gewiß ist es, daß die tiefsten Einstellungen und Überzeugungen eines Menschen vom »Zauberspiegel« genausowenig verändert werden können wie von einem Hypnotiseur. Die Vorstellung, daß ein Hypnotiseur imstande wäre, Menschen zu Taten zu bewegen, die ihrem Wesen fremd sind, ist doch wohl allmählich *ad acta* gelegt; ebenso unwahrscheinlich ist es, daß der Fernsehschirm tiefe Überzeugungen und Einstellungen eines Menschen verändern könne. Auf politischem Gebiet ist es sicherlich schwer zu beweisen, daß das Fernsehen bisher eine katastrophale menschenverwirrende Wirkung gehabt hätte; die Entlarvung Joe McCarthys spricht eher dagegen, die Wahl Kennedys statt Nixons nicht gerade dafür.

DIE ZEIT Nr. 5, 31. Januar 1964, S. 9

Edmund Wolf
Zum Lachen oder Weinen?

Irgendwann in der Nacht – einer Nacht vom Samstag zum Sonntag – im August 1962 starb Marilyn Monroe. Unter den vielen Arzneimitteln bei ihrem Bett war ein leeres Fläschchen: Es hatte 25 Nembutalpillen enthalten. Ihre Hand war auf dem Telephon, als wäre sie bei einem zu späten Versuch, den Selbstmord ungeschehen zu machen, übermannt worden. Am Samstagabend, an dem (wie die amerikanische Schriftstellerin Diana Trilling schrieb) ganz Amerika die Verpflichtung zu sexueller Bewährung fühlt und niemand, der noch im Rennen ist, ohne »Date«, ohne Verabredung, bleibt, war diese legendär begehrenswerteste Frau Amerikas allein; und der sie übermannte, war der Tod. Bei ihrem Begräbnis erschien als der Hauptleidtragende der Baseballstar Joe DiMaggio, von dem sie sich nach kurzer Ehe hatte scheiden lassen, weil er, selbst bei den Mahlzeiten zu zweit, immer nur Zeitung las oder Fernsehen sah. »Ihr Mann jüngeren Datums (wieder zitiere ich Diana Trilling), mit Konversation, war nicht anwesend, ohne Zweifel aus privaten, unverletzlichen Gründen, aber es stimmte traurig.«

Arthur Miller, der Mann jüngeren Datums, hat nun die Privatsphäre nicht so unverletzlich gefunden, als daß er nicht jetzt mit einem Stück darüber herausgerückt wäre. »Nach dem Sündenfall« nennt er es – (»After the Fall« im New Yorker Lincoln Center).

Der Stückeschreiber, wie der Geschichtenerzähler, braucht den Mut zur Indiskretion. Woher soll er's nehmen, wenn nicht aus dem eigenen Leben? Wenn wir das Stück hierzulande sehen (es kann ja nicht lange auf sich warten lassen), könnte der eine oder der andere vielleicht empfinden, daß an Marilyn Monroes Leben und Tod nichts so wichtig war wie die Tatsache, daß sie dem Autor von »Tod eines Handlungsreisenden« und »Hexenjagd« nach neunjährigem Schweigen wieder etwas auf der Bühne zu sagen gab.

Gerade darum ist dies vielleicht der letzte Augenblick zu einer Liebeserklärung. Ich traf Marilyn Monroe nur einmal, bei einer Presseparty in London, vor der Uraufführung ihres Films mit Laurence Olivier »The Prince and the Showgirl«.

Der große Sir Laurence hatte sie während der (bei ihr wie immer) sehr schwierigen und langwierigen Arbeit von Herzen hassen gelernt. Und die Damen und Herren von der Presse stürzten sich mit Waidmannsheil auf sie.

Was hatte sie sich denn auch nicht alles herausgenommen! Die »Sexbombe« hatte im Actor's Studio in New York studiert und wollte eine richtige Schauspielerin werden. Sie hatte Arthur Miller geheiratet. Sie hatte gesagt, sie wolle die Gruschenka aus Dostojewskijs »Die Brüder Karamasow« spielen. Sie hatte behauptet, Beethoven gern zu haben.

Sir Laurence saß neben ihr und tat nichts, um sie zu schützen. Und die Fragen prasselten auf sie ein. Was halte sie überhaupt von Dostojewskij? Was reize sie an der Gruschenka? Was halte sie von Beethovens späten Quartetten?

In Marilyn Monroes Schule war nicht die Rede von den Regeln gewesen, die eine große Dame befähigen, einem solchen Ansturm standzuhalten. (Ihre Schule war die eines illegitimen Kindes, mit einer verrückten Mutter und einem Pflegevater, der sie vergewaltigte.) Aber wenn ich je einen Triumph der Unschuld über die Schuld erlebte, so war es damals. Sie stellte sich nicht gescheiter, als sie war. Sie gab sich nicht keß. Sie war nicht kokett. Sie beantwortete jede Frage leise, freundlich und so gut sie eben konnte.

Ich weiß nicht, wie viele der versammelten Herren und Damen von der Presse sich am Ende so schämten, wie ich mich schämte, zu ihnen zu gehören. Ich hoffe, daß es viele waren, aber ich bezweifle es. Daß der große Sir Laurence ihr bei der Pressekonferenz nicht half, konnte man verstehen, als man dann den Film sah. Sie hatte ihm auch nicht geholfen. Von ihm, einem der größten lebenden Schauspieler, blieb nichts übrig, wenn sie mit ihm auf der Leinwand erschien. Wo sie stand, leuchtete es.

Was war dieses Licht? Zu ihren Lebzeiten und nach ihrem Tod sind in Büchern und Artikeln Millionen von Wörtern darüber geschrieben worden, ohne es zu erklären. Auch ich kann nur sagen, was so viele vor mir sagten, daß der Brennstoff vor allem Unschuld war. Von ihren Kurven bis zum Hauchen ihrer Stimme trieb alles an ihr weniger Erotik – als: mit der Erotik Spott; tat dies aber so perplex gewissermaßen, als wüßte sie selbst nicht ganz genau, wie weit der Sache zu trauen sei, so zart, und eben unschuldig, daß man schon sehr vulgär sein mußte, um nicht zu erkennen, wie einzigartig unvulgär sie war. Sie – nicht wie Aphrodite dem Meer entstiegen, sondern einer wahren Jauche – hatte ja allen Grund, über Eros perplex zu sein. Wie sollte eine Frau wie sie nach einem solchen, in einem solchen Leben Unschuld bewahren, ohne den Geist vor der miserablen Wahrheit zu verschließen?

Eines Tages, eines Nachts, verschloß sie sich dann vor der miserablen Wahrheit des ganzen Lebens.

Arthur Miller, so hört man, leugnet, daß sein Stück autobiographisch sei. Die unglückliche Heldin, Maggie, wird zwar nach Lehrjahren, ganz wie denen der toten Monroe, zu einem Filmstar, ganz wie die tote Monroe, sie heiratet einen Mann Quentin und bittet ihn, sie zu lehren, »wie man sein soll«, sie verübt schließlich Selbstmord, und Quentin heiratet wieder, wie Arthur Miller – aber doch nicht autobiographisch!

Barbara Loden, die Schauspielerin, die Maggie spielt, wurde von Elia Kazan als lebendiges Abbild der Toten gestaltet (»Sie erweckt die Monroe mit unheimlicher Genauigkeit zum Leben ...«) – aber doch nicht autobiographisch! Ein namhafter Journalist (Henry Brandon) fragte Arthur Miller, ob es nicht möglich gewesen wäre, zu vermeiden, »daß Marilyn Monroes Erscheinung auf der Bühne in jeder Einzelheit kopiert wird«: aber Arthur Miller sagte, alles andere sei versucht worden, aber es habe nicht funktioniert.

Es ist wahrhaftig eine Antwort – »nach dem Sündenfall«. Warum eigentlich nicht funktioniert? Weil man sich mit Recht einen viel größeren Publikumskitzel davon verspricht, wenn die Schauspielerin der Maggie die Tote imitiert? »Barbara Loden beschwört die Monroe in ihrer ganzen physischen und geistigen Nacktheit.« Bravo.

Es ist eine Theatergeschichte ohne große Bedeutung. Die Toten haben immer unrecht – und es kommt schließlich nur darauf an, wie gut das Stück ist. Nur? Ja, nur – außer für jene, die sich zu postumen Liebeserklärungen gedrängt fühlen.

Solchen Sonderlingen mag vielleicht der Einfall kommen, daß Arthur Miller doch noch irgendeine winzige Finesse entgangen ist – in puncto »wie man sein soll«; und daß man daher von seinem Stück alles mögliche erwarten darf, nur nicht das, wozu gerade Arthur Millers Stücke so überbewußt da sind: Uns zu lehren, wie man sein soll.

DIE ZEIT Nr. 28, 11. Juli 1958, S. 4

Edmund Wolf
Aus den Hauptstädten der Welt
Die Grenze geht mitten durch Jerusalem.
Bauernleben am Südrand der Stadt –
Rivalin Tel Aviv – Generale als Studenten –
Die orthodoxe Minorität

»Wer in Israel nicht an Wunder glaubt, ist kein Realist!« Der Satz stammt von Ben Gurion, dem kleinen, gedrungenen Mann, der die Inspiration des Landes ist. Und die Hauptstadt seiner Regierung ist gewiß eine Stadt der Wundergläubigen *par excellence*.

Als eine Hauptstadt, die unmittelbar an der Grenze liegt, wäre sie schon einzigartig. Aber die Grenze geht mitten durch. Beim Notre-Dame-Hospiz ist eine Autobus-Haltestelle; das Schild jedoch ist verrostet; seit zehn Jahren ist dort kein Autobus mehr stehengeblieben. Die Straße ist verödet. Sie führt ins Niemandsland – und dann in Feindesland; sie führt in die Altstadt von Jerusalem, die im Königreich Jordanien liegt.

Hügelauf, hügelab zieht sich dieses Niemandsland mitten durch die Stadt – verwildert, von Unkraut überwachsen, von den Ruinen zerschossener oder einfach baufälliger Häuser durchsetzt.

An manchen Punkten kann man das Leben drüben sehen, in der Altstadt. Aber da und dort kommt es viel näher. Stellenweise sind die israelischen Wachtposten von den arabischen nur durch die Breite einer Straße getrennt. Da sitzen die einen im dritten Stock eines sonst unbewohnten Hauses und die andern ihnen gegenüber in einem andern Haus. Aber die Straße dazwischen ist eine Straße zwischen zwei Welten. Die Antipoden sind näher.

Man blickt durch die Luke irgendeiner Sicherungsmauer. Dahinter, fast greifbar, spielen arabische Kinder. Sie könnten ebensogut auf dem Mond sein. Die einzige Verbindung zwischen den zwei Welten – aufs schärfste bewacht natürlich und nur für die wenigsten passierbar – ist das sogenannte »Mandelbaumtor«, absurdes Symbol unserer Zeitgeschichte. Das Haus, das der historischen Stelle den Namen gibt, gehörte einem Herrn Mandelbaum, der sich nicht träumen ließ, auf diese Weise unsterblich zu werden. Herr Mandelbaum, wo immer er jetzt ist, mußte sein Haus verlassen, weil es im Unabhängigkeitskrieg ein umkämpfter Stützpunkt wurde; und heute ist es natürlich auch nur noch eine Ruine.

In Israel heißt es, daß man nirgends mehr als eine halbe Stunde zu fahren braucht, um an die Grenze zu kommen. Aber in Jerusalem kann man diese Grenze oft genug mit Händen greifen – so zum Beispiel in Ramath Rahel, der Gemeinschaftssiedlung, dem »Kibutz« am Südrand der Stadt. Da gibt es eine Aussichtswarte, von der aus man die Höhen und Tiefen überblicken kann, die alle mit biblischen Namen aufklingen – Namen, welche die Väter und Vorväter dieses zurückgekehrten Volkes zweitausend Jahre lang lasen, aussprachen, beschworen.

Wie nahe liegt Bethlehem! Man kann am Abend die Lichter in den Straßen sehen. Und weiter südlich die Berge von Hebron. Und in weiterer Ferne Midbar Yehuda, Edom und Moab, Ammon und Gilad. Aber all das ist jenseits des verrosteten Stacheldrahts, der hier ganz nahe durch das Gras zieht.

Nahe auch, gerade gegenüber auf diesem friedlichen grünen Hügel, liegt das Kloster »Mar Elias«. Während des Unabhängigkeitskriegs war es ein Hauptstützpunkt ägyptischer Artillerie. Von da aus wurde Ramath Rahel dauernd schwer beschossen und immer wieder im Sturmangriff berannt. Jetzt ist der Kibutz so gut wie neu, wieder aufgebaut und frisch verputzt. Nur ein Quadratmeter auf dem Hauptgebäude wurde zum Memento so belassen, wie er damals war – von Einschüssen durchsiebt.

Die Männer und Frauen und Kinder in Ramath Rahel leben ihr so arbeitsreiches, gemeinschaftliches Bauernleben, als könnte man gar nicht anders leben; nicht die Tatsache bedrückt sie, daß der friedliche grüne Hügel da drüben unterirdisch ein feindliches Arsenal birgt – nicht das, sondern nur die Sorge darum, neue Rekruten in den Kibutz zu kriegen. Wenn sie mehr wären, könnten sie wirtschaftlicher arbeiten; aber die Jugend in Israel, wie auch sonstwo, zieht es zu sehr in die Städte und zum städtischen Leben.

Ramath Rahel hat auch einen Kunstschatz – oder vielmehr einen neuen Kunstschatz neben alten; zu den alten gehört der schöne Mosaikboden einer byzantinischen Kirche, der im Kibutz ausgegraben wurde (Archäologie ist eine Nationalleidenschaft, die ganz Israel erfaßt hat); der neue Kunstschatz ist eine Statue der Erzmutter Rahel, die über ihre Söhne wacht. Rahels Grab, ihr angebliches Grab, ist ganz in der Nähe, aber auch unerreichbar jenseits des Stacheldrahts.

Die Grenze ist überall, immer wieder wird geschossen, und Kraftwagen mit den großen weißen Buchstaben »U. N.« erinnern daran, daß es hier eine explosive Zone ist.

Aber es wird gebaut und gebaut, als ob es gar keine Bedrohung gäbe. Die »Jeruschalmis« sind eifersüchtig auf die »Tel-Avivis« – auf die blühende Stadt an der Küste, die heute schon so groß ist wie Zürich.

Tel Aviv hat eine ganz neue Konzerthalle, die vielleicht von der Londoner Royal Festival Hall beeinflußt ist, sicherlich an sie erinnert und jedenfalls zu den schönsten der Welt gehört; aber in Jerusalem finden die regelmäßigen Gastspiele des ausgezeichneten Philharmonischen Orchesters noch immer in einem Kino statt. Tel Aviv hat zumindest zwei Theater von internationalem Rang, »Habimah« und »Kameri«; sie gastieren natürlich auch in Jerusalem, aber sie gastieren eben nur. Tel Aviv hat die Dizengoffstraße, die bis in die späte Nacht von Leben bebt, wo ein Kaffeehaus neben dem andern seine runden Tische auf das Pflaster ergießt; in Jerusalem gibt es kein Nachtleben, am späten Abend wird es still.

Aber der »Jeruschalmi« gibt vor, all das zu verachten. Das gesellschaftliche Leben Jerusalems spielt sich eben nicht so südländisch auf der Straße ab, sondern – im englischen Geist, der hier noch nachwirkt – zu Hause oder in den Klubs.

Und was bedeuten Konzertsäle, was bedeuten Theater neben der Universität von Jerusalem? Die neue Universität, auf der Höhe von Givath Ram entstanden, ist tatsächlich ein Glaubensbekenntnis. Mit freiem Auge kann man von manchen Punkten der Stadt den Scopusberg sehen, auf dem die »alte« Universität steht und neben ihr das Krankenhaus der »Hadassah«.

Die hebräische Universität auf dem Scopusberg ist kaum mehr als dreißig Jahre alt. Viele leben noch, die ihr Herzblut daran wandten, sie zu bauen. Jetzt liegt sie auf jordanischem Gebiet, als eine Enklave, die von den Soldaten Israels nie aufgegeben wurde. Das Waffenstillstandsabkommen regelte zwar den Zugang Israels zu dieser Enklave, aber in der Praxis bedeutet es nicht viel. Die israelische Wachmannschaft wird in regelmäßigen Abständen ausgewechselt – nicht ohne Lebensopfer von Zeit zu Zeit – auf dem Weg über das berühmte, berüchtigte Mandelbaumtor. Aber nicht einmal die Universitätsbibliothek von 500.000 Bänden konnte auf israelischen Boden gebracht werden.

Der Entschluß war nicht leicht, diese Universität, die – im körperlichen Sinn – vor aller Augen steht, einfach abzuschreiben. Jahrelang waren die Fakultäten in mehr als fünfzig Häusern behelfsmäßig untergebracht, vor allem in der »Terra Santa«, die von den Franziskanern gemietet wurde.

Aber 1954 begann der Bau der »Universitätsstadt« auf Givath Ram – und das Bautempo wäre kaum glaublich, selbst wenn das, was heute dort steht, nicht so eindrucksvoll wäre – ein Gebäude neben dem anderen, ausgerichtet in schlanker unaufdringlicher Modernität, in ihrer Innengestaltung oft so dramatisch beglückend und erregend, wie es nur überraschende und doch offensichtlich gelungene Lösungen interessanter Probleme sind.

Auf dem Gelände wird noch immer weitergebaut, aber das Gelingen ist schon so unwidersprechlich, daß tatsächlich nur die Frage übrigbleibt – die man manchmal hört –, ob sich ein so kleiner und so schwer ringender Staat so ungeheure Ausgaben für den Bau einer Universität leisten sollte. Aber diese Frage, ob berechtigt oder nicht, hört man gewöhnlich nur von Besuchern aus dem Ausland.

Von der Anhöhe der Universität geht der Blick über das schöne Tal hinweg, wo das Dorf Ein Karen liegt, zu einer anderen Anhöhe, auf der das neue große Krankenhaus gebaut wird, die neue Hadassah, die mit ihrem monumentalen Halbrund schon jetzt die Landschaft beherrscht. Wer sich wundert, daß die neue Hadassah so weit draußen gebaut wird, sagt sich sofort, daß es vielleicht gar nicht lang so weit draußen bleiben wird; denn es ist klar, daß sich das Zentrum der Stadt verlagert – die Hauptstadt Israels wird ganz bewußt von der Altstadt weggezogen, nach Westen hin.

Der stolzeste Besitz der Universität sind sieben der zweitausend Jahre alten Rollen – die sieben wichtigsten, die am Toten Meer gefunden wurden. Yigael Yadin ist der Mann, dem dieser Besitz vor allem zu verdanken ist. Vor zehn Jahren, im Unabhängigkeitskrieg, war er Stabschef und vielleicht der jüngste General, den es je gab. Sein Durchbruch durch die ägyptischen Stellungen bei Auja, der den Krieg entschied, war nicht zuletzt auf Bibelkenntnis begründet. Es fiel ihm nämlich ein, daß es in biblischen Zeiten eine andere Straße gegeben habe als die von den Ägyptern verteidigte Straße nach Auja. Die Spuren der Straße wurden aufgefunden, sie wurde wiederhergestellt, und der Überraschungsangriff gelang.

Aber nach dem Krieg zog Yigael Yadin, der Nationalheld, die Uniform aus, wurde Student und dann Professor der Archäologie; er führte bei Hazor die bedeutendsten Ausgrabungen des Landes mit militärischer Präzision durch, und er war es, der Himmel und Hölle in Bewegung setzte, um die vier Rollen, die in New York um den phantastischen Betrag von einer Viertelmillion Dollar zum Verkauf angeboten wurden, für Israel zu erwerben. Sie liegen nun im »Schrein der Rollen« in der Universität, neben den drei Rollen, die Yadins Vater, auch Professor der Archäologie an dieser Universität, schon vor einigen Jahren erworben hatte. Übrigens scheint es in Jerusalem zu einer Tradition zu werden, daß sich ehemalige Stabschefs als Studenten inskribieren. Der neueste ist Mosche Dayan, auch er ein höchst erfolgreicher Soldat, der Mann des Sinai-Feldzuges, der sich gleichfalls jetzt ins Zivilleben zurückgezogen hat und politische Wissenschaften studiert.

Die Universität hat übrigens auch eine Kantine, eine sehr schöne Kantine, die aber hier nur erwähnt wird, weil man dort zum Beispiel nach einer Fleischspeise keinen Milchkaffee kriegen kann. Im Gegensatz zu den meisten Restaurants in Israel herrschen nämlich in Jerusalem so gut wie überall die strengen religiösen Speisevorschriften, die genau vorschreiben, was man essen darf und was nicht und in welcher Reihenfolge.

Jerusalem ist natürlich die Stadt, in der das Problem der orthodoxen Minorität sich am akutesten auswirkt. In dem Stadtteil Mea Schearim leben die Orthodoxen nicht wie in Israel, sondern so wie ihre Väter jahrhundertelang in irgendwelchen polnischen und russischen Ghettos leben mußten, der Wirklichkeit abgewandt und in die heiligen Bücher eingesponnen. Die Landessprache Hebräisch ist für sie eine heilige Sprache, die sie im täglichen Leben nicht anwenden. Sie, und sie allein, sprechen Yiddisch. Die Extremsten unter ihnen, die Männer der »Neturai Karta« – der »Wächter der Stadt« – erkennen den Staat Israel nicht an, weil sie glauben, daß die Entstehung des Staates auf die Ankunft des

Messias warten müsse. Sie sind höchst militant in der Verteidigung der Belange, die ihnen heilig sind – wie es bei den Orthodoxen aller Bekenntnisse der Fall zu sein pflegt –, und ihr wütender Widerstand gegen den Plan eines gemischten Schwimmbades in Jerusalem ist noch immer Stadtgespräch, ja Landesgespräch.

In einem Kabarett in Tel Aviv – einem ausgezeichneten Kabarett, das mit dem Kameri-Theater in Verbindung steht – wurde diese ebenso kleine wie laute Gruppe der Eiferer so boshaft karikiert, daß sie von der Regierung verlangte, dagegen einzuschreiten. Aber niemand schritt ein. Die große Mehrheit des Landes ist kaum religiös – wenn sie auch nicht irgendwie aktiv antireligiös ist. Mit Augenzwinkern erzählt man von dem Mann, der von sich sagte: »Ich bin ein Atheist – und mein Sohn wird mit Gottes Hilfe auch einer sein.«

DIE ZEIT Nr. 18, 3. Mai 1963, S. 3

Martin Wieland [Edmund Wolf]
Was kostet eine Königin?
Monarchie zwischen Mysterium und Massenrummel

London, Ende April
Es habe gewirkt, als seien Skelette wieder zum Leben erwacht, so sagte der »Deutschlandsender« der Sowjetzone über die Versammlung europäischer Majestäten, königlicher Hoheiten und Fürstlichkeiten in London aus Anlaß der Hochzeit Prinzessin Alexandras. Von solcher Seite war kein anderer Kommentar zu erwarten. Aber wie wirkte es in London? In der Fernsehschau der BBC *That Was The Week That Was,* die mit ihrer waghalsigen Satire oft Furore erregt, gab es am letzten Sonnabend einen Song auf die königlichen Hoheiten, die in London zu Besuch waren. Grotesk und angetrunken saßen die Parodisten in Purpur, Hermelin und schief aufgesetzten Kronen vor der Kamera und sangen zum vierfachen Refrain sich selber zu als den »abgedankten, abgetakelten, heruntergekommenen königlichen Hoheiten von Europa«. Die Nummer hat dem Korrespondenten des »Deutschlandsenders« gewiß großes Vergnügen bereitet. Aber das Wesentliche ist, daß sie Millionen englischer Fernsehzuschauer sicherlich ebenfalls gefiel.

Es gibt hier viel Skepsis. Und Anzeichen sprechen dafür, daß die Skepsis zunimmt. Aber sie berührt nicht die große Masse. Es gibt zwar keine öffentlichen Meinungsumfragen über die Beliebtheit des Herrscherhauses, aber es ist sicher, daß die große Masse zur Königin und ihrer Familie eine Beziehung hat, die psychologisch wohl als »Fixierung« bezeichnet werden muß: eine irrationelle, kritiklose Bindung. Und ganz gewiß ist es für keinen britischen Politiker ratsam, sich als Republikaner zu gebärden. Wo echter Glaube fehlt, da ist zumindest das Lippenbekenntnis zur Monarchie am Platz; und dies fällt auch Sozialisten leicht.

Wo der Thron wankt ...

Britische Monarchen saßen nicht immer so fest auf ihrem Thron. Zur Zeit der Königin Viktoria waren die Liberalen stark republikanisch. Die Ausbreitung der Demokratie werde der Monarchie ein Ende bereiten, so wurde allgemein erwartet. Und Königin Viktoria war einmal nahe daran abzudanken, weil gegen den Prinzgemahl Albert eine wüste Hetze betrieben wurde.

Für die neue Beliebtheit der Monarchie gibt es zwei Gründe: Der Monarch wurde von der politischen Macht abgeschaltet, und umgekehrt ist es die Monarchie, die den Engländer mit dem Machtverlust seines Landes einigermaßen versöhnt. Denn in einer Welt, in der sich so viel verändert, erweckt sie mit ihrem Pomp den Anschein, als sei alles beim alten geblieben. Es wurde mit Recht darauf hingewiesen, daß die Monarchie immer beliebter geworden sei, je mehr Großbritannien an Macht verloren hat.

Es spricht sehr viel dafür, einen »erblichen« Präsidenten zu haben. Man erspart sich kostspielige und lärmende Wahlkämpfe oder den politischen Kuhhandel, aus denen oft Präsidenten hervorgehen; und der »erbliche Präsident« in England steht tatsächlich über den Parteien. Politisch aber hat die gewählte *Regierung* die Macht – und in diesem Sinn ist die britische Monarchie so demokratisch wie nur irgendeine Republik.

Theoretisch zwar könnte die Königin die Flotte ans Ausland verkaufen, jeden Engländer ins Gefängnis stecken oder Prinz Philip zum König ernennen. Praktisch sieht es anders aus.

In seiner klassischen Studie der britischen Verfassung sagte Walter Bagehot schon vor hundert Jahren, daß die Königin gezwungen sei, ein Gesetz des Parlaments zu ihrer eigenen Hinrichtung – falls es so etwas gäbe – zu unterschreiben. Die »gnädige Rede vom Thron«, mit der die Königin alljährlich im Oberhaus die neue Session eröffnet, enthält nicht ein Wort, das von ihr selber stammt. Es ist die Verkündung der Regierungspläne für das kommende Jahr, und kein einziger der Beschlüsse, die sie da als die ihren verkündet, werden von ihr selbst getroffen. Dasselbe gilt für die Generalgouverneure im *Commonwealth,* welche die Majestät vertreten. So kam es, daß Mitte April Lord Delhousie, der Generalgouverneur der Rhodesischen Föderation, eine »Rede vom Thron« verlas, welche die britische Regierung in Worten angriff, wie sie Sir Roy Welensky nicht schärfer hätte finden können. Und natürlich war es Sir Roy Welensky, der Premierminister der Föderation, der die Worte gefunden hatte. Lord Delhousies Pflicht und Schuldigkeit als Vertreter der Königin war, die Rede vorzulesen.

Informiert sein ist alles

Wie Bagehot sagt, hat der britische Monarch nur noch das Recht, gefragt zu werden, das Recht, zu ermutigen, und das Recht, zu warnen (»Und kein weiser Monarch sollte je mehr brauchen oder fordern«). Konkret bedeutet das vor allem, daß die Königin über alles informiert werden muß und daher die bestinformierte Person des Landes ist. Die »roten Kisten«, in denen Papiere zu ihr befördert werden, kommen zu ihr, wo immer sie ist. Und wenn sie sich in London befindet, empfängt sie den Premierminister jeden Dienstag in Audienz.

Der große Chatham mußte im 18. Jahrhundert vor Georg III. noch knien (»aber kniend kann man nicht argumentieren«). Die Premierminister Königin Viktorias mußten vor ihrer Majestät stehen. Heutzutage dürfen sie sitzen und sogar rauchen. Sie erklären der Herrscherin, was sie vorhaben, und sie äußert ihre Meinung. Der Premierminister braucht davon keine Notiz zu nehmen. Aber ein Monarch, der nach langen Regierungsjahren viele Staatsmänner seines eigenen Landes und der Welt kommen und gehen sah, erwirbt ein persönliches, erlebtes Wissen, dessen Einfluß sich seine Minister kaum entziehen können – und warum sollten sie sich auch einem fruchtbaren Einfluß entziehen wollen?

Bei Elizabeth II. ist es noch nicht so. Churchill gegenüber war sie – ein scheuer Mensch von Natur – besonders schüchtern. Eden zog sie nur notdürftig ins Vertrauen. Mit Macmillan kommt sie sehr gut aus, aber er ist der Erfahrene, nicht sie. In einigen Jahren wird sich das ändern – und sie, die vor allem pflichtbewußt ist, wird ihre Meinung deutlich aussprechen. (Sir Harold Nicolson sagt ihr »das Pflichtgefühl der Coburgs« nach. Ihre deutsche Abstammung wird von Engländern gern vergessen, die Königin selbst hat sie in Anwesenheit des damaligen Präsidenten Heuss betont.)

Seit Georg V. völlig verfassungswidrig in geheimer Korrespondenz für Feldmarschall Haig gegen Lloyd George eintrat, gibt es wohl keinen Fall, in dem die Meinung des Monarchen politisch bestimmend wurde. Aus Georgs VI. Erinnerungen geht hervor, daß er 1945 Attlee beeinflußt habe, nicht Hugh Dalton, sondern Ernest Bevin zum Außenminister zu machen, eine Ernennung, welche die Geschichte der folgenden Jahre entscheidend beeinflußt hat. Attlee jedoch leugnet, daß die Ernennung auf den Rat des Königs erfolgte. Sicherlich wurde der Wunsch Georgs VI. im Frühsommer 1940, daß Halifax, und nicht Churchill, der Nachfolger Chamberlains werden sollte, zum Glück Großbritanniens und der Welt *nicht* befolgt. Elizabeth II. soll nach Edens Rücktritt persönlich entschieden haben, Macmillan zu berufen und nicht Butler. Tatsächlich berief sie Macmillan nicht, weil er ihr besser paßte, sondern weil die Tories Macmillan vorzogen.

Massenpsychologisch ist die Wirkung der Monarchie deutlich genug. Wie Bagehot sagte: »Eine Monarchie ist eine Regierungsform, in der die Aufmerksamkeit sich auf *eine* Person konzentriert, die interessante Sachen macht; eine Republik ist eine Regierungsform, in der sich die Aufmerksamkeit auf viele verteilt, die alle uninteressante Sachen machen.« Selbst ein so unorthodoxer und nicht selten extremer Linksradikaler wie Kingsley Martin spricht von den Gefahren, eine »so ehrwürdige Institution« zu verändern: Immerhin die älteste europäische Institution nach dem Papsttum.

Noch deutlicher ist ihr Wert für alle, die ans Commonwealth glauben. Da erscheint sie als das einzige sichtbare Band – obwohl so viele Mitgliedstaaten republikanische Verfassungen haben und die Königin nicht als Königin anerkennen, sondern als *Oberhaupt des Commonwealth*. Niemand weiß genau, was das bedeutet. Aber nur selten wird daran gezweifelt, daß es etwas bedeutet. Es ist wahr, daß auch da letzthin eine neue Skepsis in Erscheinung tritt – nicht in dem neuen farbigen, sondern im alten weißen Commonwealth.

Die Reise des königlichen Paares nach Australien und Neuseeland war *kein* ungeteilter Triumph. Zu viele Stimmen wurden laut, die den steifen und snobistischen Charakter der Reise bedauerten. Es seien immer wieder nur dieselben Leute, die an die Königin herangelassen würden. Es habe wenig Sinn, diese »Runde von bürgermeisterlichem Händeschütteln« fortzusetzen. Dagegen wurde der Vorschlag gemacht, die Königin sollte einige Wochen im Jahr auch in Ländern des Commonwealth eine feste Residenz beziehen. Es ist unwahrscheinlich, daß es dazu in absehbarer Zeit kommt. Denn die Königin (die trotz dreier Ferienmonate im Jahr von der Presse gern als überarbeitet dargestellt wird) müßte dann sich und ihrer Familie ein majestätisches Vagabundenleben zumuten, das kaum erträglich wäre.

Aber wenn die einen »Steifheit« kritisieren, so gibt es doch viele andere, die gerade auf die Elastizität, die biegsame Anpassungsfähigkeit der Institution hinweisen. Tatsächlich muß es scheinen, daß eine Monarchie, gegen die politisch nichts einzuwenden ist und für die psychologisch soviel spricht, sich sehr gut bezahlt macht, auch wenn sie nicht billig ist.

Die Königin erhält in der Zivilliste 475.000 Pfund im Jahr. Dazu kommen 166.000 Pfund für andere Familienmitglieder. Das sind gewaltige Summen. Dabei wird die Erhaltung der königlichen Schlösser vom Ministerium für öffentliche Arbeiten bezahlt, Kostenpunkt: 600.000 Pfund. Die königliche Jacht »Britannia« wird von *Ihrer Majestät Kriegsmarine* bezahlt, Kostenpunkt: 200.000 Pfund. Alles in allem kostet die Monarchie zwei Millionen Pfund im Jahr – also 22 Millionen Mark.

Die Königs-Bilanz
Dagegen wird eingewendet, das Land mache noch ein Geschäft an der Monarchie, weil die Königin die Einkünfte aus den Kronländereien, ebenso wie ihre Vorfahren, schon seit Generationen, der Nation übergebe. Und diese Einkünfte betrügen weit mehr als sie vom Staat erhalte. Es wird darauf hingewiesen, daß Königin Elizabeth nach 50 Jahren der Inflation kaum mehr erhalte als Eduard VII., daß Prinz Philip nur um 10.000 Pfund mehr erhalte als Prinz Albert vor hundert Jahren. Es wird daran erinnert, daß Georg VI. von sich sagte »In meiner Profession bin ich der schlechtest bezahlte Mann der Welt!«, und daß sein Lebensende von Geldsorgen umdüstert war.

Das meiste davon sind romantische Entstellungen. Die Königin gehört zu den reichsten Frauen der Erde mit einem Privatvermögen, das auf drei Millionen Pfund geschätzt wird. Ihr gehört die größte private Bildersammlung der Welt. Ihre Briefmarkensammlung allein soll Hunderttausende von Pfund wert sein. Schlösser wie Sandringham und Balmoral gehören ihr persönlich. Die Kronländereien dagegen gehören tatsächlich der Nation. Daß die noch immer Eigentum der Monarchen seien, ist bloß eine der englischen Fiktionen.

Aber kostspielig oder nicht – der großen Mehrheit erscheint die Institution einfach unbezahlbar. Nichts anderes könnte historische Kontinuität die nationale Zusammengehörigkeit über alles Trennende hinweg so versinnbilchlichen und sichern. England mag nicht mehr die Macht von gestern sein, aber »unsere Königin« ist eine Gestalt ohnegleichen in der ganzen Welt.

Wie aber, wenn gerade diese Betonung der Kontinuität, diese monarchische Massenmagie, anstatt heilsam zu sein, reines Gift wäre? »Die Monarchie ist zum Schaustück eines Phantasie-Imperialismus geworden, der dem britischen Volk mehr schadet als der echte Imperialismus ihrer Ahnen.« Zugegeben, dieser »Phantasie-Imperialismus« hat dem britischen Volk wahrscheinlich geholfen, sich seinem geringeren Rang in der Welt anzupassen. Die Mystik des britischen Commonwealth und der Pomp, der davon untrennbar ist, haben als Stoßdämpfer gegen den psychologischen Schock gewirkt, den der Verlust eines Weltreiches zur Folge haben mußte. Wenn Monarchie aber der Preis für friedliche Anpassung an Machtverlust ist, dann kann man überzeugend argumentieren, daß sich der Preis lohnt. Aber das Argument leidet daran, daß Großbritanniens Anpassung viel zu friedlich war.

So konnte man es wenigstens in dem unabhängig-konservativen *Spectator* lesen, und in solchen Tönen sprechen Kritiker immer dringender. England braucht den Schock, der zu sehr abgedämpft wurde. Die Monarchie vertritt die Glorie der Vergangenheit. England aber muß Konventionen über Bord werfen, einen neuen Status in einer neuen Zeit finden und aufhören, von der Vergangenheit besessen zu sein.

Tatsächlich wird der Königin vorgeworfen, daß sie sich vom Leben des Volkes viel zu sehr isoliere. Die meisten ihrer Freunde gehören dem Hochadel an. Es ist ein enger, dicht geschlossener Kreis; eine exklusive, aristokratisch-plutokratische Gesellschaft. (Sie ist dabei gar nicht identisch mit der eigentlichen großen Gesellschaft Londons, soweit es die noch gibt.) »Solange das so ist«, schrieb der *Daily Herald,* »wird das Klassensystem weiter bestehen. Geburt- und Titelsnobismus wird in seiner schlimmsten Form weiterbestehen. ›Geschichte‹ und ›Tradition‹ werden weiter jedem Fortschritt im Wege stehen. Man kann nicht zum Mond fahren – auch nicht zu einem viel weniger ehrgeizig fernem Ziel – in einer Glaskarosse mit sechs Schimmeln.«

Selbst ein so durchdrungener Monarchist wie Sir Charles Tetry beklagt, daß die königliche Familie »mit den geistigen Führern Englands in gefährlicher Weise außer Kontakt ist … Mit den geistig Schaffenden kommt sie unvergleichlich seltener zusammen als mit Politikern, Generalen, Admiralen und Industriellen … Es ist verhängnisvoll, daß von der königlichen Familie mit Recht oder Unrecht gesagt wird, sie seien geistige Banausen, die selten ein Buch lesen …«.

Vor allem wird betont, daß der bizarre Widerspruch der hysterischen Massenverehrung, die der Königin entgegengebracht wird, weder für das Volk noch für die Königin gut sein könne. Der Pomp und Prunk, mit dem sie und ihr Hof auftreten, erfordert und erfährt die Anhimmelung einer absoluten Monarchin. Aber während sie einerseits als das mystische Gefäß des Gottesgnadentums erscheint, hat sie andererseits gerade die entgegengesetzte Rolle zu spielen: Sie muß als eine typische normale junge Engländerin erscheinen, mit einem Mann und drei Kindern, mit einem normalen bürgerlich-glücklichen Familienleben. Eine Engländerin wie Millionen andere auch, nur daß sie zufällig Königin ist.

Die alten Prachtszenen

Die Massenblätter, die so bürgerlich sacharinsüßen Klatsch über die königliche Familie drucken, verherrlichen sie im gleichen Atem etwa bei der Parlamentseröffnung. »Die Königin mit der Krone des Imperiums auf dem Haupt – im herrlichen Staatsgewand, vor ihr die geistlichen und weltlichen Lords in ihren roten, hermelinbesetzten Roben und die Vertreter des Unterhauses jenseits der Schranke des Oberhauses auf engem Raum zusammengedrängt, wo kaum ein Zehntel der Abgeordneten Platz hat – in so demütiger Stellung hören sie die ›gnädige Rede vom Thron«. Die Szene also ist genauso wie in der Zeit Elizabeth I.«

Der Unterschied ist nur, daß jene Elizabeth allmächtig war und ihrem Volk kein bürgerlich-moralisches Glück vorzuspielen brauchte, während heute das Unterhaus die Macht hat. Das Leben eines Volkes als historisches Theater aufzuziehen kann nicht gut sein, sagen die Kritiker. Die Überbewertung der Aristokratie, welche in keinem vernünftigen Verhältnis zu ihrer wahren Macht steht, kann nicht gut sein (die Erhebung des Photographen, den Prinzessin Margaret heiratete, zum Earl of Snowdon war wahrscheinlich einer der größten Fehler, den der Hof in den letzten Jahren beging). Die Besessenheit mit Anachronismen, anachronistischen Hofämtern, anachronistischem Zeremoniell, anachronistischem Ritual kann nicht gut sein. Die Höflinge, welche die »radfahrenden Monarchien« von Skandinavien und Holland verachten, trügen die größte Schuld, so sagen die Kritiker. Im *Spectator* schrieb David Marquand: »Eine unauffällige, utilitäre Monarchie – das ist es, was wir brauchen – eine Monarchie ohne Fahnenparade, ohne Gottesgnaden-Tamtam, eine Monarchie, welche das öffentliche Interesse nicht erregen würde – eine solche Monarchie wäre der gegenwärtigen Stellung Großbritanniens in der Welt angepaßt …«

So extreme Ansichten teilt Prinz Philip wohl nicht, aber für den Hof sind seine eigenen Ansichten extrem genug. Er hat einiges erreicht. Er schreibt seine eigenen Reden, zum Entsetzen der Hofschranzen redet er, wie ihm der Schnabel gewachsen ist, und eine Zeitlang schien es, als ob er einen Kreuzzug für die industrielle und technologische Wiedererweckung Englands führen wollte. Sicherlich sagte er oft, was kein Politiker oder Gewerkschaftsführer zu sagen wagte, so etwa: »Es hat keinen Sinn, dreimal am Tag nach dem Essen zu sagen, britische Waren sind die besten – und zu erwarten, daß es auch wirklich so ist.« Oder vor der Automobile Association: »Wenn ihr gute Straßen wollt, müßt ihr ins Ausland.« Bei einer anderen Gelegenheit: »Aus Amerika stammt der Ausdruck Ja-Sager, hier bei uns haben wir mehr mit den Nein-Sagern zu schaffen, die es zu ihrer Aufgabe machen, mit einer Art von schlauer Dummheit jedes Projekt zu sabotieren, das von Menschen mit Energie und Weitblick vorgeschlagen wird.«

Philip – keine Graue Eminenz

Aber ein wirksamer Kreuzzug ist es nie geworden. Großbritannien in der Mitte des 20. Jahrhunderts gestattet keinem Prinzgemahl mehr, die Rolle zu spielen, die Albert spielte. Als Philip sich mit der damaligen Prinzessin Elizabeth verlobte, herrschten bei Hof lebhafte Angstvorstellungen darüber, was geschehen würde, wenn er, unter dem Einfluß seines Onkels, des Earl Mountbatten, politische Ambitionen entwickeln würde. Die Furcht war ganz grundlos. Lord Mountbatten versuchte nie, die Rolle einer *Eminence grise* zu spielen, und Philip war zu vernünftig, vielleicht auch zu wenig interessiert, um mehr zu wagen als gelegentlich ausfällige Worte. Daß sein ältester Sohn eine verhältnismäßig normale Erziehung genießt, jetzt in der schottischen Internatsschule Gordonstoun, die Kurt Hahn nach dem Vorbild von Salem gründete, das ist gewiß ihm zuzuschreiben. Und das ist wohl bisher seine zukunftsträchtigste Tat.

Immerhin hat *er* die Konturen einer starken Persönlichkeit verraten – die Königin hat es bisher kaum, jedenfalls nicht in der Öffentlichkeit. Vor sechs Jahren schrieb Lord Altrincham – als er mit seinem damals unerhörten Angriff auf die »Musterschülerinnenmanieren« der Königin eine solche Sensation erregte –, die Zeit der Prüfung werde für die Königin in zwanzig Jahren eintreten, wenn die Blüte der Jugend vorbei sei. Dann werde es auf ihre Persönlichkeit ankommen. Er hatte gewiß recht, und die Blüte der Jugend vergeht viel rascher, als selbst ein so kritischer Lord hinschreibt. Wenn es in der Welt logisch zuginge, dann würde man dieser Mischung aus monarchischem Mysterium und Filmstarrummel nicht gerade ewige Dauer prophezeien. Man wäre eher versucht vorauszusagen, daß auch die britische Monarchie den holländischen und skandinavischen Vorbildern folgen wird. Aber die Engländer glauben bekanntlich nicht, daß es in der Welt logisch zugeht, und so mag es sein – wie Exkönig Faruk einmal sagte –, daß eines Tages nur noch fünf Könige in der Welt übrig sind: Der König in Großbritannien und die Könige in Pik, Herz, Karo und Treff.

Süddeutsche Zeitung, 15./16. Januar 1972

Edmund Wolf
Die ersten und die letzten Arbeiter.
Notizen aus Blackburn, Lancashire

I'm very happy to be a working class man, sagte George in der Waterloo-Bar in Blackburn. Er, dunkelhaarig, um die Fünfunddreißig, gut aussehend, war vielleicht der intelligenteste von den Männern, an deren Tisch ich saß. Mit Ausnahme von Mr. Robertson, von dem gleich die Rede sein soll, waren sie alle Arbeiter in einer Papierfabrik, George ein Gewerkschaftsfunktionär, ein »shop steward« der Elektrikergewerkschaft in dem Werk. Er betonte aber, daß er alles eher als ein Kommunist sei. George wählt »Labour«, ist aber ein Mann, dem nicht allzuviel an Politik liegt. Er ist mit einer Krankenschwester verheiratet, die auch gut verdient. Ihr gemeinsames Nettoeinkomen beträgt rund 55 Pfund in der Woche (die Kaufkraft entspricht etwa 500 DM). Er hatte seinen Satz: »Ich bin sehr froh, der Arbeiterklasse anzugehören«, überhaupt nicht politisch gemeint, keine Drohung schwang in seinen Worten mit, keine unterdrückte Wut, nicht das Klirren zerbrochener oder zerbrechender Ketten – nein, er machte eine schlichte Feststellung über sich selbst, seine Herkunft und sagte, so wie er es sagte, ohne es zu wissen, auch etwas Wesentliches über England.

In England gibt es eine Arbeiterklasse. Natürlich, wenn englische Gewerkschafts-Bosse oder Parlamentarier, die für die Galerie spielen, von Arbeiterklasse reden, so meinen sie es genauso militant, wie – oder noch militanter als – man es in anderen Ländern meint, sie reden von Unterdrückung, Ausbeutung, Machtanspruch, Revolution. George meinte nichts von alledem. Er meinte ein Leben, eine Lebensweise, etwas, was man nicht loswerden, sondern erhalten will: das Arbeiterleben. Auch in England verbürgerlicht es sich zusehends, das Arbeiterleben, aber viel langsamer, scheint mir, als in Skandinavien, in Holland oder in Deutschland. Man mag froh darüber sein, wie George, man mag es bedauern – es ist, glaube ich, eine Tatsache.

Unvermeidlich begannen sie, vom gemeinsamen Markt zu reden. Von den zehn Männern an dem Tisch waren nur Mr. Robertson und ich keine Arbeiter. Mr. Robertson stammte immerhin aus der Arbeiterklasse, sein Vater war ein Arbeiter gewesen, während er selbst es zum Beamten im Rathaus von Blackburn gebracht hatte. Im Krieg hatte er in der »Royal Air Force« gedient, und da er in der Schule Französisch gelernt hatte, wurde er mit dem Rang eines Sergeanten Verbindungsmann bei der Luftwaffe der »Freien Franzosen«, der Kräfte unter General de Gaulle. Die Franzosen nannte er »Frogs«, Frösche – eine landesübliche Bezeichnung –, und er erzählte zur allgemeinen Erheiterung, daß die »Frogs« konstant untereinander gestritten hätten; seine Haupttätigkeit im Kriege habe darin bestanden, den Frieden unter den Fröschen zu bewahren. Von de Gaulle selbst aber sprach er nicht mit derselben milden, reminiszierenden Heiterkeit: wie de Gaulle später Großbritannien voll Undank behandelt habe, das könne nicht vergessen werden, die Verbitterung gegen den Gemeinsamen Markt, die de Gaulle hervorrief, sei einfach nicht zu überwinden.

Es zeigte sich, zu meinem Erstaunen, daß keiner der Arbeiter mit ihm so einfach übereinstimmte – obzwar die britische Gewerkschaftsbewegung und die Labour Party gerade Monate intensivster Agitation darauf verwendet hatten, die Arbeiter zu überzeugen, daß der Beitritt zum Gemeinsamen Markt ihren Lebensstandard untergraben werde und daß sich England »unter den gegenwärtigen Bedingungen« von der EWG nicht vergewaltigen lassen dürfe. Nicht etwa, daß sich nun eine erregte politische Debatte um den biernassen Tisch entsponnen hätte, keine Spur. Die Männer tranken – nicht in tiefen kontinentalen Zügen, sondern schluckweise – ihr »best bitter«, englisches Bier, Zimmertemperatur, nicht zum Durstlöschen bestimmt, sondern zum freundlichen und nachdenklichen Trinken, eine Runde nach der andern, und jeder achtete pünktlich darauf, »seine Runde« zu bezahlen. Nein, fanatisch »dafür« oder »dagegen« gab sich keiner. Wenn etwas irgendwann besonders dezidiert gesagt wurde, besonders temperamentvoll, besonders nachdrücklich, so folgte nicht selten ein Lachen in der Runde, als sei so schwitzender Ernst unter Männern nicht wirklich ernst zu nehmen. Immerhin, Charlie neben mir, ein Mann mit einem offenen, bubenhaften Boxergesicht (dabei aber der Älteste von allen) begann auf die erwartete Weise: »Was man so in den Zeitungen liest – das sieht ja eher so aus, als ob's keine gute Entscheidung wäre ...«

Aber anstatt über die wirtschaftlichen und politischen Argumente für und wider den EWG-Beitritt zu reden, die England monatelang, jahrelang hatte über sich ergehen lassen müssen, ohne daß irgendwer nun wirklich mehr wußte als früher, begannen sie davon zu sprechen, wie es ihnen selbst im Vergleich zu Arbeitern auf dem Kontinent tatsächlich gehe; ob denn Charlie nicht zugäbe, daß Arbeiter auf dem Kontinent besser dran seien, fragte Barry, der mir gegenübersaß, ein hochgewachsener, dünner Mann mit lachenden Augen, schütteren Haaren, einer langen Narbe auf der Oberlippe. »Ja«, sagte Charlie, der mit dem Boxergesicht, »glaub' ich schon, kontinentalen Arbeitern geht's besser im ganzen ... die arbeiten aber auch mehr ...«

In ihrer Papierfabrik gibt es deutsche Maschinen, und gelegentlich kommen deutsche Arbeiter nach Blackburn, um die Maschinen zu reparieren. Sie alle kannten diese Deutschen, fanden sie »first-rate chaps«, »... die sind viel besser dran wie wir, kommt mir vor ...«, sagte Bill, »... feine Wohnungen, große Autos, ein höherer Lebensstandard, ›job for job‹ ... die haben auch eine größere Produktion in Deutschland ...« Bill ist ein stiller, blasser, dünner Mann, blond, verheiratet, kinderlos. Joe neben ihm, dick, gedrungen, mit nassen, zurückgekämmten Haaren, stimmte ihm zu: »Ja, der deutsche Arbeiter ist viel besser dran!« George, der mit der Krankenschwester verheiratet ist, hatte zwei Jahre in Hamburg gearbeitet. »Die schuften auch entsprechend«, sagte er, »kein Vergleich ... wenn die Schicht beginnt, steht jeder an der Maschine, nicht so wie bei uns, daß einer ankommt und schon im Klosett zum Rauchen verschwindet ... und die haben nicht soviel Teepausen wie wir ... und die arbeiten bis zum Arbeitsschluß, bis zur letzten Sekunde, nicht so wie bei uns, wo alle schon zwanzig Minuten früher im Waschraum sind, und wenn die Sirene geht, sitzen alle schon im Auto und geben Gas .... Und wann streiken die in Deutschland? Wie ich dort war, hat es in Deutschland keinen Streik gegeben, niemals.«

Das Bemerkenswerte war, daß nicht ein einziger irgend etwas einzuwenden hatte. Gewerkschaftsführer oder Labour-Politiker würden nicht wagen, irgend etwas dergleichen öffentlich zuzugeben. Daß der englische Arbeiter so intensiv arbeitet wie irgendwer in der Welt, daß Streiks in England nicht häufiger sind als irgendwo sonst, daß der Lebensstandard englischer Arbeiter zwar viel höher sein sollte, selbstverständlich, aber im Vergleich zum Ausland doch dank Trade Union Movement und Labour Party beneidenswert gut sei – das sind Axiome, aber in der Waterloo-Bar in Blackburn klang es anders. »Nein«, sagte der stille, blasse Bill, »ich glaube nicht, daß wir so hart arbeiten wie die Deutschen ... und ich glaub' nicht, daß das gut ist. Der durchschnittliche Arbeiter, glaub' ich, der möchte lieber mehr arbeiten.« Und sah dünn und blaß zu Joe hinüber, dem Mann neben ihm, dem dicken, dynamischen. »Wir würden auch schwerer arbeiten«, sagte Joe, »aber es zahlt sich nicht aus finanziell.«

Die Gruppe war nicht repräsentativ im Sinne eines Infratests. Es waren keine ungelernten Arbeiter unter ihnen. Sie alle arbeiteten in derselben

Die ersten und die letzten Arbeiter. 141

Fabrik, in derselben Stadt in Lancashire. Sonst aber waren sie sehr verschieden und saßen nur zufällig zusammen an dem Abend in der Waterloo-Bar. Zwei von ihnen waren Tories, konservative Wähler. Barry, der mir gegenübersaß, sagte: »Mein Vater war konservativ, ich bin konservativ ... es paßt mir besser ...« Und Joe, stellte sich heraus, hatte mit seiner Frau einen Laden aufgemacht; er arbeitete in der Fabrik weiter, aber der Laden ging nicht schlecht. »A general store ... bei mir kriegen Sie, was Sie nur wollen, Lebensmittel, alles für den Haushalt, Drogerie ... Woolworth im kleinen ...«

Charlie grinste: »Bloody capitalist!« Er selbst war der einzige am Tisch, der sich als Revolutionär ausgab. »Natürlich brauchen wir eine Revolution in England ... aber in England kommt's nie zu einer Revolution.« Die Tories-Regierung erbitterte ihn: »Mein siebzehnjähriger Sohn kann keinen Job kriegen. Der bewirbt sich, sooft er kann ... und überall, wo er vorspricht, ist nicht einer vor ihm da, sondern zwanzig. Das sind die Tories. Die treiben das absichtlich so, daß eine Million arbeitslos ist ... und es werden mehr. So waren die Tories immer, und so bleiben die.« Joe, der Tory neben ihm, lachte ihn aus, und Charlie lachte mit. Barry, der andere Tory, sprach mit augenzwinkernder Verachtung von der Gewerkschaftsagitation gegen das von den Konservativen eingebrachte und durchgebrachte Gesetz zur gesetzlichen Kontrolle von Gewerkschaften und Tarifverträgen, zur Einschränkung von Streiks. »Warum brauchen wir mehr Freiheit als Gewerkschaften sonstwo in der Welt? Ich hab' keine Geduld mit diesen wilden Streiks ... ist ja lächerlich ... ein paar Mechaniker in der Automobilindustrie streiken, weil's ihnen gerade so einfällt, und prompt kommt die ganze Industrie zum Stillstand ...«

Wieder war das Erstaunliche, daß niemand widersprach. Monatelang hatten die großen Gewerkschaftsführer, Vic Feathers, Jack Jones, Scanlon, verkündet, das Tories-Gesetz solle die Arbeiterklasse kastrieren; man hatte Massenmärsche zum Parlament organisiert, Proteststreiks veranstaltet, mit Gerneralstreik gedroht; man hatte England überzeugen wollen, daß die gesamte Arbeiterschaft dieses Gesetz verdamme – aber siehe da, hier waren acht Arbeiter, die es nicht verdammten. Alle waren sich zwar einig darüber, daß die Unternehmer in England mindestens so schuldig seien wie aufsässige Gewerkschaftsfunktionäre und verhetzte Arbeiter; alle wußten, daß Streiks nie auf die unmittelbaren Anlässe zurückgehen, »... auf irgendeine ›bloody stupid‹ Auseinandersetzung über irgendeine ›bloody stupid‹ Teepause ...«, sondern auf die Vergangenheit, auf altes Mißtrauen, alten Haß, alte Furcht von Arbeitern vor dem Management; niemand sagte, auch Barry und Joe nicht, die beiden Tories, daß das neue Gesetz nun Wunder wirken werde. Aber keiner verdammte es in Bausch und Bogen. George, der andere »shop steward«, der dunkelhaarige, der in Deutschland und Kanada gearbeitet hatte, meinte, er sei nicht sicher, ob das Gesetz industrielle Beziehungen nicht noch mehr vergiften würde; aber auch er war dafür, es mindestens ein Jahr lang damit zu versuchen. Das war der Konsensus: »Give it a try ...«, mal probieren.

Wenn das Stimmen englischer Arbeiter sind – warum hört man sie so selten, warum hörte man sie nie in der Auseinandersetzung um dieses Gesetz oder um den Beitritt zum Gemeinsamen Markt? »Nicht so einfach«, sagte Andy, »man sagt nicht so leicht, was man sich denkt ... auch bei uns im Werk nicht ... man paßt auf, man wird überhört, die Gewerkschaftsfunktionäre hören zu ... bis zu einem gewissen Grad hat man Angst ...« Andy wurde nicht niedergeschrien, nicht zurechtgewiesen. Auch die beiden anwesenden »shop stewards« behaupteten nicht, das sei eine Verleumdung.

Keine repräsantative Auslese, bestimmt nicht – aber seltene Ausnahmen konnten diese Männer in der Waterloo-Bar auch nicht sein. Arbeiter, denen es schlechter geht – und es gibt sehr viele in England –, sind vielleicht so radikal, wie es ihre Wortführer im Namen aller behaupten. Immerhin, auch der Arbeiter-Radikalismus in England unterscheidet sich von der kontinentalen Variante. (Der große Mann im Rathaus von Blackburn ist Sir George Eddie, in jungen Jahren ein Arbeiter, jetzt ein alter Mann, der vor einigen Jahren auf englische Weise wegen seiner Verdienste um die Kommunalpolitik in Blackburn in den Ritterstand erhoben worden war und darum nicht mehr Mr. Eddie hieß, sondern »Sir George«. Es war vielleicht nicht in der allerersten Minute unseres Gesprächs, aber kaum später als in der zweiten, daß Sir George zu mir sagte: »Englischer Sozialismus kommt nicht vom Marxismus her, sondern vom Christentum.« Es war allerdings ein anderes Christentum als das betulich-anglikanische, dieses Christentum der englischen Arbeiterklasse im 19. Jahrhundert; es war das Christentum der »Chapels«, des kompromißlosen Nonkonformismus, des inbrünstigen Glaubens an die Gleichheit der Menschen im Himmel wie auch auf Erden.) Nein, auch wenn die Mehrheit vielleicht radikaler ist – diese Männer in der Waterloo-Bar in Blackburn dachten gewiß nicht anders als Millionen ihresgleichen; sie waren, sie sind typisch genug für eine große Zahl. Und Blackburn selbst – ja, Blackburn darf getrost als typisch gelten für eine englische Industriestadt, ja als die Stätte der historischen Wende.

Wer weiß nicht, daß 1789 die Bastille gestürmt wurde und die Revolution ausbrach? Wer aber weiß, wer in Deutschland, wer in England, daß 1789 der erste Webstuhl von einer Dampfmaschine betrieben wurde und daß damit in Blackburn, Lancashire, die industrielle Revolution ausbrach? Bei dieser Revolution, der industriellen, ging es nicht so fahnenschwingend glorreich und grandios blutig zu. Es arbeiteten nur Kinder Tag um Tag vierzehn Stunden lang in den Fabriken, es soffen sich nur ihre Eltern in den »Gin Mills« zu Tode, ein Penny pro Glas, weil unbetäubt das Leben kaum erträglich war. Es wurde nur gerade diese Landschaft, Lancashire – so schön wie irgendeine Landschaft in England – in eine rußverkrustete Ziegelwüste verwandelt, in eine Schutt- und Aschenhalde, in einer hundertfünfzig Jahre langen Orgie zynischer Habsucht – all das im Namen des industriellen Fortschritts, der Glorie Englands und des Empires. »Es war«, so schrieb vor 37 Jahren J. B. Priestley, »als hätte sich England hundert Jahre lang damit beschäftigt, gigantische Säue zu mästen, und die Menschen, die am Gestank des Saustalls erstickten, kriegten nie den Braten. Industrielle Vormacht: ein einziger schmutziger Schwindel! Kommerzielle Größe: hier halbverhungerte Kinder, die zwischen den Maschinen herumkrochen, dort die Händler, die Eingeborene besoffen machten mit schlechtem Gin!«

Das alles begann in Blackburn, im nahen Manchester, in all dem Gewirr von Städten ringsum, die im 19. Jahrhundert so schnell und so herzzerbrechend häßlich wuchsen. Einfamilienhäuser natürlich. Auch der hungernde britische Arbeiter mußte sein Schloß haben, »my home is my castle«, ein elendes Häuschen ans andere gelehnt, und im Hof ein kommunales Klosett für zwei, vier, ein Dutzend Familien. So waren sie, und so blieben sie lange, lange. Ganz ähnliches kam dann auch auf dem Kontinent, aber es kam später, und darum vielleicht nicht mit der totalen Brutalität der ersten Jahrzehnte in England.

Mit solch unvergessenen Erinnerungen hängt es zusammen, daß im englischen Arbeiter noch heute ein so unausrottbares Bewußtsein der »them« und »us« existiert, des Gegensatzes zwischen »denen da oben« und »uns«; »sie«, »die oben«, das sind die, die geschwollen reden, die alle zusammenstecken, die die Polizei auf dich hetzen, dich in den Krieg schicken, die dich am Ende doch noch erwischen werden – lauter Halunken, trau keinem von ihnen.

Es steckt tief, dieses Bewußtsein, das sich von

den ersten industriellen Arbeitern auf diese letzten vererbt hat, die sich als Arbeiter fühlen, weil sie nichts dafür übrighaben, sich als irgend etwas anderes zu fühlen: »I'm very happy to be a working class man ...« Es steckt tief, wenn es sich auch in diesem Jahrhundert sehr gemäßigt hat. »Die oben« sind etwas anderes als wir, aber ihre Polizei ist keine allmächtige geheime Staatspolizei, und die Angst, plötzlich aus dem normalen Leben gerissen und von Staats wegen umgebracht zu werden oder irgendwo spurlos zu verschwinden, ist seit Jahrhunderten keine englische Angst mehr. Aber wenn die Kontinentalangst, die Angst im Zeichen nationaler Niederlagen und totaler Umstürze, nicht zum Erlebnis der englischen Arbeiterklasse gehört, weil die Geschichte keinen Anlaß dazu gab, so ist die angst- und haßerfüllte Erinnerung an die frühen dreißiger Jahre, die der Depression, der großen Arbeitslosigkeit, der Suppenküchen, um so lebendiger: in England folgte keine andere Katastrophe, um diese aus der Erinnerung zu löschen. Wenn die Kluft zwischen »them« und »us« sich hätte schließen können – jene Jahre rissen sie furchtbar wieder auf.

J. B. Priestley schilderte in seinem »English Journey« einen Besuch von Blackburn Anfang der dreißiger Jahre: »... Die Stadt steht noch so da, wie sie war, aber sie ist nicht, wie sie war. Sie leidet an einer tiefen inneren Verletzung ... Ich verbrachte einen Tag mit einem Mann, der für eine Hilfsaktion die Runde machte, um Lebensmittelkarten zu verteilen, einem Mann mittleren Alters, Kaufmann, Unternehmer, aber alle nannten ihn beim Vornamen, Richard ... Die Häuser sahen außen bedrückend genug aus, aber innen waren sie sauber, die Hausfrauen in Lancashire sind stolz und fleißig. Erstes Haus; ein alterndes Ehepaar, ein langer, zahnloser Mann, der gerade aufgestanden war und sich an seinen Teller Suppe gesetzt hatte. ›Viele sind schlechter dran als wir‹, sagte seine Frau, eine heitere Frau, und meinte es. Die zwei hatten Glück. Der Mann, seit vier oder fünf Jahren arbeitslos. Alle Ersparnisse aufgegessen. Aber Richard hatte ihn als Nachtwächter in einer Fabrik untergebracht, sechs Uhr abends bis sechs Uhr früh, sechs Tage in der Woche, 72 Stunden, Lohn 36 Shilling pro Woche, und einige Not mit einer Rattenplage, große, furchtlose Ratten. Aber der Job erscheint ihnen als himmlisches Geschenk, die beiden sind über ihr Glück selig ... Irgend etwas tat der Staat für diese Unglücklichen, die einst wußten, was es hieß, zur Arbeit zu gehen und am Wochenende einen Lohn heimzubringen, und die nun ratlos und freudlos dahinvegetierten, irgend etwas wurde für diese arbeitslosen Männer in der arbeitslosen Welt getan, unter dem feuchten Dach der verfallenen Schule. Aber wie kläglich war das, was für sie getan wurde, wie knausrig, in welchem Klima allgemeiner Verwirrung wurde ihnen mit der einen Hand gegeben und mit der anderen wieder genommen, wurde mit ihnen um das Bitter-wenige noch gefeilscht!«

Heute ist Blackburn ganz anders. Der Zug fährt an alten, niederen Ziegelhäusern vorbei, deren zerbrochene Fensterscheiben verraten, daß sie alle leer sind; nur das Gestrüpp von Fernsehantennen erinnert daran, daß das Leben, das Generationen so vieler armer Familien da führten, erst vor kurzem entfloh. Sehr bald werden sie alle niedergerissen sein, wie so viel in Blackburn bereits niedergerissen wurde, um gläsern hochgetürmten Bürobaukästen und Mietskathedralen Platz zu machen, einer achtspurigen Ausfallstraße, Unterführungen, Überführungen, einem zentralen Verwaltungskomplex mit neuem Rathaus, Großmarkthalle, Superhochgarage, all das um einen zentralen Springbrunnen angelegt, der seinerseits mindestens ein Großspringbrunnen, wenn nicht ein Superspringbrunnen ist – wer hätte gedacht, daß eine Stadt wie Blackburn sich je eine Fontäne leisten würde, die einfach so Wasser hochschießen läßt, ohne irgend etwas damit zu betreiben.

Es ist natürlich noch immer eine triste Stadt,

es gibt da noch genug der traurigen und rußgeschwärzten Terrassen Viktorianischer Proletarierbehausungen, das beste Hotel der Stadt hat immer noch keinen richtigen Eingang, die Zimmer sind nur durch die Bar im ersten Stock erreichbar – andererseits brüstet sich Blackburn des größten Nachtklubs in Europa. Vielleicht ist das nur eine lokalpatriotische Legende, aber der Nachtklub ist jedenfalls immens und elegant genug, um irgendwo in Manhattan sein zu können. Am Wochenende ist er übervoll, und selbst an dem Wochentag, an dem ich dort war, konnten die drei Mädchen, die sich auf der Bühne strapazierten, um mit ihren Liedern und ordinären Witzen das blasierte Publikum mitzureißen, sich nicht auf die Leere ausreden, wenn es ihnen so wenig gelang. Es war alles eher als leer, an den weißgedeckten Tischen, auf den übereinandergestuften Rängen, fast lauter junge Menschen, Burschen mit ihren Mädchen, die meisten ganz sicher Arbeiter oder doch Arbeitersöhne und Arbeitertöchter.

Und dieser Groß- oder Supernachtklub ist nicht etwa das einzige Amüsierlokal in Blackburn. Die Industriestädte im Norden Englands sind heute Goldgruben für »Enertainers«, nicht nur Nachtklubs wie dieser, sondern die »Workingmen's Clubs«, von denen es in England über dreitausend gibt, mit mehr als zwei Millionen Mitgliedern, alles Arbeiter, nur Arbeiter.

Es sind keine politischen Klubs, wenn sie sich auch »Conservative Club« oder »Liberal Club« oder »Labour Club« nennen. Politik spielte vielleicht bei ihrer Gründung eine Rolle, heute haben sie nichts mit Politik zu tun, ein radikaler Labour-Wähler wird einem »Conservative Working Men's Club« angehören, einfach weil ihm das Bier dort besser schmeckt oder weil der Klub näher ist. Mit Politik hat es nichts zu tun, aber »... wir sind alle Arbeiter da«, sagte ein alter Mann, »die anderen haben ihre eigenen Klubs ... lauter Arbeiter, und keine Fremden, keine Westinder und sowas, was Stunk macht ... hier ist es wie zu Haus, ich kann einen Stuhl herschieben und meine Beine ausstrecken, und wenn ich die Schuh nicht auf den Sessel tu, kümmert sich keiner ...« In der Woche kommen die meisten mindestens zweimal, sie sitzen oft mit einem Glas Bier den ganzen Abend da, spielen Darts und Dominos, wetten auf Pferderennen und worauf sich sonst wetten läßt; ein britischer Arbeiter, der nicht regelmäßig was fürs Glück springen läßt, muß ganz aus der Art geschlagen sein ... und unter ihnen sitzt der Polizist, der auch dem »Working Men's Club« angehört, von Berufs wegen lebt er so zwischen »denen da oben« und »uns«, aber er ist doch Mitglied im Klub, und wenn er Mitglied geworden ist, behandeln ihn die anderen ganz, als wäre er ein Mensch, und er, der Polizist, drückt auch die Augen zu, wenn's im Klub gelegentlich nicht ganz legal zugeht ... »Wenn ihr schon nach der gesetzlichen Sperrstunde trinken müßt, warum zieht ihr die Vorhänge nicht zu?«

Jüngere Menschen sind selten da, die gehen in den Jazzklub und in die Coffeebar, aber wenn sie erst einmal geheiratet haben, wiederholt sich das alte Lebensmuster, Männer unter sich, Frauen unter sich, außer Samstag und Sonntag. Am Wochenende sind alle Arbeiterklubs im Norden rappelvoll, und sie können sich Stars leisten, sie können sich gelegentlich sogar leisten, einem Star aus Kalifornien Flug und Gage zu bezahlen. Aber die meisten Arbeiterklubs haben Mitglieder, die singen können und die sich nicht lange bitten lassen; während überall weitergesprochen und weitergelacht wird, während das Bier die Formica-Tische überspült und überall Kinder quietschend herumlaufen, reißt die Musik nie ab, die alten und die neuen Schlager. Auch Lieder aus dem letzten Krieg – alle singen mit, auch der Polizist, auch die Jungen, die da sind und die alle Erinnerungen an den letzten Krieg komisch finden, den Patriotismus von damals komisch finden, Churchill und sein Vorzeichen (»V« for Victory!) zum Schreien komisch finden – aber während sie es komisch finden, verstehen sie es doch gut genug und wissen, daß es ehrenhaft genug und gar nicht komisch war.

Ja, wenn irgend etwas besonders auffallend ist an der Stimmung hier, so ist es die Gemeinsamkeit generationenalter Erlebnisse: Es gibt kein Erlebnis, das Engländer, zuallerletzt Engländer der Arbeiterklasse, untereinander trennt, kein Trauma wie auf dem Kontinent, nichts, dessen sich die ganze Nation schämt und das man darum unter den Teppich kehrt – jedes Thema kann von der Bühne her angeschlagen werden und wird, sentimental oder aufjauchzend, im Grunde gleich aufgenommen werden.

Professor Richard Hoggart, der aus der Arbeiterklasse stammt, schrieb über ein solches Musik- und Barerlebnis – niemand hat in dieser Generation über die englische Arbeiterklasse besser geschrieben als er –: »Vor ein paar Monaten hörte ich einen blinden Klavierspieler ... in seiner Ecke spielte er buchstäblich viele Stunden lang ohne eine einzige Unterbrechung, zur Begleitung der Bargeräusche. Manchmal reichte er mit seiner Hand dorthin, wo er wußte, daß sein ›Pint‹ auf dem Klavier stand. Er spielte Lieder, die vor siebzig Jahren gesungen wurden, und Schlager aus dem jüngsten amerikanischen Musical – man spürte nie einen Stilbruch. Ohne Zweifel machte ihm das Spielen Spaß, aber man dachte an ihn nicht als einen Solisten, nicht als ein musizierendes Individuum – sondern vielmehr als einen Teilnehmer, einen geachteten und wichtigen Teilnehmer an einem Gruppenritual. Hinter dieser Szene konnte man im Geiste dämmerhaft die Schatten von Generationen von Volkssängern und Volksmusikanten erahnen, die vor ihm dagewesen waren; und der sonst stumme, blinde Mann, der die Musik, die von ihm erwartet wurde, so dahinfließen ließ, gab trotz der modernen Talmi-Qualität, die dem Milieu anhaftete, dem ganzen Erlebnis doch etwas Ergreifendes, Archetypisches.«

Moderne Talmi-Qualität, gewiß, immer mehr davon. Auch hier verwischen sich die Grenzen zwischen Arbeiterklasse und Bürgertum, weniger aber, scheint mir, als in Deutschland, von Skandinavien nicht zu reden – viel weniger als in Amerika. Positiv? Negativ? Wie soll man das beurteilen? Es ist gewiß eine negative Tatsache, daß das Erlebnis der Massenarbeitslosigkeit der dreißiger Jahre die britische Arbeiterklasse soviel tiefer mitgenommen hat als Arbeiterklassen in andern Ländern. Mehr als in irgendeinem andern Land leben britische Arbeiter in dem Gefühl, daß jene furchtbaren Jahre wiederkommen werden, früher oder später. Nirgends sonst sind daher Gewerkschaften so darauf konzentriert zu verhindern, daß Arbeiter – unter welchen Umständen immer – ihre Jobs verlieren; und es ist genau diese um jeden Preis defensive Einstellung, die der britischen Industrie (und das heißt vor allem dem britischen Arbeiter) schadet. Die Wahrheit ist, daß die britischen Gewerkschaften in den letzten zwei Jahrzehnten gar nicht soviel herausgeschlagen haben. Gerade die militantesten haben praktisch am wenigsten erzielt. Es ist keine erbauliche Geschichte, die der traditionell gespannten Beziehungen zwischen Arbeitern und Unternehmern, der Weigerung von Arbeitern (zumindest in der offiziellen Gewerkschaftsinterpretation), sich veränderten Bedingungen anzupassen, der Starrheit von Gewerkschaften, die alle Flexibilität lähmen. All das geht auf die Urerfahrenheit der industriellen Revolution zurück, zuletzt bestätigt durch die Erfahrung der dreißiger Jahre.

Weil aber damals so viele, ja alle, nur weiterexistieren konnten, indem sie sich gegenseitig halfen, bestärkte diese Erfahrung andererseits den Wert eines gemeinschaftlichen Arbeiterlebens; und bisher hat alles, was in den Nachkriegsjahren geschah – von den Umsiedlungen in Hochhäuser und Trabantenstädte bis zur Allerwelts-Fragmentierung vor den Fernsehschirmen – diese Gemeinschaft in England noch nicht aufgelöst. Bis heute jedenfalls gibt es in England eine Arbeiterklasse, die sich weniger verändert hat als ihresgleichen in vergleichbaren Ländern. Schwer zu sagen, warum das so ist. Vieleicht ist es gerade die Starrheit der »Trade Unions«, die das »Embourgeoiesement« aufhält; die britischen Gewerkschaften haben vielleicht gerade darum, weil sie wirtschaftlich nicht gar soviel erreichten, sozial etwas erreicht, was sie nicht einmal beabsichtigten. Aber die Ursache mag auch sehr viel tiefer sitzen, wie J. B. Priestley meint. Daß nicht nur die englische Arbeiterklasse, sondern daß ganz England sich weniger rasch ändert als andere technologisch führende Länder, das – schrieb er – hängt damit zusammen, »... daß uns ein tiefes, instinktives Mißtrauen zurückhält. Oberflächlich, theoretisch stimmen wir ganz den Politikern, Wirtschaftlern und Werbe-Experten zu, die uns sagen, daß wir mehr produzieren müssen, um mehr zu konsumieren. Aber eine innere Stimme flüstert uns zu: Ist das ein Rennen, das wir wirklich gewinnen wollen? ... In der Tiefe unseres Herzens haben wir nicht die geringste Lust, uns so zu benehmen wie Deutsche, Amerikaner oder Japaner. Wir wollen nicht, daß unser Land so wird, wie die ihren ...«

Ist das die Wahrheit? Fehlt es darum in England an klassenauflösender gesellschaftlicher Mobilität? Und wenn es die Wahrheit ist – was ist daran zu bedauern, was zu bewundern?

SZ am Wochenende.
Feuilleton-Beilage der Süddeutschen Zeitung
Nr. 34. 10./11. Februar 1979

Edmund Wolf
Ein Acker um ein Lot Silber.
Bilder aus Hebron: Fragen ohne Antwort

Freitags, am frühen Nachmittag, nach dem Gottesdienst in der Moschee, besuchen die Söhne von Scheich Jaberi den alten, kranken Mann und ihre Mutter. Ihre großen Wagen warten gegenüber der Moschee, und sie bahnen sich hupend den Weg durch das Gedränge der Herausströmenden, von denen sie viele kennen. Sie kennen die Bettler, weil sie betteln, und die besser Gestellten, weil sie besser gestellt sind.

Samir, der jüngere, ist Richter im arabischen Gericht von Hebron. Im Gericht, in schwarzem Talar mit Beisitzern und Schriftführer, wenn der große, ungeschlachte Gerichtsdiener in ausgedienter Militäruniform die Parteien vor ihn ruft, bleibt er im leidenschaftlichen arabischen Verfahren immer still und höflich. Er ist ein schlanker Mann mit einem klugen Gesicht. Sein älterer Bruder Burhan, breit und fest, strahlt, auch wenn er ernst ist, von schlauer und vorsichtiger Bonhomie. Er ist der allgemein gesuchte Streitschlichter und gute Makler in der Gegend.

An einem Ende von Hebron, wo die Straße nach Süden führt in die felsenharten Bergwellen des alten Süd-Judäa, hat Burhan eine kleine Fabrik zur Steinbearbeitung für Bauzwecke. (In Hebron, in der ganzen »West-Bank«, wird viel gebaut.) An der Einfahrt nach Hebron auf der Straße von Jerusalem, dicht bei den ersten Glasbläsereien und Töpfereien und Andenkenläden, steht eine große Garage, die ihm gehört, gerade da, wo ein Straßenschild mit hebräischer, arabischer und englischer Aufschrift links nach Kiryat Arba weist, der Wohnsiedlung frommer Juden, die in den letzten zehn Jahren nicht weit von dem Haus des Scheich Jaberi entstanden ist.

Burhan und Samir, die Brüder, besuchten seinerzeit Anwar el Sadat in Kairo, um ihm für seine Friedensinitiative zu danken. Sie hielten sein Auftreten in Jerusalem für eine große Tat und wagten, sich dazu zu bekennen. Jetzt ist das nicht mehr so leicht. In dem Gebiet, um das es hier geht – zwischen dem Jordan und der Waffenstillstands-Grenze von 1949 –, das bis zum Juni-Krieg 1967 von König Hussein regiert wurde, der »West Bank«, sind nicht mehr die hier ansässigen großen Familien, wie die des Scheich Jaberi, tonangebend, sondern es ist die *Palestine Liberation Organisation*. Die Söhne des Scheichs müssen sehr vorsichtig sein. Im Krieg von 1973 blieb hier zwar alles ganz still (oder, wie Sabri Ahmed, ein führendes Mitglied des palästinensischen Widerstandes, es ausdrückte: »Auf der West Bank und in Gaza erwies sich die Mobilisierung der Massen als langsam und schwer ...«); dafür erwies es sich aber vorher und nachher als durchaus möglich, Palästinenser umzubringen, die verdächtigt wurden, gegen die PLO-Führung zu sein.

Das Haus des Scheich Jaberi hat die schönste Aussicht über Hebron. Der alte Mann sitzt im Wintersonnenschein auf der Terrasse, das Gesicht umrahmt von einem rundgestutzten weißen Bart, die Augen müde und silbrig. Auch jetzt noch, in Alter und Krankheit, gebietet er Ehrfurcht. Burhan und Samir küssen des Vaters Hand. Ein dritter Bruder, der in Jerusalem Medizin praktiziert und mit einer Engländerin verheiratet ist, kommt jetzt heran; es sei zu kühl für den Vater, sagt er. Dieser steht gehorsam auf, wendet den Blick ab vom Dach der großen Moschee unten, vom Bergauf-bergab-Gewimmel der Häuser, und sieht noch, als er sich umdreht – sieht, weil er es nicht vermeiden kann –, die jüdische Siedlung drüben, vor der nachts, drahtverhaugeschützt und mit schwerem, verschlossenem Tor, Wächter, »Schomrim«, mit Gewehren und Maschinenpistolen patrouillieren, diese modernen Betonquader mit Fenstern, die über eine Talsenke hinweg hinüberblicken zu dem uralten Gewirr der hügelig-engen Gassen, Kriyat Arba.

Nun sitzt der alte Mann in dem großen weitläufigen Raum mit den hohen Fenstern, mit den Diwanen und vielen Stühlen ringsum an den Wänden, einem Raum in jenem steifen Geschmack – weder orientalisch noch europäisch –, der sich bei alten, großen Familien hier ebenso findet wie bei neureichen Arabern, von denen es in Hebron nicht wenige gibt. Die Mutter ist da, eine kleine Frau mit einem guten und sanften Gesicht. Schwiegertöchter und Dienerinnen bringen Tee und Süßigkeiten, Enkel spielen, ein Baby weint. Der alte Mann sagt nichts, denkt vielleicht an irgend etwas Vergangenes, das ihm wie gestern scheint.

Scheich Jaberi war mit dem Haschemiten-Emir Abdullah befreundet, der König von Transjordanien wurde und im Lauf der Jahre, 1951, sich auch Cisjordanien bis zur Waffenstillstandslinie einverleibte. Als Abdullah einem arabischen Mordanschlag zum Opfer fiel, diente Scheich Jaberi seinem Enkel, König Hussein, diente ihm lange und treu, als Ratgeber und als Minister. Aber revolutionären Palästinensern sind die Haschemiten fast so verhaßt wie die Israelis. Die haßerfüllte Exklusivität des palästinensischen Nationalismus drückt stark eine Erinnerung von Fawaz Turki aus, eines bemerkenswerten Schriftstellers, der das Leben der Flüchtlingslager hinter sich hat. 1954, als er halbwüchsig war, fuhr er mit seiner Schwester von Syrien zu einem Verwandtenbesuch nach Jerusalem: »Wir kamen zur jordanischen Grenze von Syrien. Meine Schwester steht in der Schlange mit unseren Ausweisen, dünnen Fetzen Papier mit unseren Photos und in der Rubrik ›Nationalität‹ einem X ... Ein unrasierter Beduinensoldat brüllt auf meine Schwester mit Fragen ein, sagt sarkastisch, sie wolle nach Jordanien kommen, um hier ›noch eine Lebensmittelkarte‹ zu kriegen. Dann nennt er sie einen verfluchten palästinensischen Flüchtling, eine gottlose Kommunistin wie alle anderen Palästinenser. Meine Schwester wird zornig und nennt den Soldaten ›einen Hurensohn von einem Beduinen, dessen Hanswurst von einem König das Land westlich des Jordan und Jerusalem uns, den Palästinensern, weggenommen hat ... Das ist unser Land ...!‹ Der Beduine gibt ihr einen wütenden Stoß, sie fällt, steht auf, so mutig, so voll Würde, und sagt zum Beduinen: ›Eure Tage sind gezählt, ich schwöre auf das Heilige Buch, daß eure Tage gezählt sind!‹ ... und spuckt vor ihm auf den Boden.«

Würden Burhan und Samir heute noch nach Kairo reisen? Es ist sehr fraglich. Auch nach ihrer Rückkehr aus Kairo hielten sich die beiden Brüder in ihren Äußerungen denkbar exakt an den PLO-Kurs: Friede sei nur möglich, wenn Israel sich zur 1967-Grenze zurückzieht, zu einer palästinensischen Regierung in dem gegenwärtig besetzten Gebiet ja sagt, »... wenn das palästinensische Volk seine Rechte kriegt und jeder Palästinenser, der in die Heimat zurückkehren will, tatsächlich zurückkehren kann.« Dann aber würde eitel Liebe ausbrechen, immerhin gesichert durch Weltgarantien: »Das ganze Land wird ein offenes Gebiet sein, ohne Krieg.«

So anders sagt es auch Fahed Alkwasmy nicht, der gewitzte Bürgermeister von Hebron, der sich mit jedem Wort die Hände zu reiben scheint, auch wenn die nur damit beschäftigt sind, rechts eine kleine Tasse Kaffee und links, kettenrauchend, eine Zigarette zu halten. Auch für ihn ist »das Recht der Rückkehr aller Palästinenser« eine Tatsache, einschließlich der Rückkehr nach Israel. Ein Unterschied allerdings ist, daß Burhan zur Frage der Bedeutung der PLO sagt sie habe sehr große Bedeutung, aber »natürlich gibt es Leute, die sie unterstützen, und andere unterstützen sie nicht ...«. Fahed Alkwasmy dagegen ist ein PLO-Mann und muß sich die Frage gefallen lassen, warum Israel solche Erwartungen erfüllen solle, da die PLO sich nie bereit erklärt habe, Israel anzuerkennen. Wenn Israel, antwortet er, den Palästinensern »ihr Recht gibt, so – glaube ich – wird die PLO Israel anerkennen.« Eine Weltgarantie ist Fahed Alkwasmys »glaube ich« wohl nicht.

Aber auch dieses dubiose »glaube ich« ist mehr, als er guten Gewissens hätte sagen dürfen. Einer, der hinter einem amtlichen Schreibtisch sitzt, kann die Wahrheit nicht sagen. Man mag auch – wie das gern geschieht – Jassir Arafat zugute halten, daß er seinen von der UNO-Vollversammlung gefeierten »harten Kurs« nicht offiziell mildern könne, weil er mit den Extremisten in der »Bewegung« rechnen müsse. Aber es gibt keinen Grund zu bezweifeln, daß ein palästinensischer Journalist wie Mustapha Karkuti weiß, was die PLO wirklich will, und nur schreibt, was er weiß und was er billigt, wenn er die PLO-Ziele darstellt: »Erstens die Vertreibung der zionistischen Besatzungskräfte und der reaktionären haschemitischen Prätentionen aus dem besetzten Gebiet ... Aber mit der Proklamation eines palästinensischen Staates ist die Revolution nicht zu Ende, im Gegenteil. Nur mit einem palästinensischen Staat als Basis kann die Revolution weitergehen. Wenn erst einmal die Palästinenser ihr nationales Leben wieder aufbauen, wird unvermeidlich ein Prozeß der Ent-Zionisierung einsetzen. Auch darf man nicht glauben, daß das reaktionäre Haschemiten-Regime imstande sein wird, der Existenz dieser neuen Macht an seiner Schwelle zu widerstehen. Der Sturz des jordanischen Regimes wird beschleunigt werden durch die Schwächung und den schließlichen Zusammenbruch des zionistischen Regimes in Israel.« Kein Wort hier von Terrorismus, oder gar von Krieg – und doch, wer kann bei solchen Sätzen bezweifeln, daß in einem palästinensischen Staat auf der West Bank nicht die guten Makler wie Burhan das große Wort führen würden?

Die Söhne des Scheich Jaberi, ihre Frauen, die Enkel verabschieden sich. Wieder steht der alte

Mann auf der Terrasse, gestützt auf seinen Stock und seine Frau. Er vermeidet den Anblick von Kiryat Arba. Unter den Mächtigen hierzulande gehörte er zu den wenigen, die sich – wie einst Emir Feisal – Harmonie vom Zusammenwirken der Araber und Juden versprechen konnten. Aber unter Israelis kann sein Name nicht genannt werden, ohne daß er sofort bezichtigt wird, den Pogrom von Hebron nicht verhindert zu haben. Schuld war er nicht daran, aber hätte er, der angesehenste Mann in Hebron, ihn nicht verhindern können?

Abgesehen nur von einer Unterbrechung in der Kreuzfahrerzeit hatte es in Hebron immer eine fromme jüdische Gemeinde gegeben. Am Freitagabend, dem 23. August 1929, breitete sich von Jerusalem ein arabischer Aufruhr nach Hebron aus, und am Samstag wurden mehr als sechzig Menschen mit Keulen und Schwertern erschlagen. Viele waren in das Haus des angesehensten unter ihnen geflohen, des Eliezer Dan Slonim, der mit allen arabischen Notabeln befreundet war. In dem Haus wurden vierundzwanzig Menschen getötet. Die ganze Familie Slonim kam um, Eliezer Dan Slonims Freunde mordeten mit. Nur seine Schwester Malka, die nebenan wohnte, und sein Vater, der am Vorabend verwundet worden war und von ihr gepflegt wurde, blieben am Leben, dank des Todesmutes eines Arabers namens Abu Shaker. Dieser Mann, selbst schon fünfundsiebzig, rief ihr durch die verschlossene Tür zu, er werde sie schützen. Malka und ihr Vater hörten aus dem Nebenhaus das Gebrüll der Menge und das Röcheln der Sterbenden. Dann hörten sie das Gebrüll vor ihrem eigenen Haus, aber Abu Shaker legte sich draußen quer über die Türschwelle, sie schrien ihm »Verräter!« zu und gingen mit Messern auf ihn los, verwundeten ihn, aber er rührte sich nicht fort. – Bei alledem sah die britische Polizei untätig zu.

Im Sechs-Tage-Krieg wurde in Hebron kein Schuß gegen Israelis abgefeuert. Weiße Flaggen hingen aus allen Fenstern. Niemandem geschah etwas. Viel Geld ist nach Hebron gekommen. Die Glasbläser mit dem großen Haus drüben, größer als sein eigenes, die Familie Al-Natshe, die hatten 1967 eine Hütte, einen Stall zum Schlafen. Als Scheich Jaberi ein Kind war, lebte in diesem Land, in ganz Palästina, eine halbe Million Menschen, es war ein türkischer »Sandschak«, die ärmste Provinz der ottomanischen Provinz Syrien. Von 1900 bis 1940 kam eine halbe Million Juden, aber die Zahl der Araber, die jahrhundertelang stetig geblieben war, verdoppelte sich. Immer mehr Araber lebten in dieser Provinz, die nicht mehr die ärmste war, während aus Syrien und dem Libanon immer mehr auswanderten, besonders nach Amerika. Theodor Herzls Vision verwirklichte sich, nicht ohne die nationalsozialistische Apokalypse; aber niemand hatte vorausgesehen, daß das Ergebnis nicht *eine* Nation sein würde, sondern deren zwei. Durch Zug und Gegenzug, Druck und Gegendruck, begannen sich die Araber Palästinas leidenschaftlich als Nation zu begreifen. Wie soll das alles enden? Muß es nicht mit dem Ende der Juden enden? Saugt diese arabische Levante nicht früher oder später alles auf? Auch die Kreuzfahrer verschwanden, es dauerte nur seine Zeit.

Es wird sehr viel rascher gehen, meint Sabri Ahmed, nicht weil es in Zukunft leichter wäre, Israel auf dem Feld zu besiegen, keineswegs, so leichtgläubig ist er nicht, sondern »infolge des spektakulären Absinkens der politischen Dynamik Israels und seiner diplomatischen Isolation auf der Weltbühne«. – »Israel«, so schreibt er, »erscheint dem prospektiven Einwanderer nicht mehr als gedeihliche Zufluchtsstätte, wo er bequem leben kann, geschützt von einer unbesiegbaren Armee. Es scheint ihm als großes Ghetto, das sich früher oder später dem Gebiet integrieren oder verschwinden wird.«

Ein Mann wie Scheich Jaberi versteht die Dynamik besser. Er weiß, daß nicht »Imperialismus« arme Juden aus Polen hertrieb, um die Malariasümpfe trockenzulegen. Aber auch für ihn und seinesgleichen gibt es viel zu beklagen. Ein Recht, da zu sein, haben die Juden sicher, aber müssen sie in bewaffneten Siedlungen leben? (Vielleicht zieht bei einem solchen Gedanken die Erinnerung an das Pogrom von 1929 an seinen silbrigen Augen vorbei.) Müssen sie da unten in der großen Moschee beten? Und ihre ungläubigen Soldaten, ungläubig auch als Juden, sitzen mit Maschinenpistolen mitten in der Moschee, um die betenden Juden zu beschützen! Abraham mag da begraben sein – aber muß solcher religiöser Fanatismus nicht Haß zeugen? Muß arabischer Boden enteignet werden, um jüdische Siedlungen zu gründen, wie es unweit von Hebron in Beit Ummar geschah? (Der Fall ist kein vereinzelter, und die Fälle mehren sich. Ein solcher Fall ist gegenwärtig vor dem Hohen Gericht in Jerusalem anhängig, wobei von seiten des Staates erklärt wird – das betreffende Grundstück sei nicht im Privatbesitz gewesen, sondern »Staatsland«. Die Hauptschwierigkeit ist ohne Zweifel, daß Rechtstitel, die noch auf ein ottomanisches Grundrecht aus dem Jahr 1858 zurückgehen, schwer nachzuweisen sind. Die Gerichtsentscheidung sollte folgenreich sein.)

Und doch – für einen Mann wie Scheich Jaberi war arabisch-israelische Verständigung eine wünschenswerte Möglichkeit, aber es geht nicht um Araber und Israelis, es geht um die Sowjetunion und Amerika. So mag es eines Tages das Ende Israels sein (denn, wie ein türkischer General sagte: »Die Schwierigkeit, sich auf Amerika verlassen zu müssen, besteht darin, daß man nie weiß, wann es kehrtmachen und sich selbst in den Rücken stechen wird.«) Die Russen aber wissen, was sie im Nahen Osten suchen: Hegemonie. Ist das die Erfüllung arabischer Träume?

Während Scheich Jaberis Blick über Kiryat Arba streifen muß, als er ins Haus geht, macht Mrs. Hannah Silver unten im Souk ihre Einkäufe. Sie kam mit ihrem Mann und drei Kindern vor einigen Jahren aus Brooklyn, New York, zuerst nach Tel Aviv, dann zogen sie her: »Wenn wir in Tel Aviv geblieben wären, hätten wir ebensogut in Brooklyn bleiben können.« Ihr Aussehen schuldet nichts der Kosmetik, und die Natur hat sie weder zu freigiebig noch zu sparsam bedacht, eine »appetitliche« Frau, die Haut bräunlich, die Augen groß und dunkel, mit irgendeinem nicht alltäglichen Schimmer. Naivität? Mystizismus?

Mit aufgebundenen Haaren und unbedecktem Kopf, mit festem Mantel, festen Schuhen und großer Einkaufstasche, wandert sie durch das Gewimmel des Markts, der bald überwölbt ist, bald wieder unter freiem Himmel und am Freitag besonders groß durch die Stände von Bauern und Bäuerinnen aus den Nachbardörfern. Händler feilschen, Silberschmiede schmieden, Hunde bellen, Ziegen blöken, Hühner gakkern, ein zerbeulter Cadillac hupt (wie kann er sich da je einen Weg bahnen?), überall riecht es nach arabischem Kaffee, nach türkischem Tabak, nach süßen Parfüms, neuem Leder, gewürztem Fleisch, Lamm-Kebab über glühenden Holzkohlen, nach Pfeffer und Curry, in einem Fleischerladen hängen abgeschnittene Ziegenköpfe nebeneinander mit heraushängenden Zungen.

Mrs. Silver kann schon genug Arabisch, um mitzufeilschen, sie kommt gut aus mit den Arabern, glaubt sie, der eine oder andere ist geradezu ein Freund. Das jüdische Viertel und der jüdische Friedhof wurden im Krieg von 1948 zerstört, und Hannah Silver kennt jeden Stein, jeden Ziegel von diesen Trümmern, mit denen im Lauf der Jahre arabische Häuser geflickt wurden. Der Stein mit dem hebräischen Buchstaben, der »Gott« bedeutet, tut ihr weh, aber nichts kann ihr die Süße des Hierseins verbittern.

Nie wird sie vergessen, wie sie zum erstenmal an den Fenstern ihrer Wohnung da oben standen und hinausblickten »auf Hebron, auf Judäa, wir waren heimgekommen, nie im Leben haben wir irgend etwas so stark gefühlt wie das!« Sie kennt die Dörfer der Gegend, wo jüdische Altertümer zu sehen sind, die Reste der Synagoge in Samua, einst Eshtamoa, wo man noch die Nische sehen kann, in der die heiligen Rollen standen, wo eine fromme Frau wie sie sich noch mitten unter den am Versöhnungstag betenden und weinenden Frauen fühlen kann, die seit so vielen Jahrhunderten tot sind. Dies ist das Land, wohin Erzvater Abraham zog »mit seinem Zelt und kam und wohnte im Hain Mamre, der bei Hebron ist, und baute dort dem Herrn einen Altar …« Und als sein Weib Sara starb, zahlte Abraham hier dem Hethiter Ephron »die Summe dar, die er genannt hatte, vor den Ohren der Hethiter. 400 Lot Silber nach dem Gewicht … So wurde Ephrons Acker in Machpela östlich von Mamre Abraham zum Eigentum bestätigt, mit der Höhle darin.« Hier regierte David sieben Jahre lang, hier kämpften die Makkabäer gegen die Seleukiden, hier wurden die letzten Kämpfer gegen Rom im 2. Jahrhundert, nach dem Ende der Rebellion des Bar Kochba, auf dem Sklavenmarkt verkauft. Als Jerusalem den Juden verboten war, kamen sie hierher in die große Synagoge, die zur Zeit von Byzanz gebaut wurde und bis zu den Kreuzfahrern stand. Durch all das bewegt sich Hannah Silver aus Brooklyn wie in einer Trance. Natürlich bereitet es ihr Sorgen, daß Präsident Carter auch eine Siedlung wie Kiryat Arba illegal nennt. Aber irgendwo anders zu leben, erscheint ihr undenkbar, besonders weil sie weiß, daß es gut werden wird zwischen ihnen und den Arabern. Politik versteht sie nicht, aber daß sie hier »gesund geworden sind, daß hier ein Heil ist«, das weiß sie.

Ihr Mann, David Silver, geht am frühen Morgen in die große Moschee, noch bevor die Kinder zur Schule gehen. Hinunter in die Talsenke, dann hinauf, und wieder hinunter durch die Gasse, die so steil, so eng und gewunden ist wie viele Gassen in Hebron – wo rechts die Israeli-Militärbaracke hinter Drahtverhau liegt, und links, über viele breite Treppen zu erreichen, wenn man eine Moslem-Frau ist, oder über eine engere und winklige Stiege, wenn man ein Mann ist, der große Bau auf der Höhe steht. Herodes errichtete ihn, Jahrhunderte vor Mohammed, der Islam machte ihn zur Moschee, die Kreuzfahrer verwendeten ihn als Kirche, dann wurde er wieder zur Moschee. Unten in der Höhle Machpela, zu der das Moslemamt die Schlüssel hat und deren Betreten es Juden verwehrt, liegen in Felsennischen – so heißt es seit grauer Vorzeit – die Gebeine der Erzväter und der Mütter. Oben, angeblich über den betreffenden Felsennischen in der Tiefe, stehen Grabmale, große Grabmonumente ungewissen Alters, hinter verschlossenen Gittern, deren Schlüssel auch beim Moslemamt sind, bedeckt und geschmückt mit bunten Teppichen, mit Kandelabern und glitzernden Gaben, dunkelorientalische und bei alledem suspekte Ehrwürdigkeit. Abrahams Grabmal befindet sich in einem kleinen Raum, angrenzend an den viereckigen, mit Steinplatten ausgelegten Hof, wo vor seinem kleinen Amtszimmer der Mullah im frühen Sonnenschein mit untergeschlagenen Beinen auf dem Boden hockt, wie eine große, zusammengefaltete Fledermaus in seinem braungrauen, weiten Mantel. Nicht weit von ihm, gegenüber dem offenen, hochbogigen Tor, hinter dem die Juden gerade ihr Morgengebet verrichten, »Schacharit«, sitzt auf einem Sessel ein junger Soldat, salopp und zerzaust, wie es zum Stil dieser Armee gehört, auf den Knien eine Maschinenpistole und ein aufgeschlagener Roman. Er ist da, um für Ruhe und Ordnung in der Moschee zu sorgen, nicht zuletzt für die Sicherheit seiner Glaubensgenossen, an deren Glauben er aktiv nicht teilnimmt. Denn der Zorn der Moslems gegen die Eindringlinge, der sich früher mehrfach tätlich äußerte, schwelt noch immer, und der weltliche Herr, der dem Moslemamt vorsteht, ein feiner, hagerer Mann mit gelblichen, nikotinverfärbten Fingern, die diplomatisch und fromm aufeinanderliegen, und einem bitteren, gelblichen Gesicht unter einer zwar abgewetzten, aber durchaus würdigen runden, braunen Kopfbedeckung, kann sich, im Flüsterton, gar nicht genug empört auslassen über die Blasphemie, die da täglich an heiliger Stätte begangen wird.

Aber Mr. David Silver will Gott nicht lästern, sondern ihm dienen, und warum diese Stätte in einem einzigen kleinen Raum neben Allah nicht auch Jehovah akkommodieren sollte, ist ihm nicht klar. Natürlich ist er ein frommer Mann, der, wenn auch keineswegs ein Schriftgelehrter, abends doch gern in der Thora liest, im Talmud und in der Mischna. Er wäre mit Frau und Kindern nicht hier an diesem exponierten Ort, wenn er nicht fromm wäre. Aber er ist kein »Gusch Emunim«-Fanatiker, keiner der wilden Männer, die vor dem Juni 1967 friedlich genug waren, aber das Wunder des überwältigenden Sieges als Gottes Zeichen deuteten und deuten, sich im »verheißenen« und nun eroberten Land festzukrallen. (»Ein großer Sieg«, sagte Nietzsche, »ist eine große Gefahr. Für die menschliche Natur ist er schwerer zu ertragen als eine Niederlage.«)

David Silver ist ein moderner Amerikaner, glattrasiert, fast athletisch, ein Ingenieur, dem es in Brooklyn gut genug ging. In Kiryat Arba will er nun versuchen, ein Geschäft für Installationsarbeiten aufzubauen, und er macht sich keine Illusionen: Schnell wird Kiryat Arba nicht wachsen, in allen Siedlungen westlich des Jordan wohnen keine 5000 Juden. Materiell ging es ihm in Brooklyn viel besser. Es geht um die Seele, es geht um den Sinn eines Menschenlebens. Für ihn ist es keine Souveränitätsfrage; Araber und Juden können friedlich zusammenleben, wenn guter Wille gegeben sei; was ihn beträfe, könne er nicht akzeptieren, daß irgendein Ort der Welt judenrein sein müsse, und am allerwenigsten Hebron. »Hier weiß ich mit größerer Sicherheit als irgendwo sonst, daß ich zu Recht da bin.«

So steht er vor dem Gitter, vor Abrahams Grab, eingehüllt in den Talit, den Gebetriemen um den nackten Arm, und wiegt sich im Gebet mit den andern in dem kleinen Raum, vor der Bundeslade in der Mitte, deren Holz noch neu ist, alles an dieser nur geduldeten Synagoge (die jeden Freitag, dem heiligen Tag des Islam, verschwindet) – alles fühlt sich ein wenig befremdet und verlegen an wie ein Gast ohne Einladung. »Gesegnet seist du, o Herr, der du deinem Volk Israel den Segen des Friedens gibst.« Ein Soldat kommt herein – ein anderer als der, der draußen den Roman liest. Er bleibt, ein langer dünner Junge, nimmt ein Gebetbuch auf, als hätte er so etwas noch nie in der Hand gehalten. Ein alter weißbärtiger Mann bringt ihm einen Talit und Gebetriemen, der Junge aber weiß nicht, wie er sie anlegen soll. Der Alte hilft ihm aus dem Ärmel, streift ihm den Hemdärmel auf und windet den Riemen um Arm und Finger im heiligen Zeichen, wie es die Vorschrift will.

Der Mullah aber, graubraun, flattert jetzt durch die Gänge und Räume, durch die riesige Halle unter Wölbung um Wölbung, mit Pfeilern und Säulen, wo das Grabmal des Erzvaters Isaak ist, leer jetzt, aber voll und bis auf den Hof überquellend am Freitag; nur ein paar alte Männer hocken an der Wand, und er verweist sie von der einen Stelle an eine andere. Im Gang, in dem Josefs Grabmal steht (was den herverschlagen hat, weiß niemand), liegen im Schatten ein paar bunte Frauen mit Kopftüchern und langen Röcken auf dem Boden, auch sie verweist er, aber sie rühren sich nicht fort. Bald werden die Touristen mit ihren Kameras kommen, da muß er auf dem Posten sein, der eine oder andere wird vielleicht mit Schuhen hereintrampeln, ja gelegentlich hat er sogar nichtswürdige, lästerliche Juden entdeckt, gewöhnlich aus Amerika, Touristen, wohlgemerkt, die es wagten, in der großen Halle, die von den Eindringlingen immerhin noch nicht gestohlen wurde, hinter einem Pfeiler versteckt hebräische Gebete zu murmeln. Man muß auf dem Posten sein. Es sind schwere Zeiten und Böses geschieht, aber Allah lebt, Allah allein lebt.

Warum dieser Mullah in der großen Moschee von Hebron so besonders auf dem Posten ist, warum der Herr, der dem Moslemamt im Hebron vorsteht, so besonders bitter ist, das hat tiefere und ergötzlichere Gründe, als man zunächst vermuten würde. Aber ehe wir zu diesem Finale kommen, kehren wir noch einmal zurück zum Bürgermeister Fahed Alkwasmy.

Er weiß eine Lösung all dieses Unlösbaren, die Quadratur des Kreises, die patentierte PLO-Lösung: Ein demokratischer Staat vom Mittelmeer bis zum Jordan, ein Staat, in dem Israelis und Palästinenser gleichberechtigt zusammen leben, zusammen regieren, richtig wie Brüder. Es ist klar genug, was Jassir Arafat oder ein so gewitzter Mann wie Fahed Alkwasmy sich darunter vorstellen.

Aber Männer wie Fawaz Turki glauben an diesen Hokuspokus ohne reservatio mentalis. Er, der so bewegend über das Palästinenserleben in der »ghurba«, in der Diaspora, schreiben kann, beschreibt »eine scheinbar unbedeutende Begegnung in einem Laden in Paris, die mich die Essenz des Konflikts in unserer Welt sehen ließ. Ich betrete einen Laden im Marais, der Ladenbesitzer ist ein Mann mittleren Alters, dunkel, spricht Französisch mit arabischem Akzent. Hinter ihm an der Wand sind Plakate und Bilder aus Israel. Wir sprechen. Er fragt mich, wo ich herkomme. Ich sage es ihm. Er sagt mir, er sei ein ägyptischer Jude, für den das Leben in Ägypten unerträglich wurde. Dann werden wir still. Wir sagen nichts mehr zueinander. Bevor ich zahle und hinausgehe, sehen wir einander noch wortlos an ... Ich wußte, daß wir in diesem Blick, der eine in den Augen des andern, die eigene Agonie gespiegelt sahen. Aber erst wenn die grausamen, schwarzen Mauern des Zionismus gefallen sind, die uns trennen, werden unsere beiden Völker begreifen, wie gemeinsam wir an der Bürde der Hilflosigkeit tragen.« Wie schade, daß der so gut erfaßte Moment mit einer solchen Massenwerbungs-Banalität endet! Wie schade, daß er mit dem ägyptischen Juden nicht gesprochen hat! Die Hälfte der Bevölkerung Israels stammt aus arabischen Ländern (600.000 wurden aus ihren »Heimatländern« vertrieben, fast genau dieselbe Zahl, wie die der Araber, die bei Ausbruch des 1948-Krieges aus Palästina flohen), sie wissen vom Leben ihrer Vorfahren; wenn man Haß gegen Araber in Israel finden will, bei ihnen wird man ihn finden.

Aber welchen Sinn hätte es, noch irgendwelche Berge auf jenen Himalaya von Argumenten zu wälzen, die von beiden Seiten aufgetürmt wurden? Selbst Noam Chomsky, Amerikas fulminanter Don Quixote gegen amerikanischen Imperialismus, vehementer Kritiker Israels, warnt die PLO und Israel, nicht taub gegenüber den Argumenten der andern Seite »in diesem Totentanz« zu bleiben: »Es ist nicht auszuschließen, daß der gegenwärtige Kurs zur nationalen Zerstörung beider Gruppen führen wird.«

Die Zukunft, hofft man, wird gnädiger entscheiden. Wie simpel aber war die Vergangenheit! Nicht etwa, daß sich Israelis nach der Rückkehr einer Zeit sehnen können, in der ein englischer Reisender, W. H. Bartlett, in der ersten Hälfte des 19. Jahrhunderts das jüdische Viertel in Jerusalem »das elendste in der ganzen Stadt« findet und über das Schicksal der Juden, die damals dort schon die Mehrheit bildeten, »mit dem tiefsten Eindruck der Armut und der sozialen Erniedrigung dieser unglücklichen Bewohner« schrieb. Aber es war simpel.

Etwas später, 1861, schilderte ein italienischer Reisender, Ermete Pierotti, wie einfach damals die Lösung des Unlösbaren gefunden wurde: »Wir alle wissen, und die Araber wissen es auch, daß Gott zu Abraham sagte: ›Deinem Samen werde ich dieses Land geben ...‹, und daß er Isaak und Jakob dasselbe Versprechen gab. Darum bewachen die Mohammedaner so eifersüchtig die Gräber der Patriarchen in Hebron, damit die Juden sich ihnen nicht nähern und ihre Fürsprache bei Gott erbitten können, ihnen das Land wiederzugeben. Jeder Mohammedaner weiß auch, daß Jerusalem einst den Juden gehörte ... Am 8. Juli 1861 nun, dem Tag, an dem in Jerusalem der Tod des Sultans Abdul Megid und die Nachfolge von Abdul Azis bekannt wurden, erschien eine jüdische Abordnung bei dem Gouverneur Surraya Pascha und erbat die Schlüssel von Jerusalem, mit dem Hinweis auf ein altes Recht beim Tode eines und der Nachfolge eines andern Sultans. Der Hohe Rat des Gouverneurs befand zugunsten der Juden, und so begab sich General Said Pascha mit großem Pomp, begleitet von Schaulustigen, ins Judenviertel zum Haus des Oberrabbiners, dem er in der Tür die Schlüssel von Jerusalem überreichte. Danach wurde der Pascha vom Rabbi mit größtem Respekt bewirtet, und der Rabbi (dem keine Garnison zur Verfügung stand, die Schlüssel zu verteidigen), gab dann mit großem Dank die Schlüssel dem Pascha wieder ... So besaß die jüdische Nation im Jahr 1861 eine Stunde lang die Schlüssel von Jerusalem.«

Das waren Zeiten.

SZ am Wochenende.
Feuilleton-Beilage der Süddeutschen Zeitung
7./8. September 1985

Edmund Wolf
Das Licht hinter den Worten anzünden.
Erinnerungen an Max Reinhardt,
einen vergessenen Unvergeßlichen

Dort sitzt er in der vierten Reihe, neben seiner Sekretärin, Fräulein Adler. Auf der Bühne wird *Was ihr wollt* geprobt. Er sieht nicht hin, flüstert sorgenvoll mit seiner Sekretärin. Es ist eine Zeit großer Sorgen. Er trägt einen dunkelgrauen Wintermantel, Raglanschnitt. Es muß kalt im Theater sein, er bleibt im Mantel. Im Dämmerlicht der Probe ist sein Gesicht kaum zu sehen. Im Parkett sitzen nur da und dort Kollegen und Kolleginnen. Wenn meine Erinnerung mich nicht täuscht, erschien er so zum erstenmal im Schönbrunner Schloßtheater, wo das Wiener Reinhardt-Seminar untergebracht war.

Plötzlich geht er nach vorne, bleibt auf die Rampe gestützt stehen. Nun ist auch der Mantel weg. Das Bühnenlicht fällt auf das straffe, durchgeformte Gesicht, das er auf die rechte Hand stützt, während die Zunge – typische Geste – sich in die linke Backe bohrt. Die gerade Nase springt vor wie eine Herausforderung. Den großen, aufsaugenden Blick der blauen Augen sehen nur die auf der Bühne, Viola und Malvolio, dann Viola allein, Er hört nur zu, kein Wort, seine gespannte Aufmerksamkeit wirkt ansteckend bis in den letzten Winkel dieses Hauses.

Viola: »Ich gab ihr keinen Ring. Was meint das Fräulein?«

Reinhardt wiederholt den Satz leise, markierend, nur um eine Spur anders, als es das Mädchen oben versuchte. Sie nimmt es sofort auf, fühlt sich nicht unterbrochen, setzt ihre Stimme auf seine: »... Was meint das Fräulein?« Und es geht weiter. Das Stück ist vorbesetzt und vorgeprobt von einem der Professoren, alle Regisseure seines Wiener Theaters, der »Josefstadt«. Aber jetzt erleben wir ihn selbst Tag um Tag, wie er auf irgendeinen Ton von der Bühne her reagiert und der Motor anspringt. Die gespannte Stille dann, das dunkle Vibrato seiner Stimme fast immer verhalten – außer wenn er lacht. Etwas Komisches gelingt auf der Bühne, sein Lachen platzt schallend los. Wie er immer nur andeutet: Nie stößt er einen Schauspieler auf der Bühne beiseite, um es ihm richtig »vorzumachen«; er bleibt immer außerhalb, sehr oft unten.

Wir Schüler, einige erst 17 wie das Mädchen, das die Viola spielt, einige Männer schon über 30, einer vielleicht über 40, seltsam ausgewählt, aber nicht ohne Sinn – wir befinden uns in der Gegenwart eines Mannes, der seit gut 25 Jahren weltberühmt ist. Die Zeit, von der ich spreche, liegt viele Jahrzehnte zurück, immer monströser drückt sich Hitlers Machtkampf aus, der »Umbruch« wird unabwendbar sein, und wenige Jahre später auch der Anschluß Österreichs. Reinhardt, Sohn einer jüdischen Familie aus Preßburg bei Wien – jetzt Bratislava, wohl bei Moskau –, muß am Fortbestand dieser seiner Welt zweifeln. Aber will irgendwer je an das Ende der Welt glauben?

Da ist er – in Berlin seit 1905 Direktor des Deutschen Theaters in der Schumannstraße (an dem er zuvor, als Schauspieler, unter Otto Brahm engagiert gewesen war), Direktor der Kammerspiele, der Komödie am Kurfürstendamm, seit 1919 vor allem auch Herr im Großen Schauspielhaus, das 5000 Zuschauer faßt. In Wien gehört ihm seit 1924 das Josefstädter Theater, dem er selbst mit besonderer Leidenschaft gehört. (»Ich bin in Wien aufgewachsen«, sagte er, »und habe die wundervollsten Erinnerungen an das alte Burgtheater.« Nicht an das neue am Burgring, das damals viel schlechter war als heute.) Schon vor dem Ersten Weltkrieg hatten seine Großraum-Inszenierungen in der Arena, Masseninszenierungen wie der »Ödipus« mit einer Komparserie von 500, durch Tourneen von Metropole zu Metropole Weltaufsehen erregt. Berliner Kritiker wie Alfred Kerr und Herbert Ihering warfen ihm daraufhin gern vor, er sei mehr Impresario als Regisseur – ihm, der Shakespeare so lebendig gemacht hatte wie vielleicht niemand seit Shakespeare selbst, ihm, der von den großen Griechen über die großen Deutschen (zum Beispiel *Faust* in Salzburg mit Paula Wessely, oder – ganz unvergeßlich – *Kabale und Liebe* mit Reinhardts Geliebter und Frau Helene Thimig als Luise und deren Vater, Hugo Thimig, als dem Stadtmusikanten Miller) bis zu den weniger großen Deutschen Georg Kaiser, Carl Sternheim, Fritz von Unruh alles, was auf der Bühne nur leuchten und wärmen konnte, zum wärmendsten Leuchten brachte!

Jetzt erleben wir ihn selbst, wir Dilettanten auf der Bühne des Schönbrunner Schloßtheaters. Mit der Zeit wird klar, daß das Spiel nicht mehr schülerhaft wirkt, am ehesten in den komischen Szenen. Malvolio, der töricht-eitle Haushofmeister der Gräfin Olivia, findet einen gefälschten Brief seiner Herrin, in dem sie gesteht, ihn – und besonders sein Lächeln – zu lieben. Hat Malvolio jemals gelächelt? Aber jetzt geht er pfauenhaft stolz ab, sein griesgrämiges Gesicht zur ungewohnten Grimasse des Lächelns verzerrt: »Ich will lächeln!« Reinhardt lacht schallend.

Ich erlebe die letzten Proben als Zuschauer im verborgensten Winkel des Theaters. Ich hätte Sebastian spielen sollen, Violas Zwillingsbruder, der beim Schiffbruch an der Küste Illyriens von seiner Schwester getrennt wird. Eines Tages verkündete mir ein Sendbote Reinhardts – sie alle ahmten seinen Tonfall nach –, daß ich abgesetzt sei; Sebastian werde eine Kollegin spielen. Damals wollte ich nur Schauspieler sein, die Absetzung traf mich ins Herz. Allerdings sah ich unserer grausam hübschen Viola, meiner Zwillingsschwester, nicht gerade ähnlich; die Kollegin, die Sebastian übernahm, war sehr gut, die Umbesetzung war nötig gewesen, das begriff ich. Aber mein Herz eiterte weiter, und nur der

Stolz, nicht zu verraten, wie sehr ich litt, trieb mich zu den Proben. Da begann ich zu entdecken, welche Gabe Max Reinhardts die wichtigste war, ja einzigartig.

Nach ihrem Schiffbruch an dieser Küste verkleidet sich Viola als Jüngling, wird Page des Herzogs Orsino und verfällt bald einer Liebe, die sie nur so gestehen kann:

Viola:
Mein Vater hatt' eine Tochter, welche liebte,
Wie ich vielleicht, wär' ich ein Weib, mein Fürst,
Euch lieben würde.
Herzog:
Was war ihr Lebenslauf?
Viola:
Ein leeres Blatt,
Mein Fürst. Sie sagte ihre Liebe nie,
Und ließ Verheimlichung, wie in der Knospe
Den Wurm, an ihrer Purpurwange nagen,
Sich härmend, und in bleicher, welker Schwermut
Saß sie, wie die Geduld auf einem Grabmal,
Dem Grame lächelnd. Sagt, war das nicht Liebe?

Reinhardt arbeitete mit der Siebzehnjährigen, die noch nie eine Rolle gespielt hat, unermüdlich, sein »Vormachen« immer nur angetupft, sie wird nie aus der Rolle gerissen, übernimmt wie in einer Trance – und auf einmal, während ich zugleich lächelnd und mit nassen Augen dasitze, durchfährt's mich: »Das ist ja die Vilma selbst!« – sie, die noch immer im Wiener Theater berühmt ist, erlaube mir, ihren Vornamen zu gebrauchen – »die Vilma selbst, ihr eigener Ton, den er ihr wiedergibt, nur so, als ob aus ihrem tiefsten Wesen bereits das Beste kristalliziert wäre!« Reinhardt absorbierte das Wesen seiner Schauspieler und konnte ihnen jene Änderungen von Ton und Ausdruck andeuten, die ihren eigenen Naturen geheimnisvoll-genau entsprachen. Oft genug wirkte es so verblüffend, als wären in diesen Arbeitsstunden Jahre des Reifens zusammengedrängt worden. Diese Gabe konnte er nur haben, weil die Liebe zum Schauspieler, zur Einzigartigkeit und Unverwechselbarkeit eines jeden Talents in ihm so stark war.

Andere haben das natürlich vor mir begriffen, so Wolfgang Langhoff, ein junger Schauspieler unter Reinhardt, der nach KZ-Haft noch rechtzeitig vor dem Krieg in die Schweiz gelangte. Das Zürcher Schauspielhaus war das einzige deutsche Theater, das Reinhardts Emigrantentod in New York Ende Oktober 1943 mit einer Gedächtnisfeier ehrte. Bei diesem Anlaß sagte Langhoff: »Mit dieser Liebe zum Schauspieler erschloß er die Seelen, weckte er die verborgenen Kräfte. Der große Regisseur schafft keine Menschen nach seinem Abbild. Er schöpft aus dem Brunnen, den er vorfindet, er entwickelt den Schauspieler aus sich selbst, führt ihn zu sich selbst.« Die erstaunliche Zahl großer Schauspieler und Schauspielerinnen, welche damals jahrzehntelang Berlin zur aufregendsten Theaterstadt der Welt machte – sie wäre ohne diese Gabe Reinhardts nicht denkbar gewesen.

Damals so leuchtende Sterne wie Alexander Moissi und Paul Hartmann hätten ohne ihn ihren »Weg zu sich selbst« nie gefunden. Noch zuletzt war er es, der Gründgens, etwa in Bruckners *Verbrecher* oder als St. Just in *Dantons Tod,* seine außerordentliche »eigene Melodie« zu finden half. (Das Wort von der »eigenen Melodie« war stets in Reinhardts Munde.) Und dazwischen – von Albert Bassermann, der schon 1905 im Deutschen Theater war, über Werner Krauss, Max Pallenberg, Gustav Waldau, Hermann Thimig, von der Eysoldt und der Sorma bis zu Helene Thimig und Paula Wessely, Elisabeth Bergner nicht zu vergessen, seine »Heilige Johanna«, und die vielen anderen höchst Nennenswerten noch, die nur ungenannt bleiben, weil sonst der Satz so lang würde wie im Alten Testament das Geschlechtsregister von Adam bis Noah – gab es nicht viele von Rang auf deutschen Bühnen, die Reinhardt nicht fand oder die nicht zu Reinhardt fanden.

Für Reinhardt gehörte das Theater dem Schauspieler, »ihm und keinem anderen«. »In den Kindern«, sagte er, »spiegelt sich das Wesen der Schauspieler am reinsten wider ... der Drang, zu gestalten, der sich in ihren Spielen kundgibt, ist wahrhaft schöpferisch ... sie verwandeln sich blitzschnell in alles, was sie sehen, und verwandeln alles in das, was sie wünschen.« Ganz anders um diese Zeit Bertolt Brecht, Leopold Jessner, Erwin Piscator, der Kritiker Herbert Ihering, die das politische Theater plakatierten. Gerade das magische Erlebnis der Identifizierung mit dem Bühnengeschehen verwarf Brecht: »Nicht miterleben soll der Zuschauer, sondern sich auseinandersetzen ... der Schauspieler läßt es auf der Bühne nicht zur restlosen Verwandlung in die darzustellende Person kommen ... es tritt nur einer auf und zeigt etwas in aller Öffentlichkeit, *auch das Zeigen* ... Dieses Aug' in Aug', ›Gib Acht, was der, den ich dir vorführe, jetzt macht‹, dieses ›Hast du es gesehen? Was denkst du darüber?‹ ... ist die Grundhaltung des V-Effekts (Verfremdungseffekts) ... Der Schauspieler soll die Welt nicht mit der des Dichters identifizieren ...«, sondern im Gegenteil das Fragwürdige an den Anschauungen des Dichters aufzeigen. »Es ist dem Schauspieler erlaubt, die Haltung des Staunens einzunehmen gegenüber dem Getriebe des Stückes, aber auch gegenüber seiner Figur, die er zu spielen hat.« Warum dieser Freibrief, Stücke gegen den Geist ihrer Autoren zu spielen? »Es ist für das deutsche Theater durchaus nötig«, so Brecht, »sich eine Spielweise zu erarbeiten, welche der gesellschaftlichen Umfunktionierung gerecht wird ...«, es sei wünschenswert, »möglichst alles, was wir heute an Dramatik haben, möglichst vollständig unter den Boden zu schaufeln ...«, denn das sei alles überholt, auch das klassische Drama, weil »tragische Einzelschicksale nicht mehr interessant« seien.

Herbert Ihering, der Reinhardts Inszenierungen als »rauschvolle Verzückungen« abtat, pries die Piscator-Inszenierungen von Schillers *Die Räuber*, in welcher nicht mehr Karl Moor, sondern der Revolutionär Spiegelberg der Held war: »Dazu bedurfte es brutalster Textänderungen. Das war gewiß gefährlich und unschillerisch«, und doch, diese Inszenierung, »deren zweiter Teil als Schiller-Darstellung einfach schlecht war, wurde wesentlich, weil sie dem Theater, auch vom Klassiker her, statt ästhetischen Finessen wieder Inhalte zuführte, Substanz.« Für Ihering war »die Selbstherrlichkeit des Regisseurs dem Werk gegenüber« nur »scheinbar« und jedenfalls ein Fortschritt. Was galt und gilt nicht alles unserem Jahrhundert als Fortschritt.

Was könnte zu alledem in ergreifenderem Gegensatz stehen als Reinhardts Satz: »Ich möchte am liebsten der Lampenanzünder gewesen sein, der das Licht hinter den Worten der Dichtung anzündet.« Stanislawski schrieb ihm 1930 aus Moskau: »Heute wird gesagt: Reinhardts Leben hat ein mächtiges Werk geschaffen, eins der besten Theater der Welt ... Sie haben eine große Schule, eine ganze Kultur begründet ... Ihre Rolle war groß in der Vergangenheit. Die Zukunft wird sie noch größer machen.«

Aber von der Zukunft blieb wenig übrig. In der Columbia University in New York hatte er einmal als gefeierter Gast gesagt: »Ich glaube an die Unsterblichkeit des Theaters. Es ist der seligste Schlupfwinkel für diejenigen, die ihre Kindheit heimlich in die Tasche gesteckt und sich damit auf und davon gemacht haben, um bis an ihr Lebensende weiterzuspielen.« 1938, nach Österreichs Anschluß, hatte dieser große Schauspieler des ernstesten und heitersten Menschenspiels ausgespielt. Das amerikanische Exil bot ihm und Helene Thimig keinen seligen Schlupfwinkel. Sein *Sommernachtstraum*-Film in Hollywood war zu teuer gewesen, und vergebens versuchte er, am Broadway Fuß zu fassen, während Helene Thimig in Kalifornien blieb, um mit kleinen Filmrollen Geld zu verdienen. Einmal schickte er ihr ein Telegramm: »Sah gestern in der Dunkelheit vieler glitzernder Lichter nur wenige Augenblicke lang ein einziges Licht in Deinem geliebten tragischen Antlitz. War sehr bewegt und trachtete, endlich ein Stück für Dich zu finden.« Er hatte noch keins gefunden, als sie an seinem Sterbebett in New York saß, Schlaganfall um Schlaganfall miterlebte bis zu seinem letzten Atemzug.

Wer sich heute auf deutschen Bühnen umsieht, erspäht nirgends »ein neues klassisches Theater«, wie es Herbert Ihering als bevorstehend angekündigt hatte. Nicht das winzigste Hälmchen. Bertolt Brecht mußte seine Didaktik vom »epischen Theater« plus »V-Effekt« immer wieder richtigstellen. In einem Brief an einen Schauspieler: »Viele meiner Äußerungen über das Theater werden mißverstanden ... Zu Ihrer Frage, ob denn meine Forderungen, der Darsteller solle sich nicht völlig in die Stückefigur verwandeln, sondern sozusagen neben ihr stehenbleiben ..., sein Spiel nicht ... zu einer mehr oder weniger unmenschlichen Angelegenheit machen – nach meiner Meinung ist das nicht der Fall. Es muß meine Schreibweise sein, die zuviel für selbstverständlich hält, daß ein solcher Eindruck entsteht. Sie sei verflucht! Natürlich müssen auf der Bühne eines realistischen Theaters lebendige, runde, widerspruchsvolle Menschen stehen, mit all ihren Leidenschaften, unmittelbaren Äußerungen und Handlungen ...« Rückzieher, die nichts nützen. Brecht selbst war schöpferisch zu potent, als daß er sich durch seine eigene Didaktik hätte impotent machen lassen. Aber der von ihm ausgestellte Freibrief, Stücke gegen ihre Autoren zu spielen, wird der nicht praktiziert? Wer kennt die Regisseure nicht, die nur nachweisen wollen, daß der betreffende Dramatiker sich selbst nicht verstand, um so im Hexenzeichen des »V-Effekts« zu demonstrieren, wie herrlich weit wir es gebracht haben. Ja, allerdings, zum Theater der Spielverderber, nicht dem der Spielfreude.

Rückblende zum Anfang: Die bejubelte *Was ihr wollt*-Aufführung im Schönbrunner Schloßtheater ist vorbei. Im nahen Parkhotel Hietzing feiert das Seminar mit Reinhardt. Ich, der Abgesetzte, war oben auf dem Balkon dabeigewesen, soweit hatte ich mich überwunden. Aber sollte ich nun auch zur Feier? Wie kann ich? Nur fort! Dann wieder: Warum nicht? Geh' doch hin! So marschiere ich hin und her zwischen Schönbrunn und Hietzing. Als ich schließlich das Parkhotel betrete (natürlich), ist es fast Mitternacht. Im Foyer stürzen schon Kollegen auf mich zu. »Wo steckst du, der Professor fragt immer wieder nach dir!« Für uns gab es nur einen wahren »Professor«, Reinhardt selbst. »Immer wieder ist er herausgekommen und hat nach dir gefragt!« Da öffnet sich die Flügeltür vom Speisesaal, er ist es. Er sieht mich und steht dann im Gespräch mit mir in einer Ecke, lange, lange.

Was er mir sagte, gehört kaum hierher, er sprach von mir, und ich spreche hier nicht von mir. Aber daß er an diesem Abend überhaupt an mich gedacht hatte – »... den habe ich abgesetzt, ist der noch immer nicht da? ... Quält sich irgendwo ...«, daß er nach so vielen Wochen, mich, der ich ihm nichts bedeuten konnte, nicht vergessen hatte, daß er mich tatsächlich immer wieder gesucht hatte! Wie genau erinnere ich mich, daß ich mir auf dem späten Heimweg dachte: So ein Mensch müßte man werden. Ich denke es noch immer.

Deutsche Zeitung, 22. März 1974, S. 23f.

Edmund Wolf
Die Präsidentin von Amerika.
Genossin Vanessa Redgrave,
Schauspielerin und Tochter aus guter Familie,
predigt die Revolution

Die Lady als Tramp: »Ich bin ein furchtbar impulsiver Mensch; die meisten Impulse führen in die Irre.« Die schönste Irrläuferin des Klassenkampfes spielte schon als Kind Politik. Im Ernstfall versagt ihr Zauber.

»Vanessa ist ein bißchen verworren«, so sprach Mama, Lady Redgrave. Die Bemerkung bezog sich auf das Jahr 1967, als ihre in jedem Sinn große Tochter erstens ihren Mann Tony Richardson losgeworden war und zweitens das C. B. E. erhalten hatte (»Companion of the British Empire«, eine hohe Auszeichnung).

Beim Auseinandergehen ihrer Ehe verkündete Vanessa Redgrave »urbi et orbi«, wie immer mit fieberhaft-dramatisch hingehauchten Worten, daß sie sich im Grund von Tony nur scheiden lasse, weil sie ihn liebe: »Gewisse Menschen müssen frei sein, um wirklich intim sein zu können. Wenn Tony und ich zusammen sein wollen, werden wir zusammen sein; die Konvention der Ehe hat damit nichts zu tun, ich sehe keinen Zweck in der Einrichtung der Ehe ...«

Nur eine einzige Ehe imponierte ihr, die der »Claudia Cardinale und ihres Mannes, die in verschiedenen Häusern leben: es ist mir klar, warum das funktioniert«. Man hätte meinen können, daß diese Bekenntnisse einer mehr oder weniger schönen Seele ihrer Mama verworren genug erschienen wären. (Was Vanessas Körper betrifft, muß sofort festgestellt werden, daß da von »mehr oder weniger schön« nicht die Rede sein kann; Michelangelo Antonioni dokumentierte die Schönheit ihres Körpers, nackt und bloß, in *Blow Up* – und auch dies wurde Vanessa sofort zum kämpferischen Anliegen: »Ich begreife nicht, daß es etwas anderes sein soll, nackt zu spielen ... Es fehlt mir jedes Verständnis dafür, gegen Nacktheit zu sein; Nacktheit ist weder mutig noch banal, es ist überhaupt nichts ... Man verbringt ja einen großen Teil des Lebens nackt, warum soll man es dann so außerordentlich finden, kurze Zeit in einem Film nackt zu verbringen?«)

Die mütterlich milde Bemerkung über Vanessas Verworrenheit bezog sich nicht etwa auf solche Sätze, sondern auf Vanessas Geständnis in einer BBC-Sendung, sie schäme sich, der Establishmentversuchung anheimgefallen zu sein und das C. B. E. angenommen zu haben. Mama, auf der Bühne als Rachel Kempson bekannt, eine Schauspielerin von einigem, wenn auch ungleich geringerem Rang als die verworrene Tochter, hat sich noch nie geschämt, die Frau eines Schauspielers zu sein, der zu der kleinen und hehren Gruppe der »acting knights« gehört, jener wenigen, denen die Königin wegen ihres schauspielerischen Ruhmes irgendwann das Schwert auf die Schulter gelegt hatte, um sie mit den gemurmelten Worten: »Arise, Sir Michael ... (Erhebe Dich, Sir Michael, oder Sir Laurence, oder Sir Alec, oder Sir Charles)« aus bürgerlichen Bühnenvagabunden in Ritter zu verwandeln. Sie hat auch nicht den geringsten Grund, sich einer Ehrung zu schämen, die ihr Mann so sehr verdient; wenn Laurence Olivier in den vergangenen Jahrzehnten je einen wirklichen Rivalen hatte, so war es Michael Redgrave.

Laufpaß für die Funktionärin
Vanessa, die älteste der drei Kinder – die ihrerseits alle drei Schauspieler sind –, verdankte dem berühmten Vater ihre erste Filmrolle, wie auch ihren Start im Londoner Westend; die Weltkarriere verdankt sie natürlich ihren außerordentlichen schauspielerischen Gaben. Die Jüngste, Lynn – alles eher als eine »femme fatale« –, hat sich mit ihrem eigenartig komischen

Talent gleichfalls bis zur Spitze vorgekämpft. Der Bruder Corin – um zwei Jahre jünger als die jetzt 37jährige Vanessa – kann sich an schauspielerischem Erfolg mit den Schwestern nicht messen; aber an politischem Extremismus steht er Vanessa kaum nach. (Lynn behält ihre politischen Anschauungen für sich; sie ist mit einem Photographen verheiratet, sehr glücklich, soviel man weiß – jedenfalls leben sie nicht in verschiedenen Häusern.)

Corin und Vanessa versuchten beide, ihren revolutionären Geist in die Bühnengewerkschaft (»Actors' Equity«) hineinzutragen, und gingen ihren Kollegen damit so auf die Nerven, daß der eine abserviert wurde (Corin verlor 1972 seinen Platz in dem aus 45 Mitgliedern bestehenden Exekutivausschuß der Gewerkschaft), während die andere, bei all ihrem Ruhm und all ihrem gewerkschaftlichen Enthusiasmus, nie die nötige Stimmenzahl erhielt. Eine ähnlich bedrückende Erfahrung machte Vanessa vor einigen Wochen im Phoenix-Theatre im Londoner Westend, wo sie gerade auftritt.

Westend-Theater werden, bis auf sehr wenige Ausnahmen, nur von Fall zu Fall für die Laufzeit bestimmter Produktionen gemietet. Im Phoenix-Theatre gibt es gegenwärtig Noël Cowards Komödie *Design for Living*. Als das Stück besetzt war und das Ensemble zu den Proben einzog, wurde selbstverständlich der Star selbst zum Gewerkschaftsfunktionär gewählt. Aber ebenso selbstverständlich begnügte sich Vanessa nicht damit, die Interessen dieser kleinen Gruppe zu vertreten, die im übrigen von niemandem bedroht wurden; sie organisierte Versammlungen zur Erörterung von Themen wie Verstaatlichung der Theater, Arbeiterkontrolle, Verhältnis der Schauspieler zur Regierung – mit dem Ergebnis, daß die Einstellung der Schauspieler zu ihr selbst rabiat wurde; sechs Wochen nach der Premiere erhielt Gewerkschaftsfunktionär Vanessa den Laufpaß.

Aber zu jener Zeit war sie schon mit größeren Dingen beschäftigt. Allabendlich spielte sie (und spielt noch immer) die Gilda in der erwähnten Coward-Komödie: Gilda wird von einem Maler und einem Schriftsteller geliebt, und sie lebt zuerst mit dem einen, dann mit dem andern, dann wieder mit dem ersten, um sich vor dem Fallen des letzten Vorhangs zu dem großen Wagnis zu entschließen, fortan mit beiden gemeinsam zu leben, denn beide brauchen sie und sie braucht beide, und warum nicht?

In den dreißiger Jahren, als das geschrieben und gespielt wurde, wirkte es auch: auf Coward-Art hochpointiert und hochparfümiert, theatralisch-revolutionär, ein Sturm im Gin-und-Tonic-Glas. Heute, im Zeitalter inseratenmäßig propagierter Rundumpaarungen in jeder besseren Suburbia, wirkt es wie Lavendel in Großmutters Wäscheschrank. Ein Stück für Vanessa? Kaum. Aber sie, die sich allabendlich mit diesem erotischen Miniaturrevolutiönchen zu beschäftigen hatte, beschäftigte sich alltäglich mit wahrer Revolution, mit nichts weniger als der demnächst bevorstehenden revolutionären Übernahme der Macht in England durch die »Workers Revolutionary Party«.

Sie kandidierte für die »Workers Revolutionary Party« im Wahlkreis Newham in East-London. Diesen Parlamentssitz wollte sie bei den Wahlen am 28. Februar gegen Reginald Prentice von der Labour-Partei für die trotzkistische Weltrevolution erobern. Wieso ein Parlamentssitz für die Weltrevolution?

Natürlich glaubt die »Workers Revolutionary Party« an die Eroberung der Macht durch Waffengewalt; natürlich glaubt sie nicht ans Parlament. »Wenn unsere Kandidaten gewählt werden«, erklärte sie in ihrem Manifest, »so werden sie ihr Mandat nur dazu benützen, das Parlament bloßzustellen.« Aber mit Ausnahme der klinischen Vollidioten in der »Partei«, die sich 5000 Mitglieder zuschreibt, wußte jeder, daß keiner der neun Kandidaten auch nur bis in Sichtweite des Parlaments kommen würde.

Verrückt nach Menschen

Vanessa Redgrave, die das Phoenix-Theatre allabendlich füllt, die seit vielen Jahren – seit ihrem Triumph in dem preisgekrönten Film *Morgan*, seit ihrer unvergeßlichen Rosalind in der Londoner Royal-Shakespeare-Theatre-Inszenierung von *Wie es Euch gefällt* – Theater und Kinos in der ganzen Welt füllen kann: Sie erhielt in Newham, East-London, 760 Stimmen, während Reginald Prentice 24.200 erhielt. Allerdings sind das 760 zuviel; wer bei einer Wahlversammlung der »Workers Revolutionary Party« war, muß sich fragen, wie es um den Geisteszustand dieser 760 bestellt ist.

Am Abend vorher sah ich Vanessa als Gilda. Das Stück enthält Dialogstellen, die ihr durchaus auf den Leib geschrieben sind. (»Warum heiratest du Otto nicht?« – »Die Antwort darauf ist ganz einfach: Weil ich ihn liebe.«) Aber es ist keine Rolle, die einem so im Gedächtnis bleiben wird wie eben die Rosalind, oder – gar nicht so lang her – ihre Viola in *Was ihr wollt*, von der sie vorher sagte: »Ich will das über alle Grenzen weg aufregend und vital machen, verrückt vor Hunger nach Menschen und nach Leben …« Und genau das gelang ihr; wie überhaupt die Worte: »… verrückt vor Hunger nach Menschen und Leben« einen Schlüssel, den freundlichsten aller Schlüssel, zum Verständnis Vanessas bieten.

Man wird sich an ihre Gilda nicht so verzaubert erinnern wie an ihre großen Filmrollen – »Isadora Duncan«, die Königin Guinevere in dem Film *Camelot* oder eben das bürgerlich-perplexe Mädchen in *Morgan*, wofür sie ihren ersten internationalen Preis in Cannes bekam: Und auch damals schämte sie sich, als sie in einer Zeitung einen Bericht über ihren Triumph neben einem Bericht aus Vietnam las: »Ich war voll Abscheu vor mir selbst, weil ich da auf der ersten Seite neben Vietnam erschien; ich empfand es einfach entsetzlich …« Aber das überlange Geschöpf – fast so lang wie ein Londoner Bobby oder ein Leibgardist plus Bärenfellmütze – spielt auch die Gilda so, daß man den beiden Männern nur zu gern glaubt, sie seien bereit, alles zu tun, um mit ihr weiter zu leben – selbst, sie zu teilen.

Es sei gleich gesagt, daß dies in ihrem Privatleben nicht so ist; Männer scheinen es zu überleben, ohne sie zu sein. Zur Scheidung von Tony Richardson kam es, weil er sie 1965 mit Jeanne Moreau betrog – nicht etwa, daß sie ihn nicht auch betrogen hatte, Ehrensache, aber er hat es immerhin in Hochform überlebt. Sie hatten zwei Kinder, die jetzt fast zehnjährige Natasha und die achtjährige Joely; und nach der Scheidung von Richardson (dem »Löwenköpfigen«, wie dieser oft bemerkenswert uninspirierte Regisseur von einem inspirierten Journalisten genannt wurde) verkündete Vanessa, sie werde nicht wieder heiraten, außer wenn sie ein Kind kriegen sollte: »So wie ich bin, könnte ich kein Kind haben, ohne verheiratet zu sein. Gewisse Frauen können das, aber ich nicht …«

Doch bekanntlich wächst der Mensch mit seinen höheren Zwecken, und als sie ein Kind von Franco Nero bekam (den jetzt vierjährigen Carlo), entdeckte sie in sich die Kraft, unverheiratet zu bleiben; und auch diesen Entschluß verkündete sie der Welt, als habe sie nun das Zauberkraut des definitiv Sittlichen gefunden. Nicht etwa, daß die Liebe zu Franco Nero vorbei war, das wäre zu einfach gewesen; nein, sie liebten sich, aber »wir leben nicht zusammen«. Signor Nero ist ein italienischer Schauspieler, mit dem sie in Rom gefilmt hatte; und Signor Nero ist nun längst verschwunden, zumindest aus ihrem Leben.

1971, nicht gar so lang danach, klagte ein Mr. Sandy Leiberson, sie habe zuerst die Hauptrolle in seinem Film *The Final Programme* angenommen, sei aber dann zurückgetreten, weil er dem 23jährigen Timothy Dalton, den sie beim Filmen von *Mary, Queen of Scots* kennengelernt hatte, keine entsprechende Rolle anbieten wollte. »Sie hat es gern«, klagte Mr. Leiberson, der Produzent, »ihre Filme mit ›ihrem Mann‹ zu machen.

Wir boten ihr die Hauptrolle an, und zuerst akzeptierte sie; dann hörte ich, sie sei zurückgetreten, eben aus diesem Grund ...« 1971 war sie vierunddreißig Jahre alt, und sie hatte Phasen »of playing the field ...«, wie sie das nannte, das heißt, sie ließ sich gewissermaßen aufs Geratewohl mit dem, jenem, einem dritten oder vierten ein, »wegen des Gefühls der Eroberung, wegen des Spaßes, zu sehen, wie weit ich gehen kann, um der Aufregung willen, und wieder aus Spaß ... ich fliege oft auf Männer, mit denen ich überhaupt nichts gemeinsam habe, weder sexuell noch in irgendeiner anderen Beziehung ...«

Im Gegensatz zu den beiden Männern in Noël Cowards Komödie scheinen die Männer in ihrem Leben es zu überstehen; aber für eine Frau, die um jene Zeit erklärte: »Disziplin macht frei, es ist das einzige, was frei macht ...«, wirkt alles wie ein verworrenes Privatleben, getrieben von sehr vergänglichen Impulsen. Sie sagte auch von sich selbst: »Ich bin ein furchtbar impulsiver Mensch ..., und die meisten meiner Impulse führen mich in die Irre.«

Sie meinte das von ihren privaten Impulsen; aber wer bei einer ihrer Wahlversammlungen war, der weiß, wie sehr das auch von ihren politischen Impulsen gilt. Am Sonntag vor den Wahlen war ich bei einer »Massenversammlung« der »Workers Revolutionary Party« im Alexandra Palace, bei der auch Genossin und Parlamentskandidatin Redgrave sprach.

Die Kämpfe im Alexandra

Da sind sie versammelt in der viktorianischen Halle, die britischen Revolutionäre der 4. Internationale, um Trotzkis Mahnung zu erfüllen: »Die Bewaffnung des Proletariats ist ein imperativer Bestandteil des Kampfes um seine Befreiung. Wenn das Proletariat es will, wird es Mittel und Wege zu seiner Bewaffnung finden. Auch auf diesem Gebiet fällt die Führung natürlich den Kadern der 4. Internationale zu.«

Es ist ein charmanter Satz, aber kein Wort darin ist so charmant wie das Wörtchen »natürlich«, wenn man sich die »Kader« betrachtet, die da zur Planung des revolutionären Gemetzels im Alexandra Palace versammelt sind, diese jungen Burschen, Gelegenheitsarbeiter, Hilfsarbeiter, gar keine Arbeiter, Lagerpersonal, vielleicht da und dort ein Ladenverkäufer. Viele stehen noch so bartlos wie Shakespeare-Vanessas Cesario-Viola neben den kindlich jungen Mädchen, die ihre Zigaretten so trotzig rauchen, als spritzten sie öffentlich harten Stoff. Junge Paare mit Babies im Kinderwagen erzeugen die Atmosphäre einer Familiengaudi, bei der nur leider die Gaudi ausgeblieben ist.

Rechts und links stehen Mikrophone auf niederen Podesten, und alle fünf Minuten erscheinen Redner abwechselnd da und dort, stellen sich vor und flüstern oder kreischen, fast alle des Redens ungewohnt, was man besser im gedruckten Manifest lesen kann (aber nicht viel besser), daß die Regierung Heath im Fall ihrer Wiederwahl sofort alle nach Verfassung zulässigen Änderungen durchführen wird, um eine Diktatur zu errichten, und daß schon Gefängnisse eingerichtet werden, um Bergarbeiter, Eisenbahner und kurz und gut das Proletariat überhaupt auf unbestimmte Zeit einzusperren; daß die Labourpartei nur »die laufenden Hunde« der Konservativen sind und nichts Besseres wollen, als ihnen zu dienen; daß die Kommunisten (Moskauer Prägung) die Arbeiterklasse absichtlich entwaffnen, um den Weg für ein Chile in Großbritannien vorzubereiten; daß alles ohne Entschädigung verstaatlicht werden muß; daß die Armee aufgelöst und durch eine Arbeitermiliz ersetzt werden muß; und noch so manches ähnlich Praktikable und Erstaunliche.

Als Proletarierin verkleidet

Die flüsternden und kreischenden Redner sprechen alle so, als würden sie mit diesem Programm die Macht demnächst erobern; »vielleicht schon in zwei Jahren«, sagt Vanessa mit fieberndem Ernst. Aber zunächst haben diese »Kader« ein bemitleidenswertes, schweres Leben, denn es ist offensichtlich nicht leicht, einerseits Parlamentssitze erobern zu wollen, andererseits das Parlament als Blendwerk der Bourgeoisie abzutun; sich einerseits für einen Sieg der Labour-Partei einzusetzen – quer durch die Halle ist ein großes Transparent gespannt: Wählt Labour – andererseits die Labourpartei nach Strich und Faden zu verleumden; einerseits – für den britischen Normalverbraucher nicht unterscheidbar – Kommunismus antiquiertester Fasson zu predigen, andererseits Kommunismus (den der 3. Internationale) als gräßlichste Verruchtheit darzustellen.

Da also, auf dieser Bühne, wo die Wirklichkeit eine so übertriebene Satire auf nicht gargekochtes Revoluzzertum servierte, da erschien auch Genossin Redgrave am Mikrophon. Da steht sie, als Proletarierin verkleidet, eine braune Wollmütze tief in die Stirn gezogen, ihre rotgold schimmernden Haare spurlos verdeckt – und keine Hoffnung hier auf jenen großartigen Effekt, als sie in *Wie es Euch gefällt* die Kappe vom Kopf zog, um sich so im Nu aus dem Jüngling Ganymed in die Rosalinde zurückzuverwandeln, auf deren Schultern der Katarakt ihrer Haare rauschte. Da steht sie in braunem Pullover und Hosen und spricht davon, daß die Arbeiterklasse verloren ist, wenn sie, die Genossen, nicht alles daransetzen, bald die revolutionäre Macht zu ergreifen.

Sie spricht die Worte, die sie alle verwenden: Klassenverrat und Reformismus und Revisionismus und vorwärts zum Sieg. Ihr Englisch ist natürlich nicht das Englisch dieser »Kader«, es ist das Englisch einer Tochter »aus sehr guter Familie« und einer Schauspielerin von sehr hohem Rang, und sie sollte eigentlich auch in dieser Rolle, sie sollte selbst mit diesem Text hinreißend sein.

Sie ist alles eher als hinreißend. Ganz anders als im Phoenix-Theatre springen die hier am Ende nicht auf, jubeln ihr nicht zu; sie klatschen, wie sie allen anderen Genossen klatschen, mechanisch-freundlich, aber ganz unbewegt. Und Genossin Redgrave verdient nichts Besseres; sie hat in ihren fünf Minuten nicht einen eigenen Gedanken ausgedrückt, kein eigenes Gefühl, und von der ersten bis zur letzten Sekunde ihres eingelernten Textes war das Lampenfieber spürbar. Auch auf der Bühne litt sie früher unter Lampenfieber, nur war es nie merkbar; hier ist es spürbar.

Warum ist sie so schlecht in dieser Rolle? Es fehlt ihr gewiß nicht an Erfahrung. Sie ist seit Jahren schon eine geradezu professionelle Revolutionärin. In ihrer Jugend war sie »eine Romantikerin und konservativ, ich liebte die Stimme Churchills ...«; aber seit Bertrand Russell sie 1962 bekehrte, marschierte und protestierte sie, sprach von Tribünen, nicht weniger romantisch wie eh und je, nur eben, was man so links nennt, und immer linker.

Ein Mann wie Reginald Prentice, ihr Gegenkandidat in Newham (und seither zum Erziehungsminister ernannt), hat zwar anstatt eines rotgoldenen Haarkatarakts eine Glatze, aber darunter einen der besten Köpfe der Labour-Partei. Im Vergleich zu ihm ist Vanessa Redgrave politisch unbedarft; aber können ihre Hymnen an die Gewalt einfach als Naivität hingenommen werden?

»Ich bin sehr gewaltsam und an Gewalt sehr interessiert, viel interessierter an Gewalt als an Gewaltlosigkeit, weil ja in einem selbst so viel mehr Gewalt lebt ... Ich empfinde, daß ich verstehen muß, warum ich so zur Gewalt neige, warum Gewalt für Menschen nötig ist, um zu überleben. Auf eine sehr seltsame Art empfinde ich, daß man Gewalt willkommen heißen muß. Die verschiedensten Erfahrungen beweisen, daß Menschen sich ein besseres Leben nur mit Gewalt erkämpfen können. Ich selbst habe ein sehr behütetes Leben geführt, ich habe nie gesehen, wie einer geschlagen wurde, bin nie selbst geschlagen worden …, aber ich habe einmal in einem Café eine Mutter gesehen, die ihr Baby festhielt und es zum Essen zwang, und das ist Folter, geistige und physische Folter …«

Wer kann ihr nicht mühelos Länder nennen, in denen sie bei irgendeiner ihrer zahllosen Demonstrationen in die glückliche Lage versetzt worden wäre, Gewalt am eigenen Leib zu erleben, ganz andere Gewalt als die der Mutter, die dem sadistischen Trieb frönt, ihr Kind zu füttern? Arme Vanessa, die hierzulande so leiden muß.

Sie weiß es selbst, in lichten Augenblicken. »Auch ich rede viel Unsinn … ich bin nicht logisch von Natur, über Fragen klar und rationell nachzudenken, dazu neigt mein Geist nicht … ich bin sehr romantisch und emotionell.« Dennoch besteht kaum die Hoffnung, daß sie diese Rolle, die einzige, die sie schlecht spielt, irgendwann aufgeben wird.

Sie spielt schon zeitlebens Politik. Als Kind spielte sie Politik mit ihrem Bruder Corin: Sie war Präsident von Amerika, und er war der Staatssekretär. Als in der Schule, ihrer konservativen, feinen Schule, den Schülerinnen einmal die Aufgabe gestellt wurde, eine Agitationsrede für eine der Parteien zu versuchen, hielt sie eine pro-kommunistische Rede, »weil es mich immer reizte, das zu vertreten, was allgemein abgelehnt wird …«

So spielt sie noch immer weiter und findet jetzt ihre Gespielen unter den Halbwüchsigen der 4. Internationale, die sie finanziell unterstützt, vor denen sie aber in ihr großes Haus in Hammersmith entflieht, um da mit ihren drei Kindern zu leben, wie sie eben lebt: »Meine größte Extravaganz ist vielleicht, wann immer ich Lust habe, Champagner zu trinken. Ich liebe Champagner am Morgen, das ist die beste Zeit für Champagner …«

Nichts verträgt sie so schlecht wie die Zumutung, daß sie mit Revolution nur spielt. Aber von der Vanessa ihrer Vergangenheit kann sie einsehen: »Mir scheint, ich habe meine ganze Kindheit in einem Garten verbracht, wo ich gespielt habe, daß ich wer anderer bin.« Mit siebenunddreißig ist auch Vanessa Redgrave kein Kind mehr; aber noch immer spielt sie, daß sie wer anderer ist.

Ihr

Edmund Wolf

Ursula Seeber
Biographie

1910 Menasche Wolf kommt am 23. April in Rzeszów, Kronland Galizien der k. u. k. Monarchie (heute Polen), als Sohn von Isaak (Ignatz) Wolf und Malie (Amalia), geb. Kohn, zur Welt. Den Vornamen Menasse (auch: Manasse) wird Wolf bis in die vierziger Jahre in Dokumenten und offiziellen Schreiben führen. Mit seinen älteren Geschwistern Salomon (geb. 1904), der Anwalt wird, und Mina (geb. 1906, später Ärztin), leben Wolf und seine Eltern bei den mütterlichen Großeltern, die Kaufleute waren. Ignatz Wolfs Beruf ist im Geburtsschein mit »kapitalista«, Rentier, angegeben, er soll auch journalistisch gearbeitet haben.

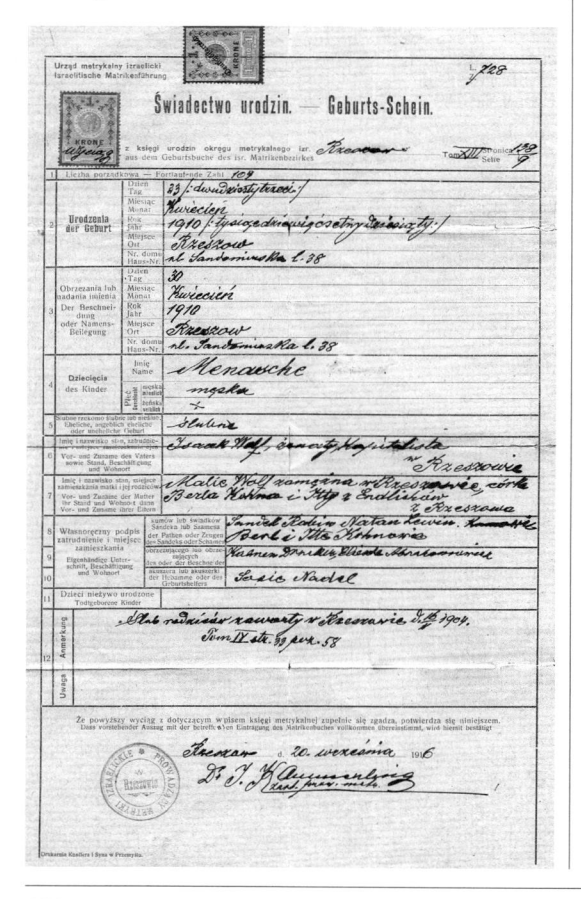

1914 Zu Beginn des Ersten Weltkriegs flieht die Familie vor den russischen Truppen nach Wien, sie wohnt zuerst im zweiten Bezirk, Leopoldstadt, nahe dem Donaukanal. Ignatz Wolf wird zur k. u. k. Armee eingezogen, zwei Jahre später aus gesundheitlichen Gründen entlassen. Er wird Vertreter für Baumaterialien (Zement) und Repräsentant rumänischer Ölproduzenten und bringt es zu Wohlstand. Er ist Stammgast des Café Central in der Herrengasse, wo er Geschäftsfreunde trifft und Schach spielt.

Bis zu ihrer Emigration 1938 wohnt die Familie in der Beletage eines Gründerzeithauses in der Gußhausstraße 17 im bürgerlichen vierten Bezirk, Wieden, nahe der Karlskirche.

1920 bis 1928 besucht Edmund Wolf das renommierte Akademische Gymnasium am Beethovenplatz, zu dessen Schülern Hugo von Hofmannsthal, Arthur Schnitzler oder Peter Altenberg gehört hatten. Sein Klassenkollege und Freund ist Peter Stadlen (1910–1996), später ein bekannter Komponist, Pianist und viele Jahre Musikkritiker des *Daily Telegraph*. In der Lehrerschaft ist der Antisemitismus dieser Jahre, an den sich Wolf für seine frühe Kindheit nicht erinnert, zum Teil bereits sehr ausgeprägt.

1928 Oktober inskribiert Wolf an der Juridischen Fakultät der Universität Wien: Das hohe Niveau der Lehre, aber auch die ideologische Bandbreite im Lehrkörper spiegeln sich in seinem Studienbuch. Er hört bei dem bekannten Völkerrechtler Alfred Verdroß-Droßberg, beim Finanzrechtler Richard Reisch, bei Josef Hupka, Professor für Handels- und Wechselrecht, und bei Othmar Spann, Professor für Nationalökonomie und Gesellschaftslehre, der als Vordenker des »Ständestaates« bekannt wurde. Am Beginn des Studiums besucht er auch Vorlesungen in Internationaler Politik (Alfred Francis Přibram), Moderner Dramaturgie und Sprachästhetik (Friedrich Kainz), Kunstgeschichte (Josef Strzygowski), und er studiert Philosophie bei Moritz Schlick, einem der führenden Denker des Wiener Kreises.

Wolf lebt bürgerlich, das Café Dobner beim Naschmarkt ist einer seiner Lieblingsplätze; er geht ins Theater und ins Kino (vor allem in das auf Western spezialisierte Kreuzkino in der Wollzeile), an den Sommerwochenenden zur Alten Donau und ins Hietzinger Strandbad.

1928/29 Wolf wird in den ersten Jahrgang des Schauspiel- und Regieseminars von Max Reinhardt aufgenommen. Im April 1929 beginnt der Unterricht im Schönbrunner Schloßtheater.

1930 Wolf spielt erste Rollen in Stücken von Shakespeare, Strindberg und George Bernard Shaw in der Regie seiner Lehrer Max Reinhardt, Paul Kalbeck und Emil Geyer; erste eigene Bearbeitung und Regiearbeit bei Molières *Die Streiche des Scapin,* Uraufführung 5. Juni 1930.

1932 Am 18. Juni wird sein erstes Theaterstück *Musik im Hof* am Nationaltheater Mannheim uraufgeführt.

1934 Am 6. Juli Promotion zum Dr. iuris an der Universität Wien. Am 6. Dezember 1934 wird seine Komödie *Kleines Leben, große Liebe* am Raimundtheater in Wien uraufgeführt.

1935 wird Wolf durch die Vermittlung von Emil Geyer Dramaturg am Deutschen Volkstheater in Wien. Er tritt dem Gewerkschaftsbund österreichischer Arbeiter und Angestellten, Gewerkschaft der Artisten, in der Sparte »Vortragskünstler« bei. Im Theater der Jungen in der Riemergasse 11 läuft im Frühjahr sein Stück *Karriere.*

1936 Am 6. März wird sein Stück *Treff-As* am Deutschen Volkstheater in Wien uraufgeführt. Das Pseudonym Frederic Pottecher borgt er wohl von dem gleichnamigen französischen Gerichtsberichterstatter und Autor. Edmund Wolfs Freundinnen kommen aus der Theater- und Kulturszene, wie die Schauspielerin Josephine Rüdiger (1914–2004), die 1934 in Willi Forsts Filmklassiker *Maskerade* mitwirkte und in den USA unter dem Namen Fini Rudiger Littlejohn zu einer bekannten Animations-

Kleines Leben, große Liebe, **Raimundtheater 1934: Lotte Lang und Erich Nikowitz**

zeichnerin der Disney Studios wurde. Mit der Tänzerin Gertrude (Trudl) Dubsky (1913–1976), Schülerin von Gertrud Bodenwieser, verbindet ihn eine schmerzvoll gelöste Liebesbeziehung. Trudl, verlobt mit dem Komponisten und Dirigenten Herbert Zipper, emigriert im Herbst 1937 nach Manila, wo sie auftritt und als Tanzpädagogin arbeitet. 1939 heiratet sie Zipper.

1937 Am 12. Oktober verläßt Wolf, auch unter dem Eindruck von Antisemitismus und politischer Gewalt, Österreich. Er geht nach London, um in einem englischsprachigen Land zu leben, zu schreiben und das Theater zu studieren, und mit der Perspektive Hollywood. Er steht beim Theaterverlag von Georg Marton unter Vertrag, was ihm ein kleines fixes Einkommen sichert. Er fährt mit dem Zug über Feldkirch und Buchs nach Paris, besucht dort seinen Kollegen, den Autor Hans Weigel, dessen Frau Gertrud Kugler eine Kollegin aus dem Reinhardt-Seminar ist. Am 14. Oktober reist er via Folkestone ein. Er wohnt in London in Pensionen, zuerst in Cambridge Street, dann in Kandel Street.

1938 Wolf versucht nach dem »Anschluß« vergeblich, seine Eltern nach Großbritannien zu bringen. Sie bekommen im Juli in Triest ein Visum für Palästina und emigrieren dorthin, ebenso die Geschwister. Wolf publiziert jetzt unter dem Pseudonym Edmond Deland. Anfang September erfolgt die Uraufführung von *Hotel Sylvia Dunn* am Deutschen Theater Prag, das nach dem Münchner Abkommen im Oktober 1938 geschlossen wird. Das Stück läuft in London unter dem Titel *Guardian Angel*. Nach Wolfs Drehbuch wird 1938 der Spielfilm *Dangerous Medicine* für Warner Brothers produziert.

Am 31. Oktober läßt sich Wolf auf der polnischen Quote für ein Visum in die USA registrieren, er wird vom Germany Emergency Committee der Society of Friends (Quakers) unterstützt. Stefan Zweig unterstützt ihn finanziell.

1939 Wolf, wohnhaft in Winchcombe, Gloucestershire, wird für den 20. Oktober auf das Aliens Registration Department vorgeladen, um sich als feindlicher Ausländer klassifizieren zu lassen.

Wien, Gußhausstraße, 1930

168 Biographie

1940 Am 23. März hat am Broadway Wolfs Komödie *A Case of Youth,* basierend auf der mit Ludwig Hirschfeld verfaßten Komödie *Das ist nichts für Kinde*r (1937) Premiere. Am 25. Juni wird Wolf, der in London bei den Stadlens in der Cromwell Road wohnt, verhaftet und in der Folge nach Kanada deportiert. Der Haushalt der Familie Wolf, der in Wien bei der Firma Intra gelagert war, wird per Gestapo-Verfügung vom 19. August »veräußert und der Erlös dem Reichsfiskus zugeführt«. In der Internierung kämpft er weiter um die Einreise in die USA. Ein entfernter Verwandter und die Opernsängerin Hertha Glatz, eine Freundin aus Wien, stellen Affidavits.

1942 Am 9. März wird Edmund Wolf aus der Internierung entlassen und kehrt nach London zurück. Beginn der Freundschaft mit Victor Ross (geboren 1919 in Wien), Lebenskünstler, professioneller Kartenspieler und Schriftsteller, später Europadirektor von Reader's Digest. 20th Century Fox verfilmt Wolfs Komödie *A Case of Youth* unter dem Titel *The Mad Martindales* (USA 1942).

1943 Am 21. Oktober heiratet Wolf Rebecca Wijnschenk (geboren am 30. August 1918 in Amsterdam), die nach ihrer Flucht 1940 in der Redaktion von »Vrij Nederland«, dem Organ der niederländischen Exilregierung in London, arbeitet. Trauzeuge ist Peter Stadlen. Sie lassen sich in London Hampstead nieder. Wolf arbeitet seit seiner Rückkehr als Sprecher und Übersetzer im deutschsprachigen Dienst der BBC. Im Dezember tritt er der »Dramatists' Guild« der »Authors' League of America, Inc.« bei.

1946 Geburt des Sohnes Martin am 16. August.

Josephine Rüdiger (Fini Littlejohn), 1933

TRUDL DUBSKY
Dance Recital
Friday, January 21, 1938
8:45 p. m.
ATENEO AUDITORIUM

1947 Am 26. Februar erhalten Edmund und Rebecca Wolf die britische Staatsbürgerschaft.

1948 Geburt des Sohnes Daniel am 10. Juni. Am 14. Juni wird *Wisely Wanton (Zwei zu dritt?)* am Q Theatre in Westlondon uraufgeführt. 1948/49 geht das Stück *Augen der Liebe* als Tourneeproduktion durch Deutschland.

1949 Edmund Wolf wird am 1. Oktober bei der BBC fest angestellt.

1950 Am 24. November Uraufführung der Komödie *Zwei zu dritt?* am Volkstheater in Wien. Wolf kehrt erstmals nach Österreich zurück.

1952 Am 19. März wird die Komödie *Räubergeschichte* in den Kammerspielen in Wien uraufgeführt, weitere Aufführungen u. a. 1953 am Renaissancetheater in Berlin und an den Linzer Kammerspielen, Verfilmung durch den Bayerischen Rundfunk, Ausstrahlung am 5. März 1963.

1955 Am 3. Juni Uraufführung des Lustspiels *Das Blaue vom Himmel* im Theater der Courage in Wien, an der neuen Spielstätte Casanova Bar in der Dorotheergasse.

1957 Beginn der Film- und journalistischen Arbeit für deutsche Sender und Zeitungen. Wolf ist von 1958 an Londoner Korrespondent der ZEIT, für die er unter dem Pseudonym Martin Wieland (aus den Namen seiner Söhne gebildet) Beiträge zu Politik, Wirtschaft, Kultur und Gesellschaft schreibt. Er beginnt die Kolumne »Zum Lachen oder Weinen?«. Er bleibt ZEIT-Autor bis 1968.

1963 Rebecca Wolf tritt als »market intelligence officer« in den britischen Verbraucherverband ein, zunächst in die Redaktion von dessen Monatszeitschrift »Which?«; bis 1983 leitet sie die Marktforschungsabteilung des Verbandes. Ende 1963 verläßt Edmund Wolf die BBC.

Anfang 1964 wird er vom Chefredakteur des BR Hans Heigert eingestellt, seine erste Fernsehdokumentation gilt Shakespeare: *Ein Sohn: William,* Ausstrahlung am 9. April 1964. Er schreibt und produziert mehr als achtzig Dokumentarfilme und Dokumentardramen.

Von 1970 bis 1986 ist Wolf Mitarbeiter der Süddeutschen Zeitung in München, er schreibt für das Feuilleton und die Wochenendbeilage.

Church Row in London-Hampstead

1971 Wolf erhält mit seinem Kamermann Anders Lembcke eine Ehrende Anerkennung im Rahmen des 8. Adolf-Grimme-Preises für Drehbuch, Regie und Kamera bei *Das Reich Gottes in Belfast*.

1973 Wolf erhält mit seinem Kameramann Anders Lembcke eine Ehrende Anerkennung im Rahmen des 10. Adolf-Grimme-Preises für Drehbuch, Regie und Kamera bei *Auserwählt in Jerusalem*.

1976 Wolf erhält den goldenen Bambi für das beste Drehbuch für sein Dokudrama *LH 615: Operation München*. Am 1. Oktober wird er Mitglied der Rundfunk-Fernseh-Film-Union im Deutschen Gewerkschaftsbund

1989 Wolf erhält den Preis der Deutschen Angestellten-Gewerkschaft (DAG) in Silber für das Drehbuch zu seinem dokumentarischen Fernsehzweiteiler *Geheime Reichssache*.

1991 Das Drehbuch für das dokumentarische Fernsehspiel *Am dreizehnten Tag* ist Wolfs letzte Filmarbeit.

1992 Edmund Wolf ist in der Ausstellung des Literaturhauses Wien *Die Zeit gibt die Bilder* über österreichische Exilautoren vertreten.

1993 Am 14. September stirbt Rebecca Wolf in London.

1997 Am 16. Oktober stirbt Edmund Wolf in London. Er liegt auf dem Jewish Cemetery in Golders Green begraben.

2006 Sein Nachlaß kommt im Februar aus Familienbesitz an die Österreichische Exilbibliothek im Literaturhaus in Wien (N1.EB-36).

2010 Am 22. April wird im Literaturhaus in Wien die erste Ausstellung über Edmund Wolf eröffnet: Edmund Wolf: »Ich spreche hier nicht von mir«.

Petra Schürmann überreichte Autor Dr. Edmund Wolf den BAMBI für das beste Drehbuch. In seinem TV-Dokumentarspiel „LH 615" hat er das Zeit-Thema „Terror" außergewöhnlich realistisch behandelt.

Scrapbook Edmund Wolf, Bambi-Verleihung 1976

Edmund Wolf
Filmographie (Auswahl)

D = Darsteller
P = Produzent
PR = Produktionsfirma
R = Regie
S = Drehbuch

Spielfilme

Dangerous Medicine (UK 1938). **R** Arthur Woods. **S** Edmond Deland (story), Paul England, Paul Gangelin (writers). **D** Elizabeth Allan, Cyril Ritchard, Edmond Breon, Antony Holles. **P** Jerome Jackson. **PR** Warner Brothers First National Productions

The Mad Martindales (USA 1942). **R** Alfred Werker. **S** Francis Edwards Faragoh, based on the play *A Case of Youth* by Wesley Towner. From a play by Ludwig Hirschfeld and Edmund Wolf. **D** Jane Withers, Marjorie Weaver, Alan Mowbray, Jimmy Lydon, Byron Barr = later Gig Young, George Reeves, Charles Lane, Kathleen Howard, Robert Greig, Steve Geray Sen Yung, Emma Dunn, Otto Hoffman. **P** Walter Morosco. **PR** 20th Century Fox Film Corporation

Fernsehspiele

Die eiskalte Nacht (27. 10. 1960, SWF). **R** Otto Kurth. **D** Klaus Behrendt, Liselotte Kuschnitzky, Fritz Hinz-Fabricius, Steffi Neumann, Peter Capell, Alexander Kerst, Kurt Ebbinghaus, Annemarie Schradiek

LH 615: Operation München (14. 10. 1975, BR). **R** Theo Mezger. **D** Gert Günther Hoffmann, Monika Gabriel, Erich Schleyer, Hans-Jürgen Tögel, Michael Hinz, Jannis Kyriakidis, Charalabos Theodoritis

Trauer um einen verlorenen Sohn (10. 9. 1980, ARD). **R** Thomas Engel. **D** Bobby Prem, Petra Maria Grühn

Wenn ich längst tot bin ... Momente aus dem Leben der Maria Theresia (9. 11. 1980, BR). **R** Kurt Junek. **D** Uli Fessl, Marianne Schönauer, Fritz von Friedl, Heinz Zuber, Edd Stavjanik

Geheime Reichssache. Teil 1: Zwei aus dem Weg (10. 12. 1988, BR). Teil 2: Bis zum letzten Mann (11. 12. 1988, BR) **R** Michael Kehlmann. **D** Alexander Kerst, Hans Schulze, Tatjana Blacher, Michael Degen, Udo Weinberger, Franz Böhm, Dietrich Mattausch

Am dreizehnten Tag (27. 10. 1991, ORF) **R** Gernot Friedel. **D** Werner Kreindl, Hans Quest, Günther M. Halmer, Beatrice Kessler, Sonja Sutter, Jaromir Borek, Pavel Landovsky, Rudolf Buczolich

Fernsehdokumentationen für den Bayerischen Rundfunk

Kurzbeiträge (für Reihen) wurden nicht aufgenommen

Shakespeare. Ein Sohn: William (9. 4. 1964)
Unsere Nachbarn: Die Österreicher – Begegnungen in einem Wunderland (3. 7. 1964)
Bundesrepublik – heute. Gesucht: eine Zivilisation (17. 1. 1965)
Wettbewerb der PS (11. 6. 1965)
Die Mauern von York. Aus dem Leben einer englischen Provinzstadt (20. 6. 1965)
Insel ohne Reich (25. 6. 1965)
London, ungeheure Stadt (5. 12. 1965)
Rhodesien (3. 5. 1966)
Wales, singendes Land – Feuer und Asche (August 1966)
Firenze Viva (31. 1. 1967)

London unter 21. Die jungen Nachtwandler (3.7.1967)
Landschaft mit Regenbögen. Ein Film aus Schottland (20.9.1967)
Die Tauben und die Falken. Der Konflikt um den Vietnam-Konflikt (3.1.1968)
Die Heimgekehrten (2.5.1968)
Irland träumt nicht mehr (19.8.1968)
Die Tore schließen um Mitternacht. Porträt eines College in Oxford (2.1.1969)
Geboren am 8.5.1945 (8.5.1969)
Das beamtete Parlament (23.6.1969)
Eine Stadt wurde schwarz. Ein Filmbericht aus Newark, USA (22.10.1969)
Wes Geistes Kind? Auf alten und neuen Schulwegen (5.3.1970)
Die Gastarbeiter (1.5.1970)
God Bless America – Heimkehr in ein zerrissenes Land (16.9.1970)
Das Reich Gottes in Belfast (6.11.1970)
Rothaut. Solange Gras wächst (Januar 1971)
Das Theater ist tot, es lebe das Theater (27.3.1971)
Leben in New York. Todesanzeige noch verfrüht (27.9.1971)
Näher als der Mond (30.3.71)
Der Bürgerkrieg ist abgeblasen (Februar 1972)
Passagiere nach Utopia (1.3.1972)
Das Englandbild der Deutschen (August 1972)
Das Deutschlandbild der Engländer (28.9.1972)
Auserwählt in Jerusalem. Vom Leben in einer heiligen Stadt (12.10.1972)
Edward Heath, Downing Street Nr. 10. Ein Porträt des britischen Premierministers (26.2.1973)
Die Saat in Atlanta. Ein Film aus dem amerikanischen Süden (16.9.1973)
Die ersten und die letzten Arbeiter. Die häßliche Stadt (2.1.1974)
Die Senatoren. Washington – im Konflikt um Nixon (31.7.1974)
An der Grenze des Terrors (22.1.1975)

Schottisch kariert. Britanniens andere Nation (9.7.1975)
Das heilige Experiment in Pennsylvanien (20.9.1975)
Iran – Geburt einer Macht (17.12.1975)
Der Stiefel wird rot. Arrangement mit Hammer und Sichel (9.6.1976)
Scotland Yard. Londoner Bobby (28.7.1976)
Weiß in Rhodesien. Das letzte Kapitel (20.10.1976)
Scotland Yard – Die Detektive (27.10.1976)
Weiß in Südafrika (20.4.1977)
Leeds United. Brot und Spiele (27.7.1977)
Friede jenseits der Scheiterhaufen (8.1.1978)
Abrahams Grab. Im Land zu vieler Verheißungen (24.3.1978)
Stafetten-Übergabe. Jugoslawien heute und morgen (3.7.1978)
Von Mexiko ins gelobte Land. Zwischen Tijuana und Los Angeles (9.10.1978)
London Blues. Von der Wandlung einer Stadt (1.7.1979)
Eine Maschine steigt auf. Menschen um einen technischen Ablauf (30.9.1979)
Unsere kleine Stadt. Auftakt im amerikanischen Wahljahr (30.3.1980)
Astronauten privat. Gesehen auf Erden und anderswo (5.5.1980)
Callaghans Erben. Skizzen von der britischen Linken (21.7.1980)
Annapolis – Amerikas Macht und Ohnmacht (26.10.1981)
Es könnte eine Oase sein. Arm und Reich in Kenia (29.11.1982)

Autoren

Eugen Banauch
Geboren 1975. Dr. phil., arbeitet an der Universität Wien im Fachbereich Anglistik und Amerikanistik und hat deutsche und englische Philologie in Wien, Brighton und Ottawa studiert. Veröffentlichungen zur kanadischen Populärkultur, zum kanadischen Exil, zu Bob Dylan, US-amerikanischer Literatur. 2009 ist seine Monographie *Fluid Exile – Jewish Exile Writers in Canada* bei Winter, Heidelberg erschienen.

Gernot Friedl
Geboren 1941 in Innsbruck. Studium am Mozarteum in Salzburg und am Reinhardt-Seminar in Wien. Regieassistent am Burgtheater und bei den Salzburger Festspielen. Eigene Film- und Fernseharbeiten für den ORF, den BR, das ZDF und andere. Inszenierungen u. a. am Theater in der Josefstadt und an der Deutschen Oper Berlin, Neuinszenierungen des *Jedermann* bei den Salzburger Festspielen. Autor von Stücken, Drehbüchern, Literatur- und Musiksendungen und einer Romanbiographie über Egon Friedell *Abschiedsspielereien* (2003). Lebt in Wien.

Susanne Gföller
Geboren 1955 in Wien, Studium der Theaterwissenschaft, Publizistik und Kommunikationswissenschaft in Wien, Diplomarbeit »Edmund Wolf. Auswirkungen des Exils auf das Lebenswerk eines Kulturschaffenden«. Wissenschaftliche Mitarbeiterin im FB Dramaturgie des Max Reinhardt Seminars, Institut für Schauspiel und Schauspielregie der Universität für Musik und darstellende Kunst Wien. Arbeiten zum Theater des 20. Jahrhunderts (u. a. zum Exil und zum zeitgenössischen britischen Drama), Mitherausgeberin von *Die vergessenen Jahre* (mit P. Roessler und G. Einbrodt, 2004), *Erinnerung. Beiträge zum 75. Jahrestag der Eröffnung des Max Reinhardt Seminars* (mit P. Roessler, 2005).

Renate Lasker-Harpprecht
Geboren 1926 in Breslau. Die Eltern wurden zu Beginn des Zweiten Weltkriegs deportiert und ermordet. Renate Lasker und ihre jüngere Schwester Anita wurden 1942 verhaftet, als sie versuchten, mit gefälschten Papieren ins unbesetzte Frankreich zu fliehen. Nach Gefängnis und Zuchthaus wurde Renate Lasker nach Auschwitz deportiert. Dort traf sie ihre Schwester Anita, die als Cellistin im Orchester arbeiten mußte. (Vergl. dazu: Anita Lasker-Wallfisch: *Ihr sollt die Wahrheit erben*. Weidle Verlag, Bonn 1997). 1944 wurden beide von Auschwitz nach Bergen-Belsen gebracht, wo sie am 15. April 1945 von englischen Truppen befreit wurden. Beide gingen nach London. Renate Lasker wurde 1946 Seketärin, später Sprecherin beim Deutschen Dienst der BBC. Dort begegnete sie Edmund Wolf, mit dem sie zusammenarbeitete. Es entwickelte sich eine lebenslange Freundschaft. Renate Lasker-Harpprecht verließ die BBC 1959 und arbeitete als freie Journalistin für das Deutsche Fernsehen. Seit 1961 ist sie mit dem Publizisten Klaus Harpprecht verheiratet. Sie lebt mit ihrem Mann in Südfrankreich.

Stefan Maurer
Geboren 1981 in Linz. Studium der Germanistik, Theaterwissenschaften und Philosophie an der Universität Wien. Literaturwissenschaftler und Projektmitarbeiter am Österreichischen Literaturarchiv der Österreichischen Nationalbibliothek. Bearbeiter des Nachlasses von Edmund Wolf als Projektarbeit. Publikationen: (Hrsg. mit M. Wedl) *Rudolf Kalmar: Zeit ohne Gnade*. Herausgegeben, kommentiert und mit einem Nachwort versehen (2009).

Brigitte Mayr
Geboren 1958 in Linz/Donau. Studium der Theaterwissenschaft und Germanistik an der Universität Wien, Promotion. Daneben Buchhandelslehre und Ausbildung zur wissenschaftlichen

Antiquarin. Wissenschaftliche Leiterin von SYNEMA – Gesellschaft für Film und Medien, einer interdisziplinären Schnittstelle zur Vermittlung zwischen Theorie und Praxis, Kunst und Wissenschaft der audiovisuellen Medien. Konzeption von Symposien und begleitender Filmschauen. Mitherausgeberin von Büchern, u. a. *Peter Lorre. Ein Fremder im Paradies* (mit M. Omasta & E. Streit, 2004), *Wolf Suschitzky Photos* (mit M. Omasta & U. Seeber, 2006), *Fritz Rosenfeld, Filmkritiker* (mit M. Omasta, 2006), *Script: Anna Gmeyner. Eine Wiener Drehbuchautorin im Exil* (mit M. Omasta, 2009), *Wolf Suschitzky Films* (mit M. Omasta & U. Seeber, 2010).

Isabel Mühlfenzl
Studium der Wirtschaftswissenschaften. Promotion. 1962–1992 Fachredakteurin Wirtschaftswissenschaft und Wirtschaftspolitik im Bayerischen Rundfunk – zunächst als freie Mitarbeiterin, dann als leitende Redakteurin und Leiterin der Wirtschaftsredaktion des Bayerischen Rundfunks. Autorin von etwa 50 Filmen und Fernseh-Features zum Thema Wirtschaft. Seit 1992 freie Autorin, Moderatorin. Ferdinand Freiherr von Miller Medaille für Publizistik, Bundesverdienstkreuz am Bande, DAG-Preis für Publizistik. Publikationen: u. a. *Der Irrtum – Wirtschaftspolitik von morgen*, Zürich 1975 (mit R. Mühlfenzl).

Michael Omasta
Geboren 1964 in Wien. Filmredakteur der Stadtzeitung Falter, daneben Essays und Filmkritiken. Kurator von Filmreihen und Retrospektiven. Forschungsschwerpunkt: Österreichisches Filmexil, Geschichte, Politik und Ästhetik des Film noir. Vorstandsmitglied von SYNEMA – Gesellschaft für Film und Medien. Mitherausgeber von Publikationen, u. a. *Tribute to Sasha – Das filmische Werk von Alexander Hammid / Hackenschmied* (2002), *Carl Mayer, Scenar[t]ist. Ein Script von ihm war schon ein Film* (mit B. Mayr & C. Cargnelli, 2003), *John Cook. Vienne-se by Choice, Filmemacher von Beruf* (mit O. Möller, 2006), *Josef von Sternberg. The Case of Lena Smith* (mit A. Horwath, 2007), *Regie: Rappaport. Ein sowjetischer Filmemacher aus Wien* (mit B. Wurm, 2008), *Romuald Karmakar* (mit O. Möller, 2010).

Oliver Rathkolb
Geboren 1955 in Wien. Studium der Geschichte und der Rechtswissenschaften an der Universität Wien. 1985 bis 2003 wissenschaftlicher Leiter der Stiftung Bruno Kreisky Archiv, 1984 bis 2005 wissenschaftlicher Mitarbeiter, ab 1994 Co-Leiter des Ludwig Boltzmann Instituts für Geschichte und Gesellschaft. 2005 bis 2008 Direktor des Ludwig Boltzmann Instituts für Europäische Geschichte und Öffentlichkeit. Seit 2008 Professur für Zeitgeschichte an der Universität Wien. Zahlreiche Gastprofessuren. Forschungsschwerpunkte u. a. Österreichische und internationale Zeit- und Gegenwartsgeschichte im Bereich politische Geschichte, NS-Perzeptionsgeschichte, Kultur- und Mediengeschichte, Nationalsozialismus und Rechtsgeschichte. Zahlreiche Monographien und Sammelwerke, u. a. *Führertreu und Gottbegnadet. Künstlereliten im Dritten Reich* (1991), *Die paradoxe Republik. Österreich 1945–2005* (2005), *Internationalisierung Österreichs seit 1945* (2006), *Bruno Kreisky: Erinnerungen* (Hg. 2007).

Ursula Seeber
Geboren 1956 in Innsbruck. Studium der Germanistik in Innsbruck und Wien, Promotion. Mitarbeiterin der Dokumentationsstelle für neuere österreichische Literatur in Wien; seit 1993 Leiterin der Österreichischen Exilbibliothek im Literaturhaus in Wien. Ausstellungen und Projekte zum Exil, Herausgeberin u. a. von *Ein Niemandsland, aber welch ein Rundblick!* (1998); *Kleine Verbündete. Little Allies* (mit A. Douer, 1998); *Geteilte Erinnerung* (mit Ch. Kleiser, 2003); *Asyl wider Willen* (2003); *Anna Mah-*

ler: Ich bin in mir selbst zu Hause (mit B. Weidle, 2004); Westend Stories. Erinnerungen und Texte aus Wien VII (mit B. Mayr & M. Omasta, 2009).

Barbara Weidle

Geboren 1957 in Mülheim a. d. Ruhr. Studium der Kunstgeschichte und des Journalismus in Bonn und Mainz, M. A. 1990–1996 Kunst-Redakteurin beim General-Anzeiger Bonn. Zahlreiche Beiträge für Tageszeitungen, Internetmagazine, Katalog- und Lexikon-Artikel zur zeitgenössischen Kunst und zur Klassischen Moderne. 2007 bis 2008 Assistentin der Expertenkommission »Kunst NRW« für die Kunststiftung NRW, Düsseldorf. Ausstellungen zu Eric Schaal (Begleitbuch), Erna Pinner (Katalog), Marianne Werefkin (Katalog), Anna Mahler (Begleitbuch: *Anna Mahler. Ich bin in mir selbst zu Hause*. Bonn 2004, mit U. Seeber), Kurt Wolff (Begleitbuch: *Kurt Wolff: Ein Literat und Gentleman*. Bonn 2007), Heinrich Hauser: Schwarzes Revier – Photographien des Ruhrgebiets 1928, Ruhrmuseum Essen, 2010.

Daniel Wolf

Geboren 1948 in London. Studierte Englische Literatur an der Cambridge University. Nach seinem Abschluß ging er zur BBC und wurde einer der bekanntesten Dokumentarfilmproduzenten Goßbritanniens, später Abteilungsleiter bei der BBC und Gründungsdirektor einer der größten unabhängigen Filmfirmen. Er hat bei etwa 40 Dokumentarfilmen Regie geführt und über 200 Programme für die BBC und Channel 4 produziert. Dabei hat er in allen Genres gearbeitet, Zeitgeschichte, Kunst, Geschichte, Drama. Seine Dokumentarfilme gewannen zahlreiche Preise. Einige seiner wichtigsten Filme waren: *Messengers from Moscow,* eine vierteilige Serie über den Kalten Krieg, koproduziert von BBC und PBS. *Tourists of the Revolution,* drei Dokumentationen für BBC2 über Diktaturen. *Inside the Orange Revolution,* über die Ukraine 2004. *The Hunger Business,* zwei Filme für Channel 4 über die Arbeit von humanitären Organisationen in Afrika. Als freier Journalist schrieb er für The Spectator, Guardian, Independent, Sunday Times und The Listener. Daniel Wolf lebt heute in China, wo er die Sprache lernt und für ein Buchprojekt recherchiert.

Martin Wolf

Geboren 1946 in London. Mitherausgeber und Chef-Kommentator der Financial Times, London. 2000 erhielt er den Orden »Commander of the British Empire« für seine Verdienste um den Finanz-Journalismus. Wolf ist Ehrenstipendiat am Corpus Christi College der Oxford University und am Oxford Institute for Economic Policy (Oxonia). Er ist außerordentlicher Professor an der University of Nottingham. Seit 1999 ist er Forums-Stipendiat bei den jährlichen Treffen des Weltwirtschaftsforums in Davos und seit 2006 Mitglied des Internationalen Medien-Rates. Er ist Ehrendoktor der Nottingham University, der London University, der London School of Economics, der Warwick University und der Kingston University. Im Mai 2008 wurde er von dem britischen Magazin Prospect und dem amerikanischen Magazin Foreign Policy unter die 100 führenden Politologen plaziert. 2009 gewann er den »Ludwig-Erhard-Preis für Wirtschaftspublizistik« der Ludwig-Erhard-Stiftung. Jüngste Publikationen: *Why Globalization Works* (Yale University Press, 2004) und *Fixing Global Finance* (Washington D. C: Johns Hopkins University Press, and London: Yale University Press, 2008).

Quellen

Archive
Österreichische Exilbibliothek im Literaturhaus Wien, Nachlaß Edmund Wolf (N1.EB-36), mit detailliertem Verzeichnis (http://www.literaturhaus.at/lh/exil/sammlungen/wolf/)
APA-PictureDesk GmbH, Wien
Bayerischer Rundfunk, Fernseharchiv, München
British Film Institute, Archive, London
Deutsche Nationalbibliothek, Deutsches Exilarchiv 1933–1945, Frankfurt am Main
Dokumentationsstelle für neuere österreichische Literatur im Literaturhaus, Bibliothek, Bildarchiv und Handschriftensammlung, Wien
Falter, Wiener Stadtzeitung, Archiv
Filmarchiv Austria, Filmdokumentationszentrum, Wien
Gesellschaft der Musikfreunde, Archiv, Wien
Israelitische Kultusgemeinde, Archiv, Wien
Magistrat der Stadt Wien, Meldearchiv
Max Reinhardt Seminar, Archiv, Wien
Österreichische Nationalbibliothek, Österreichisches Literaturarchiv und Bildarchiv, Wien
Deutsches Literaturarchiv, Handschriftensammlung, Marbach a. N.
Österreichischer Rundfunk, Dokumentation und Archive, Wien
Süddeutsche Zeitung, Archiv, München
Synema – Gesellschaft für Film und Medien, Wien
Thomas Sessler Verlag, Wien
Wienbibliothek im Rathaus, Handschriftenabteilung
DIE ZEIT, Archiv, Hamburg

Unpublizierte Quellen
Interview Daniel Wolf mit Edmund Wolf, London, um 1980
Interview Daniel Wolf mit Victor Ross, London, um 1997
Interview Ursula Seeber mit Victor Ross, London, 22. Juli 2009

Literatur
Am Mikrophon in London. Dokumentation der BBC External Services, London 1988.
Susanne Gföller: »Edmund Wolf. Auswirkungen des Exils auf das Lebenswerk eines Kulturschaffenden.« Diplomarbeit Universität Wien 1996.
Susanne Gföller: »Bilanz eines Emigranten – Edmund Wolf.« In: Zwischenwelt. Zeitschrift für Kultur des Exils und des Widerstands, Wien, Jg. 21, 2004, Nr. 2, S. 38–44.
Victor Ross: »Sprache und Exil. Zum Tod des Schriftstellers und ZEIT-Autors Edmund Wolf.« Aus dem Englischen von Klaus Harpprecht. In: DIE ZEIT, Hamburg, Nr. 46, 7. November 1997.
Birgit Weidinger: »Erfolgsrezept für die mageren Jahre. Wie man das Publikum ›packt‹ – ein Besuch bei Edmund Wolf.« In: Süddeutsche Zeitung, München, 18. April 1989.
Birgit Weidinger: »Der Dokumentarist. Zum Tod von Edmund Wolf.« In: Süddeutsche Zeitung, München, 22. Oktober 1997.
»Edmund Wolf.« In: *Handbuch des deutschsprachigen Exiltheaters 1933–1945*. Hg. von Frithjof Trapp u. a. Bd. 2. München 1999, S. 1032.
»Edmund Wolf.« In: *Lexikon der österreichischen Exilliteratur.* Hrsg. von Siglinde Bolbecher und Konstantin Kaiser. Wien, München 2000, S. 705f.
»Edmund Wolf.« In: *Die Zeit gibt die Bilder. Schriftsteller, die Österreich zur Heimat hatten.* Hg. von Ursula Seeber und Evelyne Polt-Heinzl. Fotos: Alisa Douer. Wien 1992 (Zirkular-Sondernummer. 30), S. 146f.
[Nachruf] Edmund Wolf. In: The Times, New York, 23. Oktober 1997.
[Nachruf] Edmund Wolf. In: The Jewish Chronicle, London, 14. November 1997.
Edmund Wolf: »Sie müssen das Ende radikal umschreiben.« In: *Westend Stories. Erinnerungen und Texte aus Wien VII.* Hrsg. von Ursula Seeber, Brigitte Mayr und Michael Omasta. Wien 2009 (Zirkular-Sondernummer. 71), S. 55–57.

Bildnachweis
APA-PictureDesk GmbH, Wien   113
Bayerischer Rundfunk, Archiv, München
   92f. 96–99 106–109
Falter Archiv, Wien, Quelle: ORF   119
filmexil@synema.at, Wien   50
Renate Harpprecht, La Croix Valmer   68 72–74
Isabel Mühlfenzl, München   104
Österreichische Exilbibliothek im Literaturhaus,
   Nachlaß Edmund Wolf, Wien   27 38 44
   54 58 60 63 69 77 82 86 165f.
   168 re. 169 171
Österreichische Exilbibliothek im Literaturhaus,
   Bildarchiv, Wien   62 117 183
Österreichische Nationalbibliothek, Bildarchiv,
   Wien   37 167 168 li.
Max Reinhardt Seminar, Archiv, Wien   33–35
Wienbibliothek im Rathaus, Handschriftensamm-
   lung, Teilarchiv Volkstheater, Wien   40
Victor Ross, London   61
Martin und Daniel Wolf, London
   2 9f. 12–14 16 17 19 24 30 32 47
   70 76 78f. 85 87 90f. 100 170
   Einband vorne und hinten

Photographen
BBC, Broadcasting House, London
   10 17 76 78f. 90f.
Atelier Dietrich, Wien   167
Alisa Douer, Wien   117 183
Mike Grant-Parke, Ministry of Information,
   Salisbury, Rhodesia   32
Hertha Schulda-Müller, Wien   40
A. Shocket, Stonegrove, Edgeware, Middx.   30
Charlotte Willott, Berlin   58

Personenregister

Edmund Wolf wird nur mit seinen Pseudonymen und bei Abbildungen nachgewiesen. Abbildungen stehen in *kursiver Schrift*.

Aberbach, Moses 60
Adler, Bruno 78
Andersch, Alfred 6f. 122–125
Andersch, Annette 122
Andersch, Gisela 123
Aretin, Karl Ottmar von 111
Austen, Jane 21 81
Aznavour, Charles 73
Baecker, Werner 68 80
Bahner, Willy 34
Balzac, Honoré de 81
Barnay, Paul 41
Bassler, Robert 54f. *54*
Baum, Vicki 39
Beckett, Samuel 22
Beethoven, Ludwig van 84
Bellow, Saul 21
Beneš, Edvard 119
Biedermann, Karl 103
Biko, Steve 32
Blacher, Tatjana *107*
Blomberg, Werner von 25 106 108 110–113 115
Böhm, Franz *106*
Böhm, Karl 95
Böhm, Karlheinz 44
Borovec, Friedrich 95
Boucher, François 55
Braun, Wernher von 7
Brecht, Bertolt 16 18 101 113
Büchner, Georg 21
Canetti, Elias 6 125
Carmichael, Stokely 99
Carter, Jimmy 87
Churchill, Sir Winston 59
Cohn-Bendit, Daniel 31
Conrad, Joseph 81

Dayan, Moshe 85
Degen, Michael *106–109* 113 115
Degischer, Vilma 17f. 34 35 36
Deland, Edmund (Edmond) (d.i. Edmund Wolf) 40
Deutsch, Harold C. 110
Dickens, Charles 21
Dilke, Christopher 71
Doderer, Heimito von 92 94f.
Dölzel, Robert 103
Dönhoff, Marion Gräfin 76 84
Dostojewski, Fjodor 81 84
Douer, Alisa 7
Dubsky, Gertrude (Trudl) 168 *169*
Durbin, Deanna 55
Edthofer, Anton 43f.
Ehmann, Karl 43
Ehrenzweig, Robert (s. Robert Lucas)
Eigner, Franz 103
Einem, Gottfried von 95
Engelhard, Günter 89
Enzensberger, Hans Magnus 123 125
Esslin, Martin 78
Eybner, Richard 34 35 36
Fackenheim, Emil 65
Falckenberg, Otto 78
Faragoh, Francis E. 52
Fischer, Heinrich 78 125
Fitzgerald, F. Scott 21
Flatter, Richard 34
Flavius Josephus 26
Flesch-Brunningen, Hans 94 125
Fontana, Oskar Maurus 46
Foucault, Michel 110
Fraser, Lindley 72 79 123 125
Fried, Erich 68 *74* 75 123 125
Friedenthal, Richard 68 78
Friedrichs, Hanns Joachim 68 80
Fritsch, Werner von 25 106–108 110–113 115f.
Fritsch, Adelheid von 110
Galler, Daniel 64
Garland, Judy 55
Gellner, Julius 78

Geyer, Emil 34f. *34* 37–39 167
Gibbon, Edward 80
Gillois, André 46
Glatz, Hertha 63 64 169
Goebbels, Joseph 116
Goethe, Johann Wolfgang von 21 42 68 78
Goetz, Kurt 42
Goldschmit, Rudolf 76 84
Gordon-Walker, Patrick *78*
Göring, Hermann 116
Gorki, Maxim 114
Gottwald, Klement 119
Graham, David 125
Grant, Freddy (d. i. Fritz Grundland) 65
Gravey, Fernand 46
Greene, Graham 69
Greene, Hugh Carleton 16 67 69 72 79
Grillparzer, Franz 80
Grundland, Fritz (s. Freddy Grant)
Guitry, Sacha 46
Haas, Johannes 103
Haas, Waltraud 44
Habsburg, Otto von 95
Hahn, Nora 35 36
Hall, Peter 47
Hardy, Thomas 21
Harlan, Veit 41
Harpprecht, Klaus 71
Harpprecht (Lasker-Harpprecht), Renate 6 8 67 68 *68* 69–72 *72* 73–75 80
Heath, Edward *90*
Heigert, Hans 90 170
Heine, Heinrich 21
Heinisch, Leopold 46
Heins, Uta 92
Heller, Joseph 29
Hemingway, Ernest 21
Hendrichs, Joseph 41
Hertlein, Helmut 92
Heydrich, Reinhard 113
Himmler, Heinrich 116
Hirschfeld, Ludwig 52f. 55 169
Hitler, Adolf 12 23f. 106 108–110 112–116

Hochwälder, Fritz 120
Hock, Stefan 36
Hofmannsthal, Hugo von 166
Hörbiger, Attila 37 38 95
Hörbiger, Christiane 95
Horky, Robert 34
Hupka, Josef 166
Illing, Peter 78
Irrall, Elfriede 46
Irvin, James 77
Itzenplitz, Eberhard 102
Jahn, Rolf 37
James, Henry 21
Janáček, Leoš 120
Johnson, Lyndon B. 99
Johnson, Samuel 20
Kadmon, Stella 46
Kainz, Friedrich 166
Kalbeck, Paul 35 167
Kaplan, Fanny (Fanja) 114
Karlweis, Oskar 38
Kästner, Erich 39
Keeler, Christine 83
Kehlmann, Michael 102 112f. *113* 114–116 118–120
Kerst, Alexander *107* 113 115
Kessler, Beatrice *119*
Kissinger, Henry 102
Klaus, Josef 93
Klaus, Erna 93
Kleist, Heinrich von 21
Koch, Eric 66
Kohn, Benno 29
Konradi, Inge *40* 41
Kraus, Karl 78
Kreindl, Werner *119* 120
Kreisel, Henry (Heinrich) 66
Kugler, Gertrud 168
Lang, Lotte 36 *167*
Lasker-Harpprecht, Renate (s. Renate Harpprecht)
Lasker-Wallfisch, Anita 67 70 75
Lawrence, D. H. (David Herbert) 21

Lawrence, T. E. (Thomas Edward) 77 81
Lehner, Franz 103
Leitenberger, Ilse 116
Lembcke, Anders *2* 23f. *24* 92 171
Lenin 32 114
Lennon, John 97
Leonhardt, Rudolf Walter 47 80 83 87
Lessing, Gotthold Ephraim 21
Levi, Primo 124
Lindinger, Hugo 45
Lingen, Theo 45
Littlewood, Joan 47
Lollobrigida, Gina *72*
Lucas, Robert (d. i. Robert Ehrenzweig) 71 78 125
Luft, Friedrich 45
Luguet, André 46
Luther, Martin 78
Lydon, Jimmy 49
Manker, Gustav 41
Mann, Thomas 16 21
Mark, Karl 103
Martens, Claus 46
Martinkovits, Stefan 94f.
Marton, Elisabeth 39 48
Marton, Georg (George) 39 48 54 168
Masaryk, Jan 14 118–120
Masaryk, Tomáš Garrigue 118
Mattausch, Dietrich 113
Mautner Markhof, Manfred 94f.
Mayreder, Rosa 57f.
McFadyean, Barbara *10*
McGovern, George 101
Meier, Anni *40* 41
Meinhof, Ulrike 102
Mezger, Theo 102
Michelangelo 12
Miller, Arthur 21 84
Miller, Martin 6 28
Molière 36 167
Molnár, Franz 37 39 44
Monroe, Marilyn 7 21 84
Mozart, Wolfgang Amadeus 12

Mühlfenzl, Isabel 6 *104*
Mühlfenzl, Rudolf 6 104 *104*
Mugabe, Robert 9f.
Mungoshi, Charles 86
Münster, Clemens 100
Muzorewa, Abel 9f. 93
Nabokov, Vladimir 21 84
Niederführ, Hans 34
Nikowitz, Erich *167*
Nixon, Richard 92 101
Nkomo, Joshua 9
Oeller, Helmut 112
Offenbach Jacques 46
Olezewska, Maria *79*
Olivier, Laurence 70 84
Ophüls, Max 46
O'Rorke, Richard 16
Osborne, John 47
Oz, Amos 85
Pacejka, Johann 103
Pahlavi, Reza Schah 9
Papinian (Aemilius Papinianus) 33
Paryla, Karl 45
Paryla, Nikolaus 45
Patterson, Alex 64
Paulus, Friedrich 107
Perutz, Max 65
Piaf, Edith 73
Pinter, Harold 22
Pistorius, Hedwig 34
Pittermann, Bruno 93
Pottecher, Frederic (d. i. Edmund Wolf) *38* 39 167
Poussin, Nicolas 50
Preminger, Otto 39 45
Preses, Peter 43
Přibram, Alfred Francis 166
Prikopa, Herbert 45
Profumo, John Dennis 83
Qualtinger, Helmut 113
Raky, Hortense 45
Rathbone, Eleanor 29
Reagan, Ronald *98f.*

Redgrave, Vanessa 7
Reich, Johannes 34
Reinhardt, Max 6f. 17f. 33f. 33 35f. 69 77 167
Reinhardt, Stephan 7 122–125
Reisch, Richard 166
Ritterfeld, Willy Ernst 41
Rohrbach, Günther 112
Rommel, Erwin 25 107 111
Rosenhauer, Hans *10*
Ross, Victor 6 12 61 *61* 65f. 71 169
Rothe, Eduard 39
Rüdiger, Josephine (Fini Littlejohn) 167f. *169*
Sagan, Leontine 51
Schärf, Adolf 93f.
Schiller, Friedrich von 21 36 47
Schirach, Baldur von 103
Schlick, Moritz 167
Schmidt, Arno 81
Schmith, Iwan 34 36
Schnitzler, Arthur 38 46 82 95 166
Schnitzler, Heinrich 6 37 82f.
Schröder, Dietrich 92
Schulmeister, Otto 116
Schulze, Hans 113 115
Schumann, Klaus 92
Schwanneke, Ellen 51
Schwarz, Manfred 23
Seidler, Harry 59
Seneca 58
Seydlitz-Kurzbach, Walther von 107f. 115
Shakespeare, William 12 14 21f. 35 47f. 70 91 112 167
Shaw, George Bernard 35 39 167
Sieburg, Helene 37
Sillince, W. A. (William Augustus) *62*
Simmons, Bob 98
Siodmak, Curt 52
Siodmak, Robert 52
Slater (Schulz), Maximilian 45
Smith, Ian 93 98
Söderbaum, Kristina 41
Sommer, Theo 76

Spann, Othmar 166
Speidel, Hans 110f.
Sperber, Manès 39
Sperber, Milo 39
Spiel, Hilde 6 95
Spielberg, Steven 22
Stadlen, Hedwig (Hedi) 13 125 169
Stadlen, Peter 6 12f. 27 125 166 169
Stalin, Josef 32
Stanislawski, Konstantin 34
Starr, Ringo 97
Staudenmaier, Bernd 92
Stauffenberg, Claus Schenk Graf von 25 107
Stockder, Alexander 92
Strindberg, August 167
Strzygowski, Josef 166f.
Süßmuth, Rita 115
Svoboda, Emil 103
Taub, Walter 40
Tausig, Otto 34
Terrel, Erna 40
Thimig, Helene 34
Thompson, Tommy 125
Tillman, Seth 64 98
Tolstoi, Leo 12 21 81
Torberg, Friedrich 44 46 120
Towner, Wesley 51
Townshend, Pete 97
Tramin, Peter von 94f.
Trenet, Charles 73
Tresckow, Erika von 111
Tresckow, Henning von 25 107 110f.
Trollope, Anthony 21
Tschechow, Anton 22 47
Tschunko, Maxi 41
Tucholsky, Kurt 114
Turner, Bobby Bruce 49
Umlauf, Walter 92
Updike, John 21
Verdroß-Droßberg, Alfred 166
Viertel, Berthold 81
Waechter, Eberhard 95
Wagner, Richard 72

Waldheim, Kurt 115
Walker, Patrick Gordon 67
Walla, Marianne 34 36f. 39
Weigel, Hans 168
Wendhausen, Fritz 78
Wendt, Stefan 34
Werfel, Franz 39
Wessely, Paula 38
Wieland, Martin (d. i. Edmund Wolf) 77 83 170
Wild, Franz Josef 107 111
Wilder, Billy 52
Withers, Jane *50* 55
Wolf, Amalie (Malie, geb. Kohn) 13 28 84 124 166 168
Wolf, Daniel 6 8 9 20 *30* 70 *70* 74 125 170
Wolf, Edmund (s. Edmund [Edmond] Deland, Frederic Pottecher, Martin Wieland) *2* 9f. *12f. 16f.* 24 27 *32f.* 47 54 58 60 63 *68f.* 76 *78f. 85-87 90f.* 93 100 117 171 178 183

Wolf, Ignatz (Isaak) 13 27 *27* 28 84 124 166 168
Wolf, Martin 6 8 9 *12* 14 20 31 70 *70* 74 125 169
Wolf, Mina 14 28 84 124 166 168
Wolf, Rebecca (geb. Wijnschenk) 9 13-15 19 *19* 22 29f. 69f. 74 105 118-120 125 169-171
Wolf, Salomon 13 28 84 166 168
Woods, Arthur 53
Wördemann, Franz 80
Wotruba, Fritz *92* 94f.
Wotruba, Lucy *92* 94f.
Young, Gig *50*
Zbonek, Edwin 46
Zipper, Herbert 168
Zweig, Stefan 6 168

Edmund Wolf, London 1991

Personenregister 183

Dank

Alison, Daniel und Martin Wolf, London

Sabine Ambros, Bayerischer Rundfunk,
 Archiv, München
Sylvia Asmus, Deutsche Nationalbibliothek,
 Deutsches Exilarchiv 1933–1945, Frankfurt
Marcel Atze, Wienbibliothek im Rathaus,
 Handschriftenabteilung
Karin Boswald, Thomas Sessler Verlag, Wien
Julia Danielczyk, Wienbibliothek im Rathaus,
 Handschriftenabteilung
Andrea Ecker, Bundesministerium für Unterricht
 Kunst und Kultur, Wien
Wolf-Dietrich Eckstein, Israelitische Kultusgemeinde,
 Archiv, Wien
Roland Fischer-Briand, Österreichisches Filmmuseum,
 Filmdokumentation und Fotosammlung, Wien
Renate Harpprecht, La Croix Valmer
Volker Kaukoreit, Österreichische Nationalbibliothek,
 Österreichisches Literaturarchiv, Wien
Thomas Kemme, Deutsches Literaturarchiv,
 Marbach a. N.
Raoul Kneucker, Wien
Ruth Mayr, Wien
Ulrike Pieper, DIE ZEIT, Archiv, Hamburg
Stephan Reinhardt, Heidelberg
Victor Ross, London
Peter Spiegel, Filmarchiv Austria, Wien
Gerhard Spring, Wien
Ruth Elena Stifter-Trummer, ORF, Dokumentation
 und Archive, Wien
Elisabeth Streit, Österreichisches Filmmuseum,
 Bibliothek, Wien
DIE ZEIT
Rheinischer Merkur (für die Deutsche Zeitung)
Süddeutsche Zeitung

Förderer

bm:uk Bundesministerium für Unterricht, Kunst und Kultur

gesellschaft der freunde der österreichischen exilbibliothek

Impressum

© 2010 Weidle Verlag und Autoren
Beethovenplatz 4
53115 Bonn
© Edmund Wolf: Martin Wolf, Daniel Wolf, London

Einbandvorderseite und Frontispiz: Edmund Wolf mit
 Kameramann Anders Lembcke bei Dreharbeiten.
Einbandrückseite: Edmund Wolf mit Reserveoffizier
 Manfred Abelein, 70er Jahre

Lektorat: Stefan Weidle
Übersetzungen aus dem Englischen:
 Ludger Tolksdorf (Martin Wolf),
 Stefan Weidle (Daniel Wolf)
Korrektur: Angelika Singer, Benedikt Viertelhaus
Gestaltung und Satz: Friedrich Forssman
Druck: Reinheimer, Darmstadt
Bindung: Schaumann, Darmstadt

Die mit diesem Buch verbundene Ausstellung ist vom
23. April bis zum 17. September 2010 zu sehen
im Literaturhaus in Wien, Seidengasse 13, 1070 Wien
www.literaturhaus.at

Deutsche Nationalbibliothek – CIP-Einheitsaufnahme
Ein Titelsatz für diese Publikation
ist in der Deutschen Nationalbibliothek erhältlich.

ISBN 978-3-938803-27-1